国家社科基金项目

"互联网公域治理中政府转型及法治回应研究"

阶段性成果

互联网公域治理
变革与行政法发展

陈可翔　著

上海三联书店

摘　　要

　　互联网的飞速发展改变了人类的生产生活方式,逐步贯通政府、社会、公民之间的封闭疆域,推动了传统公域范畴的拓展、公域与私域的交融,以及公域内部结构的变迁。虚拟与现实交织、政府与社会互动、社会群体分化、网络化逻辑转变、互联网生产关系塑造、权力(权利)体系重构等,从宏观和微观层面凸显了互联网公域生成和发展的现实图景。受限于管理滞后、结构封闭、工具单一等内在缺陷,传统政府管理模式难以应对互联网公域问题,催生了治理模式的兴起。治理模式虽然能够有效弥补政府管理的欠缺,为互联网公域发展释放充足的空间,但也面临着治理混乱、治理失败的潜在风险。行政法是关于公域治理的法,互联网时代公域治理活动主要仰仗于行政法的调整。推动行政法发展是回应互联网公域治理变革的法治需求,实现互联网公域治理法治化的必然选择。当前,面对互联网公域治理理念的革新、治理结构的转型、治理方式的拓展、规则体系的扩容等状况,行政法必须重新审视自身的价值功能,通过反思和完善行政组织法、行政行为法、行政程序法、行政救济法各自存在的不足,推动行政法理论和制度体系摒弃传统政府管理语境下的基本范式,朝着构建合作型行政法的方向迈进,促进互联网公域治理结构法定化、治理方式规范化、治理程序正当性、纠纷救济有效性,以探寻实现互联网公域治理变革与行政法治的耦合共进、良性互动的具体路径。

　　立足于此,遵循"互联网公域变迁—互联网治理变革—行政法发展"的逻辑脉络,本书除了导论部分以外,主要围绕四个部分展开:

　　第一章主要系统性地提出"互联网公域治理是行政法发展面临的时代课题"。"公域"不是一个新兴的概念范畴和场域,其与"私域"关系随着政治体制和市场经济的发展而处于持续变动之中。对"公域"流变的考察,能够充分揭示和预判政府与社会的发展现状、现实趋向和内在关联;厘定政府与社会在公域发展中的功能定位;厘清公域与私域的界限及其互动关系。互联网已经覆盖政府、社会运行与私人生活的方方面面,信息时代到来、网络族群生成、平台经济发展等标志着互联网对公域的全面介入,推动着宏观层面的虚拟公域生成、公域范围的拓展与细分、政府与社会关系的演变等,以及微观层面的网络化逻辑转变、互联网生产关系生成、"权力—权利"关系重构等,实现对公域的深度改造。互联网公共问题频频显现,暴露了传统政府管理模式难以应对互联网公域问题的困境。公共治理模式在互联网公域的嵌入,彰显了互联网发展理念与治理理念内相契合,推动了以多元主体协商合作、治理方式刚柔并济、治理程序多向互动为表征的互联网公域治理模式发展,有效弥补了政府管理模式之欠缺。互联网公域治理的实现需要充分发挥法治的保障和引领作用,其基本范畴有待行政法的确认和调整,其整体性变革要求推动行政法的不断发展。要以行政法发展来确立互联网公域治理价值理念、明确互联网公域治理结构、归纳互联网公域治理方式等,以保障互联网公域治理目标的实现,促进互联网公域治理与行政法的耦合共进。

第二章主要论述互联网公域治理变革的逻辑脉络和主要内涵,以及其对行政法发展的总体需求。对互联网公域发展涉及的公共政策、法律法规、行业规范、互联网平台管理规约等规范性文件,以及与互联网公域治理主体、治理方式相关的数据资料进行统计分析和实证考察,能够清晰呈现出互联网公域治理变革的动态过程和发展趋势。互联网公域治理变革主要体现为:公益与私益融合、强化服务本位与效能意识、培育开放创新观念等治理理念的革新;单一的政府管理向多元合作治理发展、政府职能优化及权力结构调整、网络舆论监督与公民地位提升等治理结构的转型;双向度、柔性化、智能化治理方式的应用、推广和普及等治理方式的改造,以及法律法规完善、互联网软法规范与交往伦理规则适用等治理规则的拓展。基于互联网公域治理与行政法的内在逻辑关系,互联网公域治理变革必然对行政法发展产生新需求,其呼唤重新审视行政法的价值功能,统筹"管理论"与"控权论"的辩证关系,立足于互联网公域多元主体平等合作、协商互动的治理格局,确立行政法的平衡功用,推进合作型行政法的构建。同时,要促进行政法规范与网络伦理关系的协调,提倡培育行政法的效能、创新意识。

第三章主要揭示行政法在应对互联网公域治理变革时面临的困境。回应互联网公域治理变革对行政法发展提出的新要求,前提是需要从中观和微观层面全面认识行政法发展面临的困境。传统以政府管理模式为背景,以控权理论为基底建构起来的行政法理论和制度体系与互联网公域治理的价值理念和运行机理相背离,难以对其形成有效调整。一是互联网公域治理形塑了政府与互联网社会组织、平台、公民等多元主体协同共治的治理结构,随着"去中心化""群体多元化""场域分散化"等趋势发展,互联网社会主体在治理过程中实际行使着公权力,由此造成对行政主体范畴的冲击。相对应地,行政组织法未能对政府与互联网社会主体的功能分域及政府内部的职能配置、权责范围作出清晰的界分,对网民介入行政权力配置关系未给予应有的关注,更未能回应互联网营利性主体行使社会公权力面临的正当性质疑。二是互联网公域治理中,强制性行政行为的滥用及其对比例原则的僭越,以及协商型行政行为未跳脱"中心—边缘"结构,都暴露了既有行政行为法规范对互联网公域多样性治理方式的调整缺位,缺乏对强制性行政行为行使的规制,以及对协商型行政行为型式化建构和正当性基础的补强,也未能回应行政行为方式与互联网技术融合的规范需求。三是互联网治理过程的交互性凸显了行政程序法规制的必要性,但既有行政程序法理论和规则体系对行政法律关系的平衡转向关注不足,难以实现对政府与互联网社会主体协商互动过程的规范化调整。同时,对电子化、数字化行政行为方式的规制阙如,以及对系统性风险防控的缺位,也呼唤系统推进行政程序法建构。四是有限的行政救济难以应对互联网公域的复杂化治理纠纷,揭示了行政救济法理论和制度面临的双重困境,行政救济渠道单一化、公私合作纠纷救济模糊性等问题亟待回应。

第四章主要论述回应互联网公域治理的法治需求,推动行政法发展的具体路径。立足互联网公域治理变革对行政法发展的需求,以及行政法应对互联网公域治理变革的困境,势必要突破现有行政法的理论框架,推动行政法摒弃传统政府管理模式下以控制行政权力为核心的范式,朝着兼顾行政法律关系平衡的方向转型,以有效应对互联网公域治理实践中出现的问题。行政法要围绕互联网公域治理变革的趋势,对自身的价值功能、调整范围和调整方式予以重塑,以制度创新破解互联网公域治理面临的现实问题。就行政组织法而言,应当在完善行政主体范畴的基础上,从功能分域、职权配置、责任分配法定化等方面对互联网多元化治理主体结构进行调整,并着力弥补互联网营利性主体参与公域治理的正当性欠缺。就行政行为法而言,应强化比例原则对强制性行政行为适用的规制和指引,推动协商型行政行为型式化建构,以促进行为结构的整体平衡,并持续规范行政行为与互联网技术的融合适用,明确技术应用的限度。就行政程序法而言,应立足互联网公域治理过程的交互性,推动行政程序法价值功能革新,关注行政法律关系的平衡转向与合作型程序制度构建,加强对"互联网＋"行政行为方式与系统性风险防控的程序法规制。就行政救济法而言,应突破传统理论的桎梏,从破解互联网社会公权力主体侵权的救济难点,以及互联网公私合作协议纠纷的救济争议等方面促进互联网公域治理的救济制度完善。在此基础上,实现互联网公域治理变革与行政法治的良性互动、耦合共进。

关键词:互联网公域;治理变革;行政法发展;平衡

目　　录

导　　论

第一节　研究背景、问题与价值

一、研究背景

从 1994 年与国际互联网正式联通至今,中国互联网发展已经走过了整整 28 个年头。随着互联网技术的日新月异,以及"网络强国""数字中国"等国家战略的深入实施,当今中国已经凭借网络用户、网络平台、网络交易额、网络市场的飞速发展成为名副其实的互联网大国。长期以来,关注互联网发展相关议题的学者都不由发出类似的感慨,认为学界刚刚对互联网发展产生某种相对模糊的认识时,这种认识可能就已经过时了,这充分揭示了互联网时代社会的急剧变迁。恰如英国法学家梅因所言:"社会的需要和社会的意见常常是或多或少走在'法律'的前面的。我们可能非常接近地达到它们之间缺口的接合处,但永远存在的趋向是要把这缺口重新打开来。"[①]对绝大多数法理学及部门法学研究者而言,互联网时代从来都不缺新颖的选题,每一次网络技术与产品的更替总会涌现出新的法律问题、产生新的法律关系或推动已有法律关系的变动、消灭,对法学理论体系和现有法律规范体系产生冲击,由此引发一系列激烈的理论探讨和新兴的制度实践。有学者提出,我国互联网发展的整体历程,事实上是一段互联网治理制度变迁的历史。[②] 笔者认为,可以尝试以互联网公域秩序建构与公共服务供给的具体模式演变为路径,将这段历史进一步划分为前后两个阶段:一是互联网管理模式的产生、发展与制度建构;二是互联网治理模

---

① ［英］亨利・梅因著:《古代法》,沈景一译,北京:商务印书馆 1959 年版,第 15 页。

② 李彦、曾润喜:《历史制度主义视角下的中国互联网治理制度变迁(1994—2019)》,《电子政务》2019 年第 6 期。

1

式的兴起、转型与制度回应。从互联网管理模式迈向治理模式的过程及其对应的制度变迁,根源于互联网公域变迁催生的治理需求,以及公共政策对互联网发展方向的价值引导和对推动互联网公域治理制度化、法治化的顶层设计。因此,需要通过从理论层面深化对互联网公域及其治理活动本体性问题的认识,以法学理论的发展,尤其是行政法学理论的发展来指导法律规范体系的完善,进而引领互联网公域治理的制度化、法治化进程。总体来看,笔者拟从现实需求、政策导向、理论困境三个维度深入分析本书的研究背景。

(一)现实背景

1994 年 4 月 20 日,我国以 64kb/s 的专线网速正式接通国际互联网,这一天成为我国互联网发展正式起航的关键节点。随着配套性基础资源的逐渐完善,互联网开始走进千家万户的生活中。从 1996 年起,我国互联网进入快速发展阶段。中国互联网络信息中心(CNNIC)发布的第一次《中国互联网络发展调查评估报告》显示,截至 1997 年 10 月,我国的上网计算机数是 29.9 万台,上网网户数为 62 万人。到了 20 世纪末,我国上网计算机数已经上升至 146 万台,上网用户数增长至 400 万人。2000 年至今,是我国互联网的高速发展期,生活质量与消费水平的提升、日益增长的精神需求、信息技术的更替,推动着互联网实现 Web1.0 到 Web3.0 的跨越式发展,并向 Web4.0 时代进发。在此过程中,移动互联网的开发和应用融合了移动通信随时、随地与互联网开放、高效等多重优势,使互联网的使用不再局限于固定场所之中,扩宽了互联网的应用空间,推动了互联网传播。截至 2021 年 6 月,我国网民达到了 10.11 亿,互联网的普及率是71.6%。其中,手机网民数量达到了 10.07 亿,约占网民总量的 99.6%。①在网民数量急剧增长的同时,网民不再只是被动地接受门户网站传递的信息,其在网络空间中的主动性、参与度、互动性也在不断增强。涉及网络传播、网络交友、网络交易等相关内容的网络平台、软件层出不穷,取代了最初以新浪、搜狐、网易等门户网站为代表的互联网信息单向型、静止型的传播模式,开拓了一个全新的互联网交往场域,赋予了公众全新的思维模式和交往方式。例如,我国当前网络购物用户数量已达 6.10 亿,网络视频用户数量达 6.12 亿,互联网对现实生活的融合和改造,让便捷、高效、开放、畅通成为当下社会生活的时代特征。同时,除了网民数量的剧增、网络交

① 参见 2021 年 8 月中国互联网络信息中心(CNNIC)发布的第 48 次《中国互联网络发展状况统计报告》。

往形态的多样化,互联网自身的演变也为我国政府电子政务的发展带来了契机。一是政府办公过程充分融入和应用网络信息技术,实现办公流程便利化、自动化,如运用云计算、大数据等技术进行办公文件归档、日常工作事务处理等,打破了各部门之间的信息壁垒,促进了内部的信息互通与资源共享;二是政府信息公开、公共服务供给以及公民参与政府决策中对网络信息技术的依赖,如各级政府基本都建立了政府门户网站,同时在微博、微信等互联网平台上建立了官方账号或小程序,为公民提供基本的信息服务,强化与公民的沟通协商,提高政府工作效率等。可见,互联网的飞速发展与信息技术的创新和普及,推动了现实世界的深度变革。

不难发现,互联网的发展在丰富人们生产生活方式的同时,也改变着传统的公域结构,包括社会结构、政府结构,以及“政府—社会”结构。一是网民数量的急剧攀升,催生了新兴的社会公共群体;二是互联网发展本身形塑了一个崭新的公共空间(也称虚拟空间),且这种虚拟空间并不是孤立存在的,其与真实世界交织在一起,实现了两个场域之间的相互融合;三是互联网平台将互联网公共空间进行归整细分,为网民提供具体的交流场所;四是电子政务的应用和普及,缓解了传统政府结构封闭、部门分立、科层僵化等缺陷。这些都从宏观层面凸显了传统公域在互联网时代的结构转型,突破了传统公域的边界,推动着公域的整体性拓展。“空间弥漫着社会关系,其不仅被社会关系所支持,也生产社会关系和被社会关系所生产。”[①]互联网发展对公域的介入和改造,从微观层面看表现为社会关系转变与社会秩序的重构:(1)互联网生产关系的生成。在虚拟空间中,互联网平台、网民会利用互联网信息技术来认识、改造和创造特定的生活交往场域,借助对信息、产品的生产、整合、共享、消费而形成新型生产关系,如网络平台对网络游戏的开发和营销、网民对网络作品的关注和订阅等。(2)社会互动关系的转变。互联网信息技术的应用突破了时空、地域、阶层等因素对人际交往的限制,弥补了传统以面谈和信件为主要交往方式的局限性,提升了交流的便捷性、及时性,这为社会交往范围的延伸、陌生交际圈子的形成奠定了基础,使群体性效应愈发凸显。(3)“权力—权利”关系的变动。一是互联网公域的形成推动着社会公共权威的重塑,政府权力在内部进行调整分配,以配对相应的互联网管理职能;在外部加速向社会迁移,互联网社会组织、企业(平台)等社会主体基于对用户软件、公众平台的技术资源供给和公共秩序管理而实际行使着公权力,甚至是惩戒性权力。

---

① 包亚明主编:《现代性与空间的生产》,上海:上海教育出版社 2003 年版,第 48 页。

二是依托互联网虚拟空间,公民个人向往的平等和自由得到满足,权利形态的新颖性与权利行使渠道的多样性,彰显了互联网时代公民权利体系的丰富性与权利行使的有效性。有学者曾深刻阐述,"原先几乎没有话语权可言的'草根阶层'、社会边缘群体由此获得了以往无法想象的表达机会,得以以多种方式介入公共领域"[①]。三是权力与权利互动的场所——公共领域扩张。公民通过网络舆论监督、网络问政、网络听证等方式,强化对政府权力的监督和对公共事务的参与;以微博、微信、知乎等平台为代表的多元化网络媒介,正在逐步取代传统纸质传媒,成为公共舆论与公众利益诉求表达的主要渠道,极大程度地促进了政府与社会的互动。(4)社会秩序的重构。互联网信息传播之快,受众范围之广,模糊了公域与私域的边界,社会主体的管理行为更容易发生效力外溢,简单的时事评论有可能演化成公共事件。单纯依靠法律法规等硬法规制,难以维持互联网公域秩序,因此以自律、柔性、专业为优势的软法规范兴起,形成多元化的规范体系。社会秩序的建构不再围绕政府管理而展开,多元主体的合作共治成为维持互联网公域秩序的必然要求。

互联网的发展,正在持续改变人类生活的社会图景,改造了传统公域的基本样态,推动了互联网公域的形成和发展,同时也诱发了诸多新的问题。换言之,互联网发展出现的问题与风险往往同步嵌入公域当中,极易衍化成公共问题和系统性风险。互联网信息技术的广泛运用及其与现实生活的互动融合,决定了大多数涉及技术安全、违法犯罪、道德伦理等领域的问题易于从局部向整体转移,从虚拟向现实延伸,从而衍变为典型的社会问题,使人们对互联网的功用产生质疑,破坏了安全、自由、平等的公域秩序。互联网的基础资源安全问题(包含域名安全、IP 地址和路由安全)、DDOS 对互联网的攻击问题、网民网络安全事件问题、网络病毒传播问题等,都是影响互联网安全状况的重要内容,其中任一问题的恶化,都有可能导致互联网公域的整体不稳定。以网民网络安全事件为例,据统计,大多数公民在上网过程中均遭遇过网络安全问题。截至 2021 年 6 月,有 17.2% 的网民遭遇过网络诈骗,22.8% 的网民遭遇过个人信息泄露等[②],网络诈骗与个人信息泄露已经成为互联网公域中屡见不鲜又屡禁不止的公共安全事件。可见,互联

[①] 何显明:《中国网络公共领域的成长:功能与前景》,《江苏行政学院学报》2012 年第 1 期。
[②] 参见 2021 年 8 月中国互联网络信息中心(CNNIC)发布的第 48 次《中国互联网络发展状况统计报告》第 69 页。

网加剧了传统社会结构的脆弱性,互联网公域内在地包含着一个风险社会。① 此外,网络舆论、网络暴力等现象的普遍发生,客观反映了互联网公域中价值认同的分化已经开始影响网民对国家法律规则体系的敬畏,加剧了公域秩序的整体不稳定性。

互联网公域现实问题的频发充分表明,我们在应对社会问题时,一以贯之采取的以政府为主导的管理模式已难以满足互联网发展产生的治理需求,造成监管不作为、难作为和乱作为。习近平总书记指出:"网络安全为人民,网络安全靠人民,维护网络安全是全社会共同责任,需要政府、企业、社会组织、广大网民共同参与,共筑网络安全防线。"当前,以强制性、单向性、单一性为主要特征的政府管理模式,在应对日益复杂和严峻的互联网公域问题时出现失灵,催生了其向政府、社会、市场等多元主体协同治理模式转型的必然需求。毋庸置疑,有效的政府治理在维持互联网公域秩序稳定中发挥着主导性作用,其可以规避网络技术应用带来的一系列风险,可以支持网络技术研发和应用的深入展开,引导互联网良性发展。互联网时代为政府转型升级提供了重要契机②,信息技术的引入促进了政府行政活动的电子化、数字化转型,提升了政府提供便民服务的能力。同时,互联网发展也对政府行政能力提出了新挑战,信息技术与交友、出行、理财、消费等日常生活行为的深度融合,创造了一个全新的"线上"与"线下"相互交织的社会生活模式。互联网的开放性使得社会意识形态的发展呈现多元化趋势,公民权利意识增强、网络舆论传播效应剧增等现象都在倒逼政府进行治理变革。这种变革不是单纯的技术引入及搭建电子化行政平台,而是关乎治理理念、治理主体、治理方式、治理程序等内容的全方位变革。

法治是国家治理的基本方式,作为国家治理体系的重要组成部分,互联网公域治理离不开公法,尤其是行政法的保障、支撑和引领。具体表现为要通过行政法厘定公共权力行使的边界、运作方式,规范政府权力、社会公权力的行使;通过行政法理论研究的深化和研究视角的拓宽,把握互联网公域治理理念转变的趋势,塑造多元共治、平等协商、专业高效等治理理念;通过行政法确立效能原则、应急原则、柔性原则等基本原则,以确保行政法发展能够有效回应互联网公域治理需求。互联网公域治理转型还涉及权力结构的调适、权利体系的扩张等,实践中必

---

① 黄少华著:《网络社会学的基本议题》,杭州:浙江大学出版社 2014 年版,第 14 页。

② 石飞:《"互联网＋"推动政府公共治理升级》,《人民论坛》2016 年第 34 期。

然导致利益结构的剧烈变动,从而要求对既有的行政法规范体系进行重构。只有通过行政法准确调整政府与社会的复杂关系,才能推进互联网公域治理的法治化,实现互联网公域秩序建构和公共服务供给的有序性和有效性。

(二) 政策背景

长期以来,我国互联网公共政策的变迁主要呈现为中央在不同时期和阶段对互联网发展问题的关注、发展重点的规划及发展方向的引导。从公共政策的内容来看,正式加入国际互联网以后,我国互联网公共政策的发展大体经历了重点规制互联网接入的安全问题、主要规范互联网技术应用问题以及侧重关注引导产业发展问题三个阶段。[1] 无论处于哪一阶段,互联网安全问题始终都是公共政策关注的重要内容。尤其是伴随着互联网突发性公共事件增多,我国互联网公共政策的议题也多围绕解决公共问题而展开,显现出回应型的政策制定特征。这同时也凸显了公共政策的滞后性与互联网技术应用飞速发展之间的冲突,以及实践中公共政策执行不到位使互联网公共问题无法得到及时解决,导致我国互联网公共政策的制定和执行往往难以跳出"突发公共问题—政策制定"或者"政策制定—突发公共问题—政策重申"的逻辑怪圈。从政策制定的主体来看,经过数次机构改革,我国互联网政策制定主体逐渐从分散走向统一,从最初的公安部、信息产业部等部门单独制定,向公安部、工信部等多部门合作制定、联合发文的模式转变。这虽然有效缓解了"政出多门、多头管理"的问题,但是由于各部门之间的职能存在一定的重叠和空白,使得政策重复规定、职能不清等问题依然严峻。

党的十八大以来,中央对与互联网发展相关议题的关注达到前所未有的高度,在思想上逐渐破除传统的管理思维,在公共政策层面凸显治理理念的转变,并将之充分运用到网络社会治理领域[2],将互联网公共问题的治理以及推动、引领互联网创新发展纳入推动国家治理体系与治理能力现代化的整体布局下进行统筹规划。十八届三中全会通过的《中共中央关于全面深化改革若干重大问题的决定》明确提出:"全面深化改革的总目标是完善和发展中国特色社会主义制度,推进国家治理体系和治理能力现代化。"针对互联网舆论引导和管理问题,决定提出,要健全坚持正确舆论导

① 孙宇、冯丽烁:《1994—2014 年中国互联网治理政策的变迁逻辑》,《情报杂志》2017 年第 1 期。

② 熊光清:《十八大以来党对网络社会治理的探索》,《理论与改革》2017 年第 2 期。

向的体制机制;健全基础管理、行业管理、内容管理和防范、打击网络违法犯罪等工作的联动机制,以及网络突发事件的处置机制,形成正面引导与依法管理相结合的网络舆论工作格局。针对互联网信息安全问题,提出要坚持积极利用、科学发展、依法管理、确保安全的方针,加大依法管理网络力度,加快完善互联网管理领导体制,确保国家网络和信息安全。可见,互联网治理是国家治理体系的重要组成部分,推进互联网治理现代化是实现国家治理现代化的必然要求。党的十八届五中全会通过的《中共中央关于制定国民经济和社会发展第十三个五年规划的建议》正式提出了"网络强国战略",建议要实施"互联网＋"行动计划,发展物联网技术和应用,发展分享经济,促进互联网和经济社会融合发展;实施国家大数据战略,推进数据资源开放共享;推进产业组织、商业模式、供应链、物流链创新,支持基于互联网的各类创新等。随后,国务院印发的《"十三五"国家战略性新兴产业发展规划》进一步提出,要实施网络强国战略,加快建设"数字中国",推动物联网、云计算和人工智能等技术向各行业全面融合渗透,构建万物互联、融合创新、智能协同、安全可控的新一代信息技术产业体系。党的十九大报告提出,推动互联网、大数据、人工智能和实体经济深度融合;要建设网络强国,加强互联网内容建设,建立网络综合治理体系,营造清朗的网络空间。党的十九届五中全会提出,要推进网络强国、数字中国建设,加快数字化发展。这表明,互联网发展日新月异,信息技术与经济社会发展高度融合,实现了虚拟空间与现实空间的互动,推动了互联网治理目标的实现。打造网络强国,不仅要关注互联网空间的公共安全问题,还要促进互联网信息技术的开发和应用,推进信息技术引领产业的转型升级,这是互联网治理的两个重要板块。

　　无疑,充分回应互联网治理现实需求,关键在于治理能力的提升。对此,现有的政策主要围绕三个方向来展开。其一,推动政府行政的信息化、电子化发展。党的十九大报告提出,要增强改革创新本领,善于运用互联网技术和信息化手段开展工作;中共中央办公厅、国务院办公厅发布的《国家信息化发展战略纲要》提出,要持续深化电子政务应用,着力解决信息碎片化、应用条块化、服务割裂化等问题,以信息化推进国家治理体系和治理能力现代化。国家发改委发布的《关于组织实施促进大数据发展重大工程的通知》提出,要重点支持大数据共享开放,建立完善公共数据开放制度和建立统一的公共数据共享开放平台体系,探索构建国家数据中心体系等;《中华人民共和国国民经济和社会发展第十四个五年规划和2035年远景目标纲要》(简称"十四五"规划纲要)提出,要全面推进政府运行方式、业务流程和服务模式数字化、智能化。① 其二,深化互联网治理行政体制改革。2014 年 2 月,由习近平总书记亲自担任组长的中央网络安全和信息化领导小组宣告成立,负责统筹互联网治理的全面工作;2018 年 3 月,根据中共中央印发的《深化党和国家机构改革方案》决定,成立中共中央网络安全和信息化委员会,取代原中央网络安全和信息化领导小组,强化对互联网治理全面领导。其三,强调社会组织参与互联网协同治理。党的十九大报告提出,要打造共建共治共享的社会治理格局。由国务院印发的《促进大数据发展的行动纲要》明确提出,要打造精准治理、多方协作的社会治理新模式。党的十九届四中全会进一步提出,要落实互联网企业信息管理主体责任,全面提高网络治理能力。② 可见,强调社会参与是推动互联网治理的重要内容。

法治是推动国家治理现代化的必由之路。③ 中共十八届四中全会通过的《关于全面推进依法治国若干重大问题的决定》提出,全面推进依法治国,总目标是建设中国特色社会主义法治体系,建设社会主义法治国家,最终促进国家治理体系与治理能力现代化;并进一步指出,要加强互联网领域立法,完善网络信息服务、网络安全保护、网络社会管理等方面的法律法规,依法规范网络行为。党的十九届四中全会报告围绕坚持和完善中国特色社会主义制度的目标,进一步提出要建立健全运用互联网、大数据、人工智能等技术手段进行行政管理的制度规则,并要推进数字政府建设,加强数据有序共享,依法保护个人信息。显而易见,无论是解决互联网公共问题、引领互联网创新发展,还是促进政府自身变革,实现互联网公域治理现代化的目标,关键是要运用法治思维和法治方式,将治理的各个环节同步纳入法治轨道。

(三)理论背景

互联网的飞速发展直接推动了传统公域变迁,社会结构的变动最终促使权力结构与权利体系的重塑。互联网时代形成的新技术范式以弹性化为基本表征,以信息为关键的技术资源,有可能迅速调整、逆转甚至重构既有的社会生活状态。传统政府主导的管理模式显然难以应对互联网时代

---

① "十四五"规划纲要还进一步提出,要深化"互联网＋政务服务",提升全流程一体化在线服务平台功能;加快构建数字技术辅助政府决策机制,提高基于高频大数据精准动态监测预测预警水平;强化数字技术在公共卫生、自然灾害、事故灾难、社会安全等突发公共事件应对中的运用,全面提升预警和应急处置能力。

② "十四五"规划纲要提出,要鼓励社会力量参与"互联网＋公共服务",创新提供服务模式和产品。

③ 张文显:《法治与国家治理现代化》,《中国法学》2014 年第 4 期。

公域的急剧变化,从而产生了向政府、社会组织、平台、公民协同共治的公共治理模式转型的需求。由政府主导的互联网公域管理模式向强调多元主体合作共治的互联网公域治理模式转变,涉及治理理念、治理主体、治理方式、治理程序等领域的整体性变革,需要全面地理解治理理论的基本内涵和实践模型,以及其与互联网公域秩序建构的内在契合关系,进而以此为基础,揭示传统行政法学学科如何应对互联网公域治理兴起所面临的理论困境。

治理理论兴起于西方学界对传统管理理论与新公共管理理论的理性批判。学界普遍认为"治理"出现的重要原因在于:(1)传统的市场机制和政府机制遭遇危机;(2)传统的政府管理形式无法应对这些新的挑战;(3)出现了对新环境回应性更强的模式。全球治理委员会首倡"治理"概念,认为其是各种公共的或私人的机构和个体管理共同事务的诸多方式的总和。[①] 治理理论建构的治理模型能够适应日益复杂的互联网公域环境对传统政府管理模式发起的挑战,有利于发挥互联网行业协会、企业、平台等各种社会主体在互联网公域问题治理中的专业性、灵活性;能够适应日益壮大的网民群体及其愈发丰富的权利诉求对公共权力行使产生的监督效应,有利于为公众参与政府决策提供多样化的渠道;能够适应管制型政府向服务型政府转型的进程,有利于推进政府行政体制改革,以及行政行为的电子化、信息化、数字化改造等。

互联网时代的公域治理变革在观念层面表现为由政府管理模式下的控制、威慑、制裁等理念,向公共治理模式下的平等、协商、服务、高效等理念转变,从而保证公域治理模式选择与推动互联网公域发展在价值理念上的契合;在规范层面表现为由规则的单一化向规则的多元化转变,既包括国家法律、行政法规等传统国家法(硬法)的范畴,也包含互联网行业协会、平台制定的章程、规则等非正式规范(软法)的范畴,甚至还包含不同的虚拟社群所形成的多元化的交往规则[②],从而共同构筑起互联网公域治理的规范体系;在治理主体层面表现为政府逐渐向社会、市场分权,形成"政府—社会—市场"多元主体共治的模式,以有效化解政府单一主体管理模式存在的滞后、业余、刚性等弊端;在治理方式层面强调在互联网公域中,政府要放松对社会的规制,强化与社会、市场的沟通协商,赋予社会主体充

---

① [德]哈贝马斯著:《公共领域的结构转型》,曹卫东译,上海:学林出版社1999年版,第4页。

② 黄少华著:《网络社会学的基本议题》,杭州:浙江大学出版社2014年版,第81页。

足的自治空间,等等。

　　行政法是关于公域治理的法,互联网时代的公域治理变革必然要推动行政法及其基本理论的整体变迁。当下,行政法对互联网公域治理需求的回应阙如,是互联网公共问题层出不穷、公域治理难以收获理想成效的主要原因。行政法价值取向与互联网时代公域治理理念的背离,以及行政法规范体系对互联网公域治理实践关注的不足,如行政组织法对互联网社会公权力主体兴起的忽视、行政行为法对互联网公域多样性的治理方式规制缺位、行政救济法对互联网公域治理的多元化纠纷应对不及等困境,严重桎梏了互联网公域治理的有效展开,从而暴露了行政法学理论研究范式的封闭和固化。

二、研究问题

　　立足于此,围绕现实需求、政策导向和理论困境,本书研究的问题主要包含现实问题和理论问题两个方面。

(一)现实问题

　　互联网的迅猛发展推动了传统公域拓展及内部结构变迁,技术更迭、空间流动、现实与虚拟互动融合、私域与公域相互交织,驱使着原本局限于小范围内的社会问题从一个个封闭的空间中走出来,成为普遍性的公共问题,甚至引发网络瘫痪、信息泄露、病毒攻击、舆论危机等系统性风险。与此同时,网络族群的集结、公共权力的分化对政府形成强有力的监督,迫使政府提高政策制定与执行的公开度、透明度,提高解决公共问题的能力及公共服务供给的水平。但职权依据的欠缺与技术条件的匮乏,又导致了单纯依托政府无法维持互联网公域的秩序,以保证其良性发展。因此,互联网行业协会、企业、平台等主体加入其中,形成了多元合作的公共治理模式。

　　基于公域治理与行政法的内在逻辑关系,互联网公域的治理模式兴起及变革必然对现有的行政法发展产生新的需求,具体表现为:治理主体及公权力多元化对职权配置、责任分配和权利保障法定化的需求;治理规则的多样性对明确规则的效力、层级及适用情形等的需求;治理方式多样性、灵活性以及协商型、合作型治理方式的广泛运用对治理方式选择、运用予以规范化的需求;治理过程的应急性、互动性、多向性对构建应急型、合作型行政程序制度的需求;治理纠纷的复杂化对拓展行政救济手段的需求,等等。故针对当前我国互联网公域治理为行政法带来的挑战及推动行政法发展的需求,推动行政法制度体系的回应型变迁,使之契合互联网公域治理的目标指向,为互联网公域治理提供基本的法治框架,从而实现互联网公域治理的法治化、现代化,成为本书研究的现实问题。

(二) 理论问题

围绕如何实现互联网公域治理法治化、现代化这一现实目标,推动行政法规范体系,包括行政组织法、行政行为法、行政程序法以及行政救济法等行政法整体框架的重构和制度体系的完善,其最终必然要以对传统行政法基本理论研究的反思与拓展为路径依归。要通过弥补行政法的基本原则的欠缺,促成行政主体理论、行政行为理论、行政程序理论、行政救济理论的整体发展,以实现行政法理论的回应型变迁。这些都是本书重点要解决的理论问题。

1. 治理模式在互联网公域的兴起与变革对既有行政法功能定位和基本原则的挑战亟待回应。改革开放以来,在经济体制改革和政治体制改革的双轮驱动下,原本高度集中的国家权力体系出现局部失效,从而逐步向社会转移,社会组织、公民的地位逐渐提升,但政府主导仍是我国经济社会发展的主要模式,行政权几乎渗透到社会生活的方方面面。伴随着互联网的发展及其对传统公域的改造,政府不再是占据权力资源的唯一主体,以互联网社会组织、平台为代表的社会主体在秩序建构活动中实际行使着公权力,甚至成为互联网公域秩序建构的主要力量。网民群体形成的舆论力量、公共诉求也成为了足以影响政府权力行使,以及推动智能化、信息化、服务型政府建设的重要因素。同时,互联网公域系统风险的高发性也对应急型政府、效能型政府的构建提出了新要求。这些无疑会对传统只关注政府管理活动、强调控制政府权力的行政法基本理论产生冲击。

2. 强调政府、市场主体、社会组织多元协同的互联网公域治理模式对行政法主体理论提出的挑战亟待回应。互联网行业协会、企业、平台对公共职能的承担,以及对公权力的行使,已经成为互联网公域治理的常态。然而,以政府行政活动为主要调整对象的行政法并未将这些非政府组织纳入其调整的范畴,与之相对应的行政主体理论框架也仅仅将政府、法律法规授权的组织纳入行政主体范畴当中,缺乏对非政府主体的关注,从而导致行业协会、企业、平台等社会组织在互联网公域治理中虽有一定的合理性,但其地位及权力来源的合法性基础仍相当缺乏。① 只有将之纳入行政法主体理论的范畴,对其合法性加以证成,才能进一步对多元主体在互联

---

① 石佑启著:《论公共行政与行政法学的范式转换》,北京:北京大学出版社2003年版,第5页。

网公域中的治理权限及对应的责任加以划分,才能准确界定其与网络用户之间形成的法律关系属性。

3. 互联网公域治理方式的多样性对传统行政行为理论的挑战亟待回应。互联网公域变迁,推动了政府行政任务的拓展。政府面对一个全新的虚拟空间,以及虚拟空间内部产生的公共问题和权利诉求,要充分保障其与现实场域的融通,以推动国家的科技创新、产业创新,仅靠以命令、强制为特征的行政方式难以完成如此艰巨的行政任务。以互联网公域治理变革的目标为指引,多元治理主体开始尝试多样性、信息化、灵活性、双向性、专业化、柔和化的治理方式。政府积极推动行政行为电子化、数字化、智能化改造,促进政府服务质量提升和政府信息公开,以行政指导、行政约谈等非强制性行政方式规范社会公权力行使,并通过与社会资本合作、公共服务外包等方式与非政府组织形成合作治理关系,共同推动互联网信息产业建设与公共问题解决;互联网社会组织、平台等社会公权力主体在参与同政府的合作治理关系的同时,也通过制定行业协会章程、平台规则等规范来实现自我赋权,授予自身建构公域秩序的权力及明确配套的方式,如禁言、禁号、注销等。多样性、合作型、柔性化的治理方式突破了传统以强制性行为为主要形式的行政行为范畴,拓宽了行使公权力的行为方式。然而,这些行为方式并未被传统的行政行为理论所包含,缺乏理论层面的型式化构造,导致行为自身缺乏理论依据,进而桎梏其规范体系的构建。

4. 互联网公域治理过程的多向性、技术性、应急性对传统行政程序理论的挑战亟待回应。一是在互联网公域治理中,多元主体就公共议题展开协商互动的过程,需要程序制度加以确认和保障。协商合作型治理方式在互联网公域治理中的广泛运用,要求构建合作型程序制度对之予以规范,通过程序制度提升互联网公共决策的合法性和有效性。二是在虚拟场域中,以及虚拟与现实的交界处,网络媒介成为连接公权与私权的重要纽带,信息技术的普及推动了互联网公域治理过程的电子化、数字化、智能化。这就要求围绕技术治理的过程,构造新型程序制度。三是互联网公域爆发系统性风险的频率更高、不确定性更强、影响面更广,在极大程度上考验着政府与社会主体对公域风险的防御能力和应变能力。由此催生了应急型治理行为在化解互联网公共危机中的运用。应急型治理行为的即时性决定了必须构建一套与之配套的程序制度,才能防止其因规范缺位而陷入过度滥用的境地。互联网公域治理过程的特殊性,对传统行政程序理论范式产生冲击。以行政主体与行政相对人、行政权与行政相对人权利二元对立、两造对抗为内在机理,行政过程中行政主体与行政相对人之间"命令与服从"的关系结构①,是政府管理模式语境下的行政程序理论构造的逻辑起点。对单向性、强制性的行政过程加以规制,是传统行政程序理论指导和引领控权型程序制度建构的出发点和落脚点。互联网公域治理过程以协商合作、高效运行、有效应变为主要特点,这就要求行政程序理论应当致力于改良传统的程序范式,注重兼容并包的程序价值、参与主体结构迈向合作型、趋向交往理性的程序风格以及程序表达的论辩规则化。②

5. 互联网公域治理纠纷的复杂化对传统行政救济理论的挑战亟待回应。互联网公域治理的展开,进一步推动公益与私益相互交融,公法行为与私法行为交替适用,模糊了公法与私法的界限,呈现出"私法公法化"与"公法私法化"的新图景。传统以公、私分野为基点的行政救济理论,无法为公法属性与私法属性混合的互联网公域治理纠纷提供有效的解决方案。一是行政复议、行政诉讼未将社会公权力主体侵权纳入救济范畴。二是行政复议无法解决公私合作产生的争议;行政诉讼虽然将"行政协议"纳入受案范围,但是对行政协议的范畴界定不清。三是受"公权力不得处分"原则的影响,公私合作纠纷难以寻求和解、仲裁、调解的救济途径予以解决。四是职能分配与权力分化推动下的互联网公域治理,引发了多元主体治理责任认定之困境,即政府与社会主体在共享公共治理权力时,也会滋生相互推诿责任或责任转嫁的潜在风险,造成责任认定、划分与追究上的困难。这些问题,都迫切需要传统行政救济理论予以回应。

此外,准确梳理实现互联网公域治理法治化所面临的行政法理论问题并予以回应,前提在于要从理论层面分析互联网发展对传统公域的影响,以及治理模式在互联网公域的嵌入,综合运用国家与社会关系理论、治理理论、风险社会理论、网络社会理论等政治学、管理学、社会学学科的理论知识来搭建互联网公域治理的相关理论模型。这也是本书需要一并探讨的基础理论问题。

三、研究价值

本书尝试从互联网发展引发传统公域变迁,以及公域治理变革的视角切入,全面系统地看待互联网时代公域治理对推动行政法理论和制度体系完善的需求,并尝试就如何回应挑战,推动行政法发展,破解互联网公域治

①　参见石佑启、杨治坤:《中国政府治理的法治路径》,《中国社会科学》2018 年第 1 期。
②　参见喻少如:《合作行政背景下行政程序的变革与走向》,《武汉大学学报(哲学社会科学版)》2017 年第 2 期。

理的法治困境进行研究。

（一）理论价ee

1. 从理论上深入分析互联网发展对传统公域的现实改造，以及公域演变的基本规律，以此为基础充分揭示互联网公域的治理需求及互联网公域治理对行政法的挑战。网络借贷诈骗、区块链庞氏骗局、网约车司机侵权、共享单车押金兑付困难等网络公共事件频发，且难以得到有效的监管和遏制，其主要原因在于政府层面总是抱着"就事论事"的心态，仅注重对互联网公共问题展开运动式整治，却鲜少分析互联网问题极易上升为公共问题，引发系统性风险的根本原因。以公域理论为视角切入，不难发现，互联网公共问题的高发性及其解决困境，互联网普及对政府与社会关系的整体影响，都根源于互联网对传统公域的全面介入和深度改造所造成的传统政府管理模式与公域内部结构的不匹配性。例如，原本只属于私域范围的协议关系，可能基于公共服务、公众媒介、公共娱乐等方面的供给需求，扩大了用户的规模，继而转变为公域范围的管理关系。在此基础上，充分揭示互联网公域的治理需求及其对行政法产生的冲击具有重要的理论意义。

2. 以互联网公域治理为背景，反思行政法理论基础，推动行政法价值取向的革新与功能定位的调适。行政法管理理论认为，行政法主要调整的是国家管理关系，规定政府管理的基本原则和制度，其主要功能是充分保障行政权的行使以及提高行政效率，以维护社会秩序和增进公共利益。显然，行政法的管理论与互联网公域治理理念相背离。互联网公域治理除了要维护网络公共秩序之外，还强调对政府权力、社会公权力的控制，防止其过度干预市场主体技术创新的权利、公民获取网络资源的权利、公民网络言论自由表达的权利，以赋予互联网相对自由的发展环境。单纯强调管理，不足以实现互联网公域治理的目的。行政法控权理论认为，行政法的主要功能是限制和控制政府权力，以保障个人的权利和自由。以控权论为基础的行政法，同样难以应对急剧变迁的互联网公域的治理需求。"无法律即无行政"是控权论强调的核心原则，然而法律规定必然滞后于互联网发展的进程。过分强调控制行政权或者社会公权力，会导致对互联网公域发展缺乏必要的调控，也难以推动服务型政府建设。现代行政法平衡论认为，行政法既要致力于保障行政权的有效行使，又要严格防止行政权的违法行使与滥用，充分保护公民的权利，即行政主体的权力要与行政相对人的权利保持总体平衡。这总体上与互联网公域治理的价值取向相契合。互联网公域治理的目的在于实现网络公共秩序建构与社会主体、公民权利保障之间的统一。通过治理实践，政府与社会公权力主体可以有效规制互联网公域风险,社会主体可以在相对自由的空间范围内尝试创新,公民可以广泛参与公共事务治理,以及享有互联网发展赋予的新型权利。因此,立足于互联网公域治理需求及其对行政法发展的挑战,反思行政法基础理论之不足,可以推进行政法价值取向的革新与功能定位的调适。

3. 回应互联网公域治理对行政法发展的需求,剖析传统行政法面临的困境,促进行政法与行政法学的发展。我国没有经历从消极行政到积极行政的发展过程,自始以来行政权力就很强大,且无所不及、无所不能。故我国行政法的发展路径与西方国家有所不同。在行政法理论与制度建构上,我国大多强调行政机关的管理功能,并围绕行政资源的政府独占性、行政法律关系的不对等性和行政主体的优越性、行政行为的单向性和强制性等要素来展开。这导致其与互联网公域治理的主体多元化、行为方式多样性、纠纷类型复杂性等实践现状存在不能包容性。通过对互联网公域治理变革及其对行政法发展需求的关注和回应,将如何促进多元主体职权分配的合法性、多样化治理方式的规范化、复杂性治理纠纷的有效救济等问题纳入行政法研究的范围内,能够拓宽行政法学的研究视野,促进行政法学的创新发展。

4. 推动中国互联网公域治理法治化的学术体系、理论体系和话语体系构建。互联网发展是一个全球化现象,互联网时代的公域发展及其引发的治理变革问题,是普遍存在于世界各国的公共话题。随着网络跨域问题的频发、网络主权争端的复杂化、网络交流渠道的畅通等,世界各国在积极投身于本国互联网公共问题治理的同时,也在试图主导和推动互联网全球问题治理及其规则体系构建。相较于全球互联网治理问题,中国所面临的互联网公共问题具备一定的共性,也存在特殊性,其相应的法治体系建设必然要扎根于中国治理实践的需求,遵循中国特色社会主义法治理论的指引。因此,以互联网公域治理问题为导向,反思既有理论在指导互联网公域治理法治化建设时所暴露的缺陷,有助于推动互联网公域治理法治化的理论体系重塑,形成有效破解现实问题的治理方案,从而促进中国互联网公域治理法治化的话语体系构建。无论是理论体系还是话语体系的构建,都必然要仰仗于学术体系的发展,尤其要以学科体系省思推动学术体系建设与理论革新的融合互动。立足于此,在探寻互联网公域治理法治化的语境下推动行政法发展,要求行政法学关注传统公域的整体变迁,回应行政法学"阿基米德支点"调整的诸多争论,弥补行政法学认知基础的欠缺,促进行政法学研究方法与学科体系的创新,从而促进互联网时代公域治理法治化的学术体系、理论体系和话语体系的总体建设。

（二）实践价值

一方面,有利于建立网络综合治理体系,促进互联网公域有序发展,推进国家治理体系和国家治理能力现代化。互联网信息技术更替快、普及范围广,客观上导致诸多私域纠纷极易衍化为公共事件,且不断发酵。这很大程度上考验了互联网公域治理系统的整体结构设计和实践反应能力。通过对互联网公域发展的基本脉络和表征进行归纳分析,可以直观发现其治理需求,为系统性地提出治理变革的客观规律奠定基础,回应了互联网公域治理法治化的现实需要。直面行政法制度体系和理论体系面临的困境,推动行政法的新发展,可以理性地对互联网公域中公共权力运行的边界和方式加以设定,厘清政府与社会、政府与市场之间的关系。这既能够为市场主体、社会组织的创新腾出充足的空间,保障公民的网络参与权利;又能够有效维护互联网公域秩序,促进互联网公域的有序发展。党的十八届三中全会提出,完善和发展中国特色社会主义制度,推进国家治理体系和治理能力现代化,是我国全面深化改革的总目标。互联网公域治理是国家治理体系的重要组成部分,其治理功效的实现影响国家治理现代化的进程。

另一方面,有利于将互联网公域治理纳入法治轨道,实现互联网公域治理目标。党的十八届四中全会提出,要全面推进依法治国,建设中国特色社会主义法治体系。在一个奉行法治的国家,互联网公域治理必须纳入法治框架体系中。互联网公域治理最终的目标指向是实现善治,善治本身就包含了法治这一基本要素。公法,尤其是行政法,为互联网公域治理提供了合法性依据。互联网公域治理的展开,主要依靠行政法加以推进。互联网公共问题层出不穷,其根本原因在于没有将治理实践中面临的问题纳入行政法律规范体系下予以解决,导致治理缺乏有力的法治保障而难以有成效。通过推动行政法制度和理论的发展,可以使治理理念、治理规则、治理主体、治理方式、治理程序、治理纠纷的救济等内容都趋向制度化、明确化,构建有章可循的治理结构和规范高效的运行过程,有效防控风险,实现互联网公域良法善治的目标。

第二节　国内外相关研究成果综述

一、国内文献综述

当前,与本书选题相关的问题已经引起学界的广泛关注,学者们开始从不同层面、不同角度对这些问题展开研究,并形成了一定的研究基础。截至文献梳理时,读秀学术搜索、中国知网检索、维普检索等文献检索平台的数据显示,直接探讨互联网治理与互联网法(包含网络治理与网络法)相关问题的书籍共有212本。其中,书名以"互联网(网络)、治理"为关键词的书籍共有25本;书名以"互联网(网络)、法"为关键词的书籍共有75本;书名以"互联网(网络)、治理、法"为关键词的图书共有2本。发表于核心期刊与CSSCI来源期刊的相关论文共有1356篇。其中,以"互联网、治理"为关键词的论文有601篇;主题包含"互联网、治理、法"的论文有19篇;主题包含"互联网(网络)、公共领域、法"的论文有15篇;以"互联网(网络)、行政法"为关键词的论文有36篇;以"互联网(网络)、软法"为关键词的论文有30篇;以"网络空间、法"为关键词的论文有6篇。

通过阅读这些书籍和论文,可以发现既有研究成果虽然体现了学界对互联网公域治理法治建设相关问题的学术关怀,为后续系统性研究的展开奠定了基础,但是总体而言,仍存在以下不足:(1)大多聚焦于就"互联网金融""网约车""共享经济""大数据""电子商务"等领域存在的问题提出相应的法律对策,对互联网发展的基础性问题、整体性问题及其法治回应关注较少;(2)对互联网公域的形成和发展,以及其与传统公域的内在差异的相关研究还相对较少,难以从理论上揭示互联网公共问题频发的内在缘由;(3)以治理理论为切入视角,系统探讨互联网公域的治理需求和现状的研究较少;(4)现有研究成果中存在概念范畴的混用,如简单地将"公域""公共领域""公共空间"等概念等同;(5)以行政法为视角对互联网公共问题展开分析的研究成果还相对较少。足见,目前与本书直接相关的研究成果还比较薄弱。故为了研究的深入开展,满足持续发挥研究价值的需要,本书拟结合社会学、政治学、管理学、伦理学等学科知识,对相关文献材料系统地进行梳理分析。

(一)对互联网公域相关概念范畴与基本表征的研究

1. 关于公域、私域、公共领域等概念范畴的研究。公域与私域是理解近现代政治、哲学、法律所必须掌握的一对重要范畴,即无论是对民主、权利、自由的价值追求而言,还是对法律规范的制定和实施而言,公域与私域的界分都能够为其合理性证成提供必要基础。目前,国内学界对公域与私域的划分标准具有不同的看法。有学者认为,公域与私域划分起初的用意是为了进一步厘清政府与市场的关系,排除政府对市场领域的不当干预。当下,市场经济在自我发展中凭借难以遏制的自发性、独立性以及客观性,促使公共领域与私人领域彼此分离开来。① 正是基于这种公域和私域的分离,以及这种分离存在的必要性,公权力应被严格限制在特定的公域范围内,强调公域是公共权力所面向的领域,私域是严格排除公共权力干预的领域。② 随着现代社会的发展,公共权力不再为政府所垄断,开始被社会组织占有。因此,可以进一步将公域与私域划分为绝对公域、绝对私域以及相对公域等。其中,当社会组织相对应的领域不同时,应将之看作相对公域。③ 万俊人教授从社会公共组织结构、社会基本制度、公共管理秩序、国家和政府的公共权力等多个方面对公域的范畴进行界定,认为完整而普遍的社会制度化和组织结构的普遍公共性是公域形成的根本标志。④ 罗豪才教授、宋功德教授也认为,是否具有公共性构成了公域与私域的分水岭。其中,公共性的标准不是单一的,而应当是对于人数之多少、地域之大小和影响之强弱,以及是否属于公共物品、是否指向于公共利益等多种因素的综合权衡和系统考量。公域不仅是公共权力的运作范围,还是公民参与公共管理的范围,整体成为公共关系所涵盖的范围。⑤ 可见,关于公域与私域的界分,多数学者主张以是否存在公共权力、是否形成公共关系、是否属于公民参与范围、是否涉及公共利益为标准。

应当明确的是,"公域"不等同于"公共领域",政治学领域内所使用的"公共领域"通常是指立足于国家与社会相分离的基础上,由拥有政治权利的公民对国家权力的行使进行监督批判,对相关公共事务展开自由讨论并形成意见表达的公共场域,其主要载体包含报刊、出版物、电视和网络等公共媒介平台,其内部汇集而成的价值追求与公众舆论,为国家权力运行的合法性、正当性奠定了稳定的社会根基。也就是说,公共领域是介于公共权威与私人领域之间的重要场域。⑥ 一般来讲,现代公共领域是普遍开放的。有学者认为,如果一个生活领域是公开的,且有着某种共享性和可进入性,那就是公共领域。⑦ 公共领域的基本构成要素是多数无阶级和阶层性公众、带着理性的商谈和批判的公众舆论,以及提供可以对话和辩论的

---

① 陈建平:《公域治理现代化、廉政内生制序与党政自制——内在逻辑关联的学理分析》,《管理学刊》2018 年第 3 期。

② 张创新著:《公共管理学概论》,北京:清华大学出版社 2010 年版,第 79 页。

③ 李晓辉:《公域与私域的划分及其内涵》,《哈尔滨商业大学学报(社会科学版)》2003 年第 4 期。

④ 万俊人主编:《现代公共管理伦理导论》,北京:人民出版社 2005 年版,第 5—7 页。

⑤ 罗豪才等著:《软法与公共治理》,北京:北京大学出版社 2006 年版,第 26 页。

⑥ 马长山:《公共领域兴起中的法治诉求》,《政法论坛》2005 年第 5 期。

⑦ 詹世友:《公共领域、公共利益、公共性》,《社会科学》2005 年第 7 期。

公众媒介和公共场所。① 公共领域的生成和发展是建立在划分了边界明晰的私人领域之基础上,其最终目的在于保障、促进私人权益和基本人权,赋予人更多的积极权利,进而让人们获得某种"公共人格"。有学者认为,公共领域秩序的构建需要依托于公共理性的培养,而契约法则在现代公共领域中成为社会公共理性的核心原则,其所体现的公平正义,符合现代社会秩序的发展要求,能够有效促进实质正义与程序正义融合,个人利益与群体利益并举,工具理性与价值理性有效平衡。② 有学者专门对中国公共领域的发展展开研究,认为改革开放后,随着政府与市场、社会关系的演变,虽然政府主动从社会领域中退出,社会公共权力扩张,但是多元利益主体之间的关系却没有破裂,主要原因在于公共领域的发展,尽力化解了社会的不满,消解了政府与社会之间的冲突,弥合了社会基层之间的差别与鸿沟。③ 可见,公共领域是社会主体、公民与公共权力对话的开放场域,其包含于公域的范围当中,但不能等同于公域。公共领域的发展取决于公域内部结构的变迁,反映着公域发展的客观规律,其价值功能的实现,取决于公共权威与社会、公民之间的理性商谈。

2. 关于互联网(网络)公域、互联网(网络)公共领域、网络社会等概念范畴及基本表征的研究。目前,直接引用"互联网公域"这一概念的研究还相对较少,但已有部分学者引用"网络公域"这一表述。当网络作为新的表达工具为社会公众所认可时,网络公域便由此产生了。它的诞生可以看作网络权力与网络信息从现实世界向网络公域的分流,既是从现实公共领域向网络世界分流的标志,也是结果。④ 这种权力的转移,体现了公共意志在网络公域的汇集使得公众具备了网络参与的能力。⑤ 显然,单纯讨论权力的转移未能观测到网络公域的全貌,仍然只是将之限缩在公共领域的范围内。故多数研究采用"网络空间"或者"网络公共空间"来指代因互联网发展而产生的整个虚拟空间场域。互联网技术的发明、创新与普及化,使人类社会进入到网络空间与现实空间平行和交叉的双重时空当中。⑥ 网

①　陈勤奋:《哈贝马斯的"公共领域"理论及其特点》,《厦门大学学报(哲学社会科学版)》2009年第1期。
②　梅景辉:《"公共理性"的现代性反思与建构》,《江海学刊》2015年第5期。
③　罗贵榕:《公共领域的构成及其在中国的发生与发展》,《学术界》2007年第3期。
④　田进、杨正:《网络公域政治参与合法化的机制研究:一个合作视角》,《江汉大学学报(社会科学版)》2016年第3期。
⑤　宋红岩:《网络权力的生成、冲突与道义》,《江淮论坛》2013年第3期。
⑥　周蜀秦、宋道雷:《现实空间与网络空间的政治生活与国家治理》,《南京师大学报(社会科学版)》2015年第6期。

络空间是继陆海空天之后的第五空间,其内部的权力结构与治理结构相互呼应,并影响着传统经济社会结构的发展演变。[①] 网络空间权力结构的形成既体现在对传统国家—社会权力的改造,也表现为网络国家主权形态的生成,强调对网络主权的尊重是保障所有国家平等参与网络空间全球治理的重要基础。[②] 网络空间作为国际力量博弈的场域,对全球治理具有重要意义。我国应从理念、制度、技术等方面抓住网络空间治理格局构建与整合的历史机遇,参与到网络空间规则制定权和国际话语权的"双权"博弈中。[③] 当然,国家主权既要坚持在网络空间中的适用性,排斥消解主权的"网络自身主权论"和弱化主权的"多利益攸关方治理模式",又要根据网络空间"互联、互通、互动"的特殊属性,适时作出调整变动。[④] 黄少华教授则认为,网络空间不单纯指虚拟空间,工作、交往、学习、休闲、购物、娱乐这些以往必须依赖现实空间场所才能进行的经济、政治、社会以及文化活动,如今均可以被转移到网络空间,在网络空间中进行,从而压缩甚至取代了物理空间,呈现出一种二元交叠的空间特性。[⑤] 从纯粹"线上"交流转为"线上""线下"互动[⑥],针对网络空间社会属性的研究,多数学者采用"网络社会"这一表述。网络社会概念的内涵是指对网络社会的定性问题,外延是如何区分网络社会与传统社会的判断标准问题,二者构成了网络社会概念厘定的关键性问题。[⑦] 从内涵来看,网络社会是一个真实的、非虚拟的社会,一个信息化的却以人为根基的社会,一个非精英主导的共享社会。[⑧] 从外延来看,虚拟社会只是网络社会的其中一部分,而网络社会是信息社会的一部分。网络社会与以前所有的社会形态都不相同,呈现为一种新的社会形态。[⑨] 对互联网社会向度的关注,已经成为社会学研究的重要议

---

① 张晓:《网络空间权力分析》,《电子政务》2018 年第 5 期。

② 王高阳:《基于主权的网络空间全球治理:"中国方案"及其实践》,《当代世界与社会主义》2018 年第 5 期。

③ 杨维东:《场域视角下网络空间"双权"博弈的路径思考》,《新闻界》2017 年第 5 期。

④ 张新宝、许可:《网络空间主权的治理模式及其制度构建》,《中国社会科学》2016 年第 8 期。

⑤ 黄少华:《论网络空间的社会特性》,《兰州大学学报》2003 年第 3 期。

⑥ 周军杰、左美云:《线上线下互动、群体分化与知识共享的关系研究——基于虚拟社区的实证分析》,《中国管理科学》2012 年第 6 期。

⑦ 魏屹东:《语境同一论:科学表征问题的一种解答》,《中国社会科学》2017 年第 6 期。

⑧ 赵晓红、安维复:《网络社会:一种共享的交往模式》,《自然辩证法研究》2003 年第 10 期。

⑨ 童星、罗宇:《网络社会:一种新的、现实的社会存在方式》,《江苏社会科学》2001 年第 5 期。

题。① 其中,主要包括对网络话语、网络舆论与公共权力互动形态的研究,从而引入了"互联网(网络)公共领域"的概念。诚如前所述,公共领域是公域的重要组成部分,是架构于公共权力与私人领域之间的沟通桥梁。互联网公共领域是指传统公共领域依存的真实空间向赛博空间转移和扩展,并在虚拟与现实的互动当中形成的以网络媒介为载体的公共空间。② 互联网的发展为传统公共领域的复兴提供了重要契机,主体是网民,载体是网络,网络公共舆论是产出,从而构成了网络公共领域的基本结构。③

　　抽象的概念范畴只有通过基本特征,才能够得到清晰的呈现。在虚拟的网络空间中,信息是最为重要的资源,信息控制是控制空间的核心问题。④ 信息技术正试图通过网络,塑造一个与自然、社会并列的虚拟世界。在这个虚拟空间中,其可以突破所有界限,实现社会的脱域化,使社会问题能够不受地理位置限制,瞬间到达各个网络节点,并在广泛关注下转化为政策问题。同时,在这个转化的过程中,人们的意愿表达可以自由地进入政策问题建构环节,实现真正的自主性。⑤ 由此,可以看出网络空间既具有开放性,这为政治议题的创制提供了条件;又具有便捷性和廉价性,这有助于提高公众政治参与。⑥ 从揭示网络空间的信息属性、权力结构、空间形态转入对其社会属性的探讨,网络社会的内涵比虚拟网络空间的内涵更加丰富。网络社会是建立在网络平台上的人类交往活动共同体,代表着一种普遍交往的社会结构,是由交往主体之间利用网络构成的相互平行或交错的交往系统。⑦ 从社会认同感来看,网络社会使人们以虚拟的方式首先突破时空的限制,进入普遍交往的场域,它同时夹杂着"网我"与"真我"、"信息在场"与"人身在场"、"自由个性"与"失个性化"的内在紧张关系,存在产生自我认同危机的可能性。⑧ 从社会特性来看,网络社会具有虚拟性、无中心开放性、自主性、暴涨性、共有性等特征,其与现实社会有着部分

① 张兆曙:《互联网的社会向度与网络社会的核心逻辑——兼论社会学如何理解互联网》,《学术研究》2018 年第 3 期。

② 陈潭、胡项连:《网络公共领域的成长》,《华南师范大学学报(社会科学版)》2014 年第 4 期。

③ 胡宁生、魏志荣:《网络公共领域的兴起及其生态治理》,《南京社会科学》2012 年第 8 期。

④ 来向武、赵战花:《网络空间中信息控制的动力、矛盾与方式》,《情报杂志》2018 年第 6 期。

⑤ 张康之、向玉琼:《网络空间中的政策问题建构》,《中国社会科学》2015 年第 2 期。

⑥ 孟天广、李锋:《网络空间的政治互动:公民诉求与政府回应性——基于全国性网络问政平台的大数据分析》,《清华大学学报(哲学社会科学版)》2015 年第 3 期。

⑦ 王焕斌:《"网络社会":内涵及其特征探析》,《江西社会科学》2003 年第 2 期。

⑧ 高兆明:《网络社会中的自我认同问题》,《天津社会科学》2003 年第 2 期。

与整体、虚拟与真实的关系。① 从社会结构来看,网络社会引起的最明显的社会变迁便是缺场交往的迅速扩展、传递经验地位的大幅提升、社会认同力量的明确彰显,这些构成了社会结构变革的基础要素。② 网络社会结构的变革,最终取决于社会权力结构的转变,尤其是社会公权力、公民权利与公共权力之间的博弈,这在互联网公共领域中表现得尤为突出。互联网改变和发展了传统公共领域。随着互联网的广泛运用,互联网公共领域已然兴起,从而推动了传统公共领域的重构,也为话语民主权的发展注入了新活力。平等交织的交往关系、自由互动的交往过程、丰富多元的交往内容以及开放畅通的交往场域等,都为社会话语民主的持续发展提供了重要条件。③ 可见,传统公共领域理论已经不适合用于阐释互联网公共领域。互联网公共领域的运作超出了所谓的政治范畴,对社会各个领域的规则和秩序产生冲击,并开始承担着促进社会系统自我反思的功能,全面推动了社会结构的转型升级。当下,互联网公共领域崛起的现实图景,既不是政治国家导控松动的结果,也并非社会主体发展、公民品格发育或者开展社会运动的成果,而是互联网信息技术革新的产物。④ 互联网公共领域的兴起,主要取决于技术的革新,其推动了传统公共领域整体功能与发展轨迹的转变。互联网公共领域对社会公共事件的聚焦,以及网民就此展开的广泛、自由的交流,唤醒了公众的公共意识和参与意识;维护社会弱势群体权护所引起的公众对社会不公的抗议,以及对体制根源的反思,充分发挥了伸张正义、批判现实、制约公权力的重要功用。互联网公共领域借助信息收集、传递技术及其开放性的参与平台,建立起了有效监督公共权力运行的机制,推动了公共行政的民主变革。⑤

此外,还有文献引入"网络社区""虚拟社区""全球公域"等概念范畴并对其基本表征进行阐述,但总体来看,这些相关的内容都可以纳入上述概念范畴与理论框架当中,只是由于视角的不同,其侧重或有些许差异,故在此不再赘述。

3. 对既有研究成果的评述。通过对相关文献的梳理可以发现,随着互联网飞速发展与网络问题频发,与互联网(网络)公域变革相关的内容已

① 刘国建:《"网络社会"的特性及其哲学思考》,《学术研究》2002 年第 2 期。

② 刘少杰:《网络化时代的社会结构变迁》,《学术月刊》2012 年第 10 期。

③ 熊光清:《网络公共领域的兴起与话语民主的新发展》,《中国人民大学学报》2014 年第 5期。

④ 陆宇峰:《中国网络公共领域:功能、异化与规制》,《现代法学》2014 年第 4 期。

⑤ 何显明:《中国网络公共领域的成长:功能与前景》,《江苏行政学院学报》2012 年第 1 期。

经引起学界的关注。这些文献凸显了学者们对互联网时代现实空间拓展、社会结构转型等变革的现实关照，为揭示互联网公域内部的发展现状和演变逻辑提供了学术积累。但总体而言，这些研究仍存在如下不足：一是学者们对"互联网公域""网络空间""互联网公共领域"等概念范畴的界定和表述在理论上并未形成共识，甚至存在概念混用的情形，以至于对不同概念基本表征的认识也有所偏差；二是既有研究成果要么聚焦于虚拟世界，要么专注于网络舆论治理，或者陷入对网络社会交往规则的解析当中，很少系统和整体地看待这些概念范畴，包括它们之间的差异与重合，难以发现它们内在的关联性，从而对各个范畴的研究都难以达致全面深入；三是过多地强调互联网时代公民的政治参与、舆论影响、话语民主、网民监督等问题，对互联网公域的负面影响与风险，如网络谣言、网络暴力、网络危机等问题出现的深层原因关注不足，导致这些问题反复出现，从虚拟空间向现实社会，乃至整个公域快速蔓延却得不到有效防治。

（二）对互联网治理与法治相关问题的研究

1. 关于互联网治理的必要性、模式、表征等内容的研究。互联网治理建立在多元主体管理架构之上，其基本原则和最终目标是要还原并彰显互联网自身的民主属性，要形成自觉、自主、自治的网络公共舆论平台，并在自律性、自发式的网络环境中产生多种意见的交流与碰撞。从"监管"到"治理"，强调的是治理模式的全面革新，从而有效破解网络监管模式之不足。① 传统互联网管理模式存在专门立法相对滞后且政府主导过度，行政监管"九龙治水"、职能交叉、权责不一、效率低下，治理主体信息交流不足等问题，这些问题需要尝试在互联网"治理"转变的整体过程中寻求解决方案。从互联网政府管理模式向互联网政府治理模式转变，主要表现为由政府主导网络秩序建构逐渐转变为政府与市场、社会等多元主体共同合作、协商互动的过程。② 互联网发展的技术逻辑随着技术社会化的进程，逐步受到商业逻辑、社会逻辑和政治逻辑的共同挑战，从而推动了互联网治理的兴起，形成了互联网治理的逻辑脉络。③ 回应迫切的互联网治理需求，需要构建相应的治理模式。目前，互联网治理模式是基于三组二元对立的逻辑而建立的，如虚拟与现实对立、政府与市场治理对立、全球与本土治理

① 张卓、王瀚东：《中国网络监管到网络治理的转变——从"网络暴力"谈起》，《湘潭大学学报》2010 年第 1 期。

② 张志安、吴涛：《国家治理视角下的互联网治理》，《新疆师范大学学报（哲学社会科学版）》2015 年第 5 期。

③ 周煜：《技术逻辑之殇——论互联网治理之缘起》，《新闻界》2009 年第 2 期。

对立。这种基于二元对立逻辑形成的治理模式,与互联网治理倡导的多元治理内涵和目标相违背。[①] 由此,解决互联网治理失衡问题需要建立多元化的治理模式,由政府统一引导、企业全面负责、社会广泛参与,从而实现优势互补、协同共治。[②] 基于不同的治理结构,可以将互联网治理划分为领导组织治理、网络行政组织治理和共享的参与治理三种形式。[③] 同时,互联网平台经济的崛起,也在改变着互联网治理模式。不能再简单地将互联网治理理解成单边式的管理,或者是理解成政府机构的管理,未来互联网治理一定是多方协同、生态化的治理。[④] 不难发现,互联网公域治理模式的思维观念强调以人为本、权利平等以及公平正义,提倡通过再造政府决策、管理和服务的模式,优化行政体制结构,全面提升政府履职能力。故互联网的特质恰好契合了打造透明政府、开放型政府、参与式政府和回应型政府的治理理念和服务模式。[⑤] 除了多元共治、协商合作的特征外,大数据技术也是推动互联网治理变革、提高互联网治理主动性的利器。[⑥] 大数据技术应用的本质追求,是利用数据去创造和展现更多的公共价值,提升政府供给"互联网+公共服务"的能力,形成政府与公民融合互动的互联网治理新格局。[⑦] 互联网的治理具备诸多转型性的特征,推动互联网治理转型也非一蹴而就,必然面临诸多挑战。一方面,治理面临的合法性与有效性不足,是推进互联网治理所面临的主要困境;[⑧]另一方面,传统垂直式的互联网治理模式不能应对扁平化的互联网节点分布引发的问题,需要联合政府、市场主体、社会组织和公民对互联网问题进行多元化治理,但这些参与主体之间缺乏逻辑化、制度化的关联,难以形成共享共治的局面。故要通过从国家战略层面进行顶层设计,调整治理规则,形成多元治理主体互动机制等路径来重构互联网治理逻辑。[⑨]

---

① 顾洁:《新制度主义理论下的互联网治理模式与理论框架重塑》,《新媒体》2016年第1期。

② 赵玉林:《构建我国互联网多元治理模式——匡正互联网服务商参与网络治理的"四大乱象"》,《中国行政管理》2015年第1期。

③ 唐秋伟:《网络治理的模式:结构、因素与有效性》,《河南社会科学》2012年第5期。

④ 高红冰:《平台经济崛起改变互联网治理模式》,《前线》2016年第2期。

⑤ 翟云:《"互联网+"政府治理:现实挑战及模式创新》,《光明日报》2016年8月1日第011版。

⑥ 苗国厚、谢霄男:《大数据技术:提高互联网治理主动性的利器》,《新闻界》2014年第23期。

⑦ 于施洋、杨道玲:《大数据背景下创新政府互联网治理》,《光明日报》2013年3月23日第6版。

⑧ 蒋力啸:《试析互联网治理的概念、机制与困境》,《江南社会学院学报》2011年第3期。

⑨ 张化冰:《中国互联网治理的困局与逻辑重构》,《学术研究》2017年第12期。

2. 关于互联网治理与法治内容的研究。一是对互联网治理制度化、法治化的意义、问题、路径等问题进行探讨。互联网治理法治化是国家治理体系的重要内容，是国家治理体系现代化的题中应有之意。[①] 互联网治理的重要特征是"共治"，法律作为一种治理方式，既可以通过调整人们的权利义务关系来对网络规则和秩序产生直接影响，也可以通过作用于教育引导和技术创新等方式来对网络规则和秩序产生间接影响。[②] 从全球互联网治理层面看，基于法治的超国家价值、法律问题是互联网治理的核心，以及互联网治理对法治的呼唤等因素，法治成为了全球互联网治理的最佳选择。[③] 互联网治理法治化是现实社会治理逻辑向虚拟场域的延伸，是国家主权在互联网虚拟场域的重要体现，是互联网空间中价值协调和利益平衡的必然要求。[④] 当前，随着互联网技术的日新月异，我国的互联网治理法治化进程也面临着诸多挑战。例如，有关互联网的专门立法滞后于互联网的快速发展，强调技术性控制一定程度上束缚了互联网产业创新等。[⑤] 这是因为现有的互联网空间治理存在制度设计合法性和代表性欠缺，机制落实程度不足，以及运作呈现碎片化和巴尔干化等问题。这体现了互联网制度理念的根本性冲突所导致的机制困境和引发的治理失灵难以有效解决日益凸显的公共秩序问题。[⑥] 事实上，互联网问题的有效规制路径，要在政府规制与自我规制之间寻求平衡。自我规制既包含企业、公民出于社会责任感以及建立声誉、声望、自律等动机，对自己行为的自我约束和规范，又包含集体组织对其成员进行的约束和规范。[⑦] 法治要应用于互联网公共空间的治理，就要求建立满足于不同主体需求的秩序结构，同时要保障民主价值和公民自由权。这就形成了建设互联网法治秩序和控制公权力的双重治理目标，彰显了互联网治理的双重结构。[⑧] 正是基于这种双重

① 王晓君：《论我国互联网法治的战略构建》，《管理观察》2016 年第 28 期。
② 于雯雯：《法学视域下的中国互联网治理研究综述》，《法律适用》2015 年第 1 期。
③ 陈红梅：《全球互联网治理法治化思考》，《湘潭大学学报（哲学社会科学版）》2019 年第 1 期。
④ 徐家力：《论网络治理法治化的正当性、路径及建议》，《东北师大学报（哲学社会科学版）》2017 年第 4 期。
⑤ 张志安、卢家银、曹洵：《网络空间法治化的成效、挑战与应对》，《新疆师范大学学报（哲学社会科学版）》2016 年第 5 期。
⑥ 王明国：《网络空间治理的制度困境与新兴国家的突破路径》，《国际展望》2015 年第 6 期。
⑦ 李洪雷：《论互联网的规制体制——在政府规制与自我规制之间》，《环球法律评论》2014 年第 1 期。
⑧ 秦前红、李少文：《网络公共空间治理的法治原理》，《现代法学》2014 年第 6 期。

结构,我们需要运用法律内在的价值蕴涵与法律治理的有效手段,对技术性治理进行归化,并正确处理好技术治理与法律治理之间的内在关系,形成双管齐下的结构。① 同时,也有学者提出,不仅要从法律与技术着手,还需兼顾伦理引导的作用,法律、技术、伦理三管齐下,进行协同治理,营造风清气正的互联网空间。② 二是对互联网治理与行政法的相关内容进行研究。有学者认为,互联网数据治理的特征包括治理主体的多元化及公权力来源的广泛性、数据的权属多维性及价值属性的多样性、适用场域的开放性及治理手段的交替性等。现有的行政法在应对互联网数据治理时面临对多元共治的规制机制与保障机制不足,治理的目的与行为的匹配性欠佳,数据获取、共享的合理性判断标准缺位,提升协同治理能力的法律依据不足等问题,需要从深化和扩展行政法基本原则的内涵、创设和完善行政法的配套制度等方面探索行政法体系应对。③ 市场主体、社会组织对大数据的广泛运用在催生了互联网共享经济发展的同时,也对现有的行政法规制提出了挑战,如对市场准入审核制度、财产用途规范制度、职业资质审核制度以及特许经营许可制度提出的挑战,由此产生了大量所谓的行政法意义上的"非法"活动。故行政法规制应当通过端正规制目的,以"消费者优先"为目的,从政府规制向合作规制转变,通过创新和运用信息规制工具以及推动体制重构来实现规制主体利益与共享经济发展相容。④ 围绕互联网共享经济治理的法治问题,杨海坤教授等则从共享单车行政法调控的角度切入,提出从组织法、规则依据、行政行为等层面入手来打造互联网共享经济的行政法调控模型。⑤ 三是对互联网软法治理相关问题进行研究。互联网时代呼唤软法之治。⑥ 作为互联网公域治理的重要表现形式,软法治理的功能、种类、发展趋势等内容受到学界的广泛关注。石佑启教授等将软法治理与硬法规制相比较,认为互联网公共领域的扩张和传统硬法规制的失灵,催生了软法治理的兴起,软法可以以其灵活性来弥补硬法规制滞后性之不足,从而推动"管理"向"治理"转型;强调社会主体对互联网公

① 郑智航:《网络社会法律治理与技术治理的二元共治》,《中国法学》2018 年第 2 期。

② 刘思瑞:《法律、技术、伦理:三管齐下治理互联网》,《管理观察》2019 年第 6 期。

③ 李帅:《互联网数据治理的时代挑战及行政法应对》,《华南理工大学学报(社会科学版)》2019 年第 3 期。

④ 张效羽:《互联网分享经济对行政法规制的挑战与应对》,《环球法律评论》2016 年第 5 期。

⑤ 杨海坤:《共享单车的行政法调控——兼评互联网新经济的行政法调控模型》,《法治研究》2018 年第 4 期。

⑥ 陈惊天、耿振善:《互联网时代呼唤软法硬法的协同治理——专访罗豪才教授》,《人民法治》2015 年第 12 期。

共领域的自我规制;倡导柔性治理,促进政府与互联网公共领域的良性互动。同时,软法可以促进互联网公共领域控权保民、协商互动功能之发挥。① 软法规范价值日渐凸显,为互联网法治转型提供了一种现实路径,可以将互联网软法划分成为国家软法、民间软法两种类别展开研究。② 庞大的互联网交易市场和交易额,必然产生大量复杂的交易关系和纠纷,既有的正式法规范难以有效应对,从而催生了各类民间交易规则的兴起,这些以自律性为主要特征的软法规范就成为了界定规制互联网秩序的重要力量。"互联网+"促发了"软法革命",使"软法"承担起重要的"软法之治"的使命,但互联网软法治理本身也存在着价值偏好突出、解纷效力有限、规则相互冲突、公信力不足、私人腐败等问题和局限。③ 因此,可以在现有互联网软法治理的基础上,由监管层进行调研,将合法合理的软法规范上升为硬法,保证其有效执行,且应确保软法制定的程序公正,保证公众参与,以提升软法治理的公信力。④ 网约车等互联网新业态的不断涌现,催生了大量"软法"的产生,这给政府监管体制和秩序带来了一定的风险和挑战,形成了"软法"治理秩序,推动着互联网法治秩序从单一国家建构向国家与社会双向建构的模式转型。当前,立足于建设创新型国家,促进互联网经济发展,需要确立国家"硬法"与民间"软法"良性互动的规制机制,以形成双向构建的良法善治秩序。⑤

3. 对既有研究成果的评述。通过对相关文献的梳理可以发现,互联网公共问题、公共危机的频发,促使学界开始广泛关注互联网治理及其法治化等相关问题。上述文献凸显了学者们对互联网时代传统政府管理模式的不适应性,传统以强制力保障实施的国家法规范的滞后性,软法治理兴起及其不足等问题的现实反思,为继续深入研究互联网治理难以有成效的原因以及法治困境,推动互联网治理法治化奠定了学术基础。但总体而言,这些研究仍存在以下不足:一是缺乏对互联网公域发展现状的充分认知,未能揭示互联网公共问题频发的根源,以及互联网公域良性发展的需求,对治理模式的引入也大多是为了针对性地回应互联网某一新兴业态发展产生的问题,没有深入挖掘治理理论与互联网公域发展的内在契合;二是割裂地看待互联网公域中各个场域的问题及其治理需求,如现实与虚拟、政

---

① 石佑启、陈可翔:《互联网公共领域的软法治理》,《行政法学研究》2018 年第 4 期。

② 王怀勇、钟颖:《论互联网金融的软法之治》,《现代法学》2017 年第 6 期。

③ 马长山:《互联网+时代"软法之治"的问题与对策》,《现代法学》2016 年第 5 期。

④ 邓建鹏、黄震:《互联网金融的软法治理:问题和路径》,《金融监管研究》2016 年第 1 期。

⑤ 张祺妤:《互联网新业态的"软法"兴起及其规制》,《法学》2018 年第 2 期。

府与社会等,忽略了各个场域之间的治理关联性,导致治理方案与法治建议的片面性,甚至为满足某一场域的需求,桎梏了另一场域的发展;三是对互联网治理的理解大多停留在对秩序的维持,忽视了对信息技术创新的引导,以及推动民主政治功能的发挥,导致积极倡议的法治模型仍侧重于强调刚性规制的合法问题,而忽略了柔性治理的价值功用和有效问题;四是单纯从行政法的视角切入,对互联网公域治理问题进行探讨的研究成果还相对较少。

（三）公域治理与法治相关问题的研究

1. 关于公域治理理论、模式、分类等内容的研究。公域治理主要有三种模式:以政府作为核心主体的国家管理模式、由国家与各种社会自治组织共同作为管理主体的公共管理模式、由开放的公共管理与广泛的公众参与构成的公共治理模式。① 治理理论是从 20 世纪 90 年代末至 21 世纪初开始进入我国政治学、行政学视域的,是在反思传统国家管理与公共管理理论的基础上,形成的一种新的理论范式。俞可平教授率先在国内提出"治理"与"善治"的概念,并提出"治理"是政府或社会的公共管理组织在一定范围内运用公共权威维持秩序,满足公众需求的活动,是一种公共管理活动和过程,包括权威、规则、机制和方式等内容,其目的是在不同的制度框架下运用权力去引导、规范和控制公民的各种活动,以最大限度地保障公共利益。② 将统治与治理进行对比不难发现,统治是政府依托垄断性、强制性的国家权力对社会进行全面控制,治理则是不同类别的社会主体共同运用公共权威来提供公共产品、维护社会秩序的活动。两者具体存在如下区别:(1)统治的主体是单一的,就是政府或其他国家公共权力主体,而治理的主体是多元的。(2)统治的实现通常是带有强制性的,而治理的实现虽然也需要依靠强制,但是更多是采取协商的方式。(3)统治的权力依据是以强制力保障实施的国家法律,而治理的依据在法律法规之外,还包含各类非强制性的契约性文件。(4)统治的权力运行向度是自上而下,而治理则可以是自上而下、自下而上或者是相互平行的。(5)统治范围以政府权力所及的场域为边界,而治理的范围则以整个公域为边界,显然后者比前者的范围要大得多。③ 相对于管理模式而言,治理模式克服了管理模式的单向性、强制性、刚性等弱点,其强调通过人性化的制度安排,倡导社会、公民的主动参与,尝试推行有条件的自治等。治理模式的复合性体现

---

① 罗豪才等著:《软法与公共治理》,北京:北京大学出版社 2007 年版,第 14 页。

② 俞可平:《全球治理引论》,《政治学研究》2002 年第 3 期。

③ 俞可平:《推进国家治理体系和治理能力现代化》,《前线》2014 年第 1 期。

于治理关系的合作性、治理手段的多样性以及治理模式的灵活性。① 周雪光教授认为,治理模式存在两条主要的逻辑线索,分别是中央权威与地方权力间的关系以及国家与民众间的关系。② 而我国学界更多关注的是后者,并将治理理论与推进国家治理体系与治理能力现代化的背景结合起来,认为当前需要继续推进行政体制改革,优化政府结构,转变政府职能,健全政府内部合理的职权配置,形成整体、协作的治理机制;需要深化经济体制改革,处理好政府和市场的关系,发挥市场在资源配置中的决定性作用;需要创新社会治理体制,改进社会治理方式,激发社会组织活力,构建公私合作伙伴关系,并引导公民参与社会治理。③ 可见,治理理论总体包含小政府、合作性治理、善治、自组织网络等共同点,包含自下而上的公民参与、多中心治理、构建社会合作网络体系、社会资本参与治理等治理思想和理念。④ 围绕侧重点的差异,学者们提出了不同的治理理论模型。一是整体性治理理论。整体性治理主要包含互动的信息搜寻和提供、以顾客和功能为基础的组织重建、一站式服务供给、数据库、重塑从结果到结果的服务、政府过程的灵活性以及可持续性等内容。⑤ 二是合作治理理论。合作治理从本质上排除了以政府为中心的价值取向,拒绝统治型的集权主义倾向,并且反对旨在稀释政府集权的民主参与型取向,而是力求在行为模式上寻求超越政府过程的公众参与,在政府与非政府部门之间形成平等对话机制,以平等主体身份打破公众参与政府决策的中心主义结构。⑥ 三是协商治理理论。协商治理指的是一种公民通过对话、协商等方式提出各种利益诉求,批判地审视公共政策,增强立法和政策合法性的治理模式,其核心理念在于培育公民参与的民主精神、塑造公民参与的性格,以实现对公共权力运行的有效监督。⑦ 总体上,治理在主体上一般呈现为一系列来自政府和不限于政府的社会公共机构,在权力运行向度上体现为多元的、相互的,而不是单一的或者自上而下的,在目标指向上表现为要弥补国家、市场

---

① 汤梅、卜凡:《论现代国家治理体系中的政府权力配置与运作》,《探索》2014 年第 1 期。
② 周雪光:《权威体制与有效治理:当代中国国家治理的制度逻辑》,《开放时代》2011 年第 10 期。
③ 许耀桐、刘祺:《当代中国国家治理体系分析》,《理论探索》2014 年第 1 期。
④ 夏建中:《治理理论的特点与社区治理研究》,《黑龙江社会科学》2010 年第 2 期。
⑤ 竺乾威:《从新公共管理到整体性治理》,《中国行政管理》2008 年第 10 期。
⑥ 张康之:《论参与治理、社会自治与合作治理》,《行政论坛》2008 年第 6 期。
⑦ 颜佳华、吕炜:《协商治理、协作治理、协同治理与合作治理概念及其关系辨析》,《湘潭大学学报(哲学社会科学版)》2015 年第 2 期。

和社会在调控和协调过程中的欠缺和不足。①

 2. 关于公域治理与法治相关内容的研究。一是对治理与法治的内在关联进行研究。21 世纪初,我国法学学者们开始关注到了治理理论在公域的运用及其与公法学科发展之间的关系,并逐渐将之纳入研究的范畴当中。俞可平教授进一步提出,治理的最终目标是实现善治,善治实际上是公共利益最大化的治理过程,其基本的构成要素是:合法性、透明性、责任性、法治、回应、有效以及稳定性。② 可以说,法治社会最符合善治的要求,是最理想的善治形态。③ 随着全面深化改革总目标的确立,论证法治与推动国家治理体系和治理能力现代化的关系成为法学界的重大课题。张文显教授提出,法治是国家治理的基本方式,其与国家治理体系和治理能力存在内在联系和外在契合,法治是国家治理现代化的必由之路。④ 法治既是国家治理的重要手段,也是国家治理的重要目标,推进国家治理体系现代化,必须处理好改革与法治的关系,以法治的思维、方式、制度等指引、规范、制约和保障改革。⑤ 现代国家的发展必须依靠国家制度化、法治化,国家治理的核心能力是法律制度供给和实施的能力。⑥ 二是对治理与行政法治的内在联系进行研究。在 21 世纪初,随着传统政府管理模式向公共治理模式转变,有学者率先提出,要公共权力能够受到法律的有效约束,必须推动行政法发展来促进行政法治与社会自治之间的良性互动,以法治提升政府治理的理性,以及促进公权力的合法合理行使。⑦ 但其并未深入剖析治理变革与行政法发展的内在联系。随后,非政府组织参与公共治理的现状逐渐引起行政法学界的重视,相关学者认为我国非政府组织正在通过多种方式参与到公共行政过程的各个方面,逐渐行使本属于政府的“公共职能”。这种关乎公共行政的变革给传统行政法带来了冲击,导致行政法在基本观念、研究范围、基本范式、制度建设等方面都开始产生变革。⑧ 但这一时期的相关研究更倾向于将治理等同于公共行政加以阐述,从而没有

---

 ① 俞可平:《治理和善治:一种新的政治分析框》,《南京社会科学》2001 年第 9 期。

 ② 俞可平主编:《治理与善治》,北京:社会科学文献出版社 2000 年版,第 11 页;俞可平:《治理和善治分析的比较优势》,《中国行政管理》2001 年第 9 期。

 ③ 严存生:《社会治理与法治》,《法学论坛》2004 年第 6 期。

 ④ 张文显:《法治与国家治理现代化》,《中国法学》2014 年第 4 期。

 ⑤ 姜明安:《改革、法治与国家治理现代化》,《中共中央党校学报》2014 年第 4 期。

 ⑥ 吴汉东:《国家治理能力现代化与法治化问题研究》,《法学评论》2015 年第 5 期。

 ⑦ 黄灵荣、申佳陶:《法治:政府治理的理性》,《理论与改革》2001 年第 2 期。

 ⑧ 邓海娟、黄利红:《非政府组织参与公共治理对传统行政法的影响》,《法学杂志》2006 年第 2 期。

跳脱"公共行政与行政法学发展"的议题范围。最早系统性地提出公共治理理论与公法,尤其是行政法变革之间的内在联系的是罗豪才先生与宋功德教授,他们以国家管理、公共管理与公共治理三种公域之治主要模式的发展演变为切入点,揭示了公共治理兴起的必然性与内在优势,继而分析了公共治理格局的形成仰仗于公法,尤其是行政法的建构,包括对治理目标、范围、主体、行为与监督救济等内容的设定,这就要求公法必须从制度基础、制度架构和公法机制等方面有效回应公共治理之兴起。① 此后,对治理与行政法发展的相关研究呈井喷式发展,且基本达成了治理与法治存在内在契合的共识。治理实践中,治理的范围、主体、方式等内容需要行政法加以明确和规范。国家治理本身包含政府治理、社会治理等多个层面的内容,故可以围绕研究重心的不同,对现有成果作出如下分类:(1)对政府治理变革与行政法发展相关问题进行研究。学界真正对现代政府治理的内涵和行政法发展进行探讨始于党的十八届三中全会之后,在此之前更多集中于从如何推进依法行政和法治政府建设的维度来展开研究。政府权力的规范行使是政府治理的核心问题,政府权力法治化是实现政府治理法治化的关键所在,要以法治的方式限定政府权力,确保政府推进改革于法有据;要正视政府权力与市场的关系,以法治方式厘清政府权力边界,构建参与合作型的主体关系;要坚持政府财权与事权相统一的原则,以法治方式确保财权和事权划分的合理性。② 理性同样是政府的行为模式,作为国家治理主体,政府应运用法律理性以谋求"法治国家"目标的实现。在治理的过程中,需要以法律理性依法行使职权;在参与共治过程中,应以"和谐共促"作为价值导向,以"增量计算,效益最优"作为效益标准。③ 在已有研究的基础上,石佑启教授等比较系统地对中国政府治理与行政法治发展路径展开了论述。他们认为,政府治理与法治存在根本保证、治道框架、内在价值、外在形式、目标追求、建设路径上的契合,政府治理的多元主体结构、治理规则多元化、治理过程交互性、治理方式多样等对法治建设提出了新要求,应通过推进政府职能定位及其权力配置的法定化、拓展行政主体类型并完善行政组织法、丰富法的渊源、完善行政程序制度、规范多样化的行

---

① 罗豪才、宋功德:《公域之治的转型:对公共治理与公法互动关系的一种透视》,《中国法学》2005年第5期。
② 赵德勇:《政府权力法治化的三个维度》,《马克思主义研究》2014年第6期。
③ 冯含睿:《论政府治理"理性"与法治》,《深圳大学学报(人文社会科学版)》2014年第6期。

政行为等方面回应政府治理的法治需求。① （2）对社会治理创新与行政法发展相关问题进行研究。江必新教授等认为,社会治理创新的重要任务在于促进社会公平正义、保障和改善民生、增强社会发展活力、促进社会和谐稳定。完成这些任务需要推进社会治理体制创新,并发挥法治的作用;要继续推行合作治理,实现多元主体合作共治;要强调依法治理,运用法治思维和方式进行治理;特别要重视社会治理主体制度、公开制度、社会协商制度和责任制度的构建。② 社会建设必须从管理向治理转变,社会治理必然要通过法治来保证治理系统内部的协调、实现治理主体间协商互动和防范治理风险,立法要重视框架规则和责任体系制定的科学化;行政的重点要从程序合法向实质有效转变;司法要强化权威,防止"过度民意化"。③ 社会治理法治化是法治社会建设的题中之义。方世荣教授认为,法治社会建设的整体布局包括法治社会的本体性建设和关联性建设两大领域。本体性建设涉及社会治理的方式、内容、体制三个核心问题,须通过社会治理方式法治化、法治社会全方位建设、各方主体协同共治等举措系统落实。④推动多元主体合作共治,必须运用法治化的思维和方式来解决政府与社会在合作治理中存在的问题,这也是促进社会治理创新与法治政府建设良性互动的必然要求。要在治理理念上坚持政府干预与社会自治相互结合,以在治理方式上坚持刚性管理与柔性治理相辅相成。⑤ 另外,还有部分研究成果以治理实践中不同的行为方式为视角,探讨与之相对应的行政法回应和发展。例如,对政府与社会资本合作、公私合作产生的行政法问题展开研究等。⑥ 三是对公共治理与软法的相关问题进行研究。在国内,软法的兴起及学界对软法理论的研究,是在政府管理向公共治理转向的背景下展开的。罗豪才教授首倡软法理论,提出公共治理的兴起要求对传统"法"的概念进行反思和修正,并推动公法规范体系朝着"软硬兼施"的模式发展。⑦ 姜明安教授认为,"软法亦法",法是由一定人类共同体制定、协商、

---

① 石佑启、杨治坤:《中国政府治理的法治路径》,《中国社会科学》2018 年第 1 期。

② 江必新、李沫:《论社会治理创新》,《新疆师范大学学报(哲学社会科学版)》2014 年第 2期。

③ 江必新:《社会治理的法治依赖及法治的回应》,《法制与社会发展》2014 年第 4 期。

④ 方世荣:《论我国法治社会建设的整体布局及战略举措》,《法商研究》2017 年第 2 期。

⑤ 季金华:《社会治理创新与法治政府建设互动的法律机理》,《江苏大学学报》2017 年第 5期。

⑥ 周佑勇:《公私合作语境下政府购买公共服务现存问题与制度完善》,《政治与法律》2015年第 12 期。

⑦ 罗豪才、宋功德:《公域之治的转型——对公共治理与公法互动关系的一种透视》,《中国法学》2005 年第 5 期。

认可的,具有外在约束力的行为规则,其内含的这些基本特征,使软法的定位得以确立。① 公共治理时代主要是软法时代,软法是公共治理的重要依据。② 软法是伴随着硬法滞后、协商民主兴起而发展起来的,其在公共治理中起着提高公民的主体意识、促进社会自治、弥补硬法不足、创新政府管理方式、防止权力滥用的功用。③ 软法治理的实现,依赖于软法机制的构建与实施,软法机制以自律和他律相互结合的方式规范人们的行为④,也可以将之理解为是一种软法实施的资源⑤。

3. 对既有研究成果的评述。上述研究成果彰显了研究者们对公域治理模式的引入、发展和表征等相关内容的关注,以及对公域治理变革背景下行政法如何发展作出的思考和回应,反映出学界对治理变革与公法变迁的敏锐嗅觉,为构建适应国家治理与治理能力现代化的行政法体系提供了学术积累。但总体而言,现有研究仍存在如下不足:一是多数研究直接对比和援引域外的治理理论和治理模型,提出我国传统政府管理模式存在的欠缺,并以此为基础对我国既有的行政法制度和理论发展的路径展开分析,缺少对我国政府管理实践面临的现实问题及其治理需求之考察,从而难免有僵化套用"西学"之嫌疑,得出的结论也难以运用于实践,难以适应我国国情。二是现有研究存在学术概念上的混用,将公共治理、国家治理、政府治理、合作治理甚至合作行政等概念等同使用,没有把握各个概念范畴之间的边界,往往存在立论上的偏差,从而导致对行政法制度和理论发展的轨迹出现片面化的判断。三是多数研究只关注到了治理的有效性、民主化、协商性等优点,忽视了治理本身也存在职权混淆、责任模糊、规避监管等治理风险,导致对行政法治之于治理的意义、功用,尤其是对治理的保障性作用认识不足;四是既有关于软法治理的研究,大多只关注到了软法的兴起及其对硬法规制的有效补充,对于软法治理所面临的问题研究不足,致使目前软法理论的研究因与实践情况有所脱节而未得到较大的发展。

二、国外文献综述

本书围绕"互联网公域治理变革与行政法发展"对国外的相关文献进行梳理,可以发现研究者们通常使用英文"governance"这一表述,或者使

① 姜明安:《软法的兴起与软法之治》,《中国法学》2006 年第 2 期。
② 翟小波:《"软法"及其概念之证成:以公共治理为背景》,《法律科学》2007 年第 2 期。
③ 石佑启:《论区域合作与软法治理》,《学术研究》2011 年第 6 期。
④ 姜明安:《完善软法机制,推进社会公共治理创新》,《中国法学》2010 年第 5 期。
⑤ 方世荣:《论公法领域中"软法"实施的资源保障》,《法商研究》2013 年第 3 期。

用"public governance"①以突出治理的公共场域特征。英语中的"governance"源于拉丁文和古希腊语,本意是控制、引导和操纵。总体而言,多数学者使用"governance"的词义更倾向于公共治理的范畴,且普遍认为法治应当对公共治理模式的兴起有所回应。②尤其是随着互联网的发展,传统社会结构变革推动了公域治理转型,由此产生的法治需求需要依托法治理论和制度的完善予以回应。本书根据与选题的关联性,对既有的国外研究成果作如下梳理:

(一)治理与法治相关内容的研究

1. 对治理理论的相关内容进行研究。20世纪90年代中期,现代治理理论兴起于西方国家。全球治理委员会首倡治理概念,认为治理是公共的或私人的个人管理其共同事务的诸多方式与总和,它是使不同的利益得以调和并采取联合行动的持续过程。③一般认为,"治理"出现的重要原因在于:(1)传统的政府机制和市场机制面临危机;(2)传统的政府管理模式难以妥善应对这些新挑战;(3)全球范围内出现了对新环境具备更强回应性的模式。④也就是说,随着社会生活的愈发复杂多元化,政府已经难以对自己的行为结果作出准确的判断,难以有效避免具有危害性的后果发生,过多的公共秩序问题和福利负担使得政府已经陷入无力回应的困境当中。⑤就治理演变路径来看,治理的方式正在发生变化——越来越依赖于跨越组织、机构和部门界限的公共、私营和非营利行动者的互联网络提供公共服务。⑥

2. 对治理与法治之间的关系进行研究。多数学者的观点认为,治理与法治属于一种协同共进的同向发展关系。⑦一方面,法律和治理之间存

---

① See Jody Sundt, Kathryn Schwaeble, Cullen C Merritt. Good governance, political experiences, and public support for mandatory sentencing: Evidence from a progressive US state [J]. Punishment & Society, 2017,21(2): 141-161.

② See LOBEL O. The Renew Deal: the fall of regulation and the rule of governance in contemporary legal thought [J]. Minnesota Law Review, 2004,89(2): 262-390.

③ See Commission on Global Governance, Our Global Neighborhood [R]. Oxford: Oxford University Press, 1995, p. 2.

④ See F Merrien. Governance and modern welfare states [J]. International Social Science Journal, 1998,50(155): 57-67.

⑤ See Kooiman J, Van M. Governance and Public Management [J]. Managing Public Organizations (2nd), London: Sage, 1993: 64.

⑥ See Aaron Wachhaus. Governance Beyond Government [J]. Administration and Society, 46(5): 573-593.

⑦ See Kaufmannd, Kraaya. Governance indicators: where are we, where should we be going? [J]. The World Bank Research Observer, 2008,23(1): 1-30.

在共性,私人和组织参与公共服务需要明确的法律安排①;另一方面,治理的灵活性与法治的确定性之间存在某种冲突,应对这种冲突需要转变法律的思维方式以及现有的机构设置,充分发挥法的工具效应,以有效应对复杂多样的治理风险②。换言之,新兴市场治理是一个丰富而复杂的治理模式,带来的挑战或多或少地适用于法律,不同治理工具的组合产生的一系列制度设计或多或少地成功使治理的功能要求与法律的功能要求相适应。③ 毋庸置疑,要实现治理与法治的良性互动、协同发展,核心在于法律制度能够得到有效遵守和实施,因此必须要保证监管者的有效监管,否则法律就会失去"真正的牙齿"。④

　　3. 对治理变革与行政法的相关问题进行研究。多数学者对治理变革的研究都基于对政府管理模式的批判和反思而展开,并结合公共治理对传统行政法的回应性阙如进行全面审视,力求为政府与社会围绕公共事务的合作治理提供合法性和合理性,谋求行政法制度和理论之创新。从政府内部来看,治理使政府各部门之间的关系变得更为密切,各个部门及其内部之间的互动频率逐渐上升,超越其各自原有的职权边界而展开交流的情形趋向频繁。显然,科层制在应对当今世界治理变革时已经有所不足。⑤ 从政府外部来看,治理的核心在于其不单纯依赖于政府的公共权威,治理功用之发挥要求其采用多种合作机制,促进各个利益相关的主体就公共事务展开协商互动合作,在多元主体间形成权力共享关系。⑥ 由此,自 20 世纪70 年代起,西方行政法学界围绕公共治理、公共行政的兴起,不断以"行政法重构""行政法转型""新行政法"等词句描述现代行政法发展的需求和面向。德国学者沃尔夫、巴霍夫和施托贝尔教授在所著的《行政法》中,便足

---

① See A. L. B. Colombi Ciacchi, M. A. Heldeweg, B. M. J. van der Meulen, and A. R. Neerhof. Law and Governance — Beyond the Public-Private Law Divide? [M]. Eleven International Publishing, 2014, p. 312.

② See EBBESSON J. The rule of law in governance of complex socio-ecological changes [J]. Global Environmental Change, 2010,20(3): 414 - 422.

③ See Kenneth A. Armstrong. The Character of EU Law and Governance: From 'Community Method' to New Modes of Governance [J]. Current Legal Problems, 2011,64: 179 - 214.

④ See Stewart, Fenner L. The Corporation, New Governance, and the Power of the Publicization Narrative [J]. Indiana Journal of Global Legal Studies, 2014,21(2): 513 - 551.

⑤ See Scharpf W. Games Real Actors could Play: Positive and Negative Coordination in Embedded Negotiations [J]. Journal of Theoretical Palitic, 1994,6(1): 27 - 53.

⑥ See Kooiman J. Self-Governance As a Mode of Societal Governance [J]. Public Management Review, 2000,2(3): 359 - 378.

足罗列了二十多个行政法发展变革的议题。① 在美国,治理理念日渐渗透进法律的制定和实施当中,尤其是在环境保护、养老与医疗、劳动保障和互联网等领域。行政法学家斯图尔特教授在《美国行政法的重构》中提出,传统行政机关的"传送带"模式在行政立法与行政裁量等行为方式广泛应用的背景下已逐渐没落,现代行政法不仅要注重利益代表模式的考察,还要确保所有利益关系者都获得行政程序制度的保障。② 随着治理实践的推进,人们对言论权、参与权等实体性权利愈发重视,英国学者汤姆斯·珀尔(Thomas Poole)教授在其所著的《英国行政法的重构》中提出,英国司法审查的重点内容已经从更多关注行政程序价值转向更多关注人权等实体性价值。③ 朱迪·弗里曼教授认为,合作的规范模型的产生是因为大量行政实践的操作贯彻的似乎仍然是行政法的代表理论,共和主义式的行政法理论并未解决利益代表机制的诸多弱点。④ 治理主体多元化标志着公权力主体与私人主体之间的合作蕴含着契约精神,导致传统行政法难以适应治理的动态与复杂、权力行使主体多元化等问题。这些局限性可以借助于契约方式予以破解,促进政府与非政府组织、私人主体、公民的合作治理。⑤ 但在合作治理实践中,这些结构中的公共权力引起了合法性的严重关切以及问责制的适用困境,促使行政法对这些问题作出反应。⑥ 此外,公私合作、政府公共服务外包等治理行为的负面效应,撼动了正当程序原则、平等原则等政府管理的核心观念⑦,构建新型行政法律关系的需求浮现,即由传统的行政主体与行政相对人的关系转变为行政主体、社会公权力主体与相对人的三方关系。⑧

---

① 〔德〕沃尔夫、〔德〕奥托·巴霍夫、〔德〕罗尔夫·施托贝尔著:《行政法》,高家伟译,北京:商务印书馆 2007 年版,第 88 页。

② See Richard B. Stewart. The Reformation of American Administrative Law [J]. Harvard Law Review, 1975,88(8):1667-1813.

③ See Thomas Poole. The Reformation of English Administrative Law [J]. The Cambridge Law Journal, 2009, vol. 68:142-168.

④ See FREEMANJ. Cooperative governance of administrative states [J]. UCLA Law Review, 45:1-98.

⑤ See FREEMAN J. Cooperative governance of administrative states. The private role in public governance [J]. New York University Law Review, 2000,75(3):543-675.

⑥ See Krisch, Nico, Kingsbury. Introduction: Global Governance and Global Administrative Law in the International Legal Order Benedict [J]. European Journal of International Law, Oxford 2006,17(1):1.

⑦ See DILLER M. The revolution in welfare administration: Rules, discretion, and entrepreneurial government [J]. New York University Law Review, 2000,75(5):1121-1220.

⑧ 〔日〕米丸恒治:《私人行政——法的统制的比较研究》,洪英、王丹红、凌维慈译,北京:中国人民大学出版社 2010 年版,第 21 页。

4. 对软法治理相关问题的研究。一般认为,真正意义上的软法(soft law)治理兴起于欧盟软法治理实践。法国学者 Synder 认为,软法是指不具有法律约束力,但能够产生实际效果的行为规则。① 有学者作进一步解释,认为不具有法律约束力但具有某些法律间接影响力,能产生实际效果和实际影响的,以文件形式确认的行为规则是软法。② 多数研究围绕欧盟治理对软法与治理的关系,以及软法的特征、功能及表现形式等内容展开。普遍认为,欧洲治理进入了一个软法时代。软法治理模式的特点在于,它们与通过立法、指令进行调整的共同体方式全然不同,其大部分依靠软法律,即没有法律效力,对不执行的行为无法适用法律上的制裁。③ 此外,有学者认为,在治理实践中,政府与社会主体之间为执行公共政策而达成的某种协议也是一种软法形式,其指导自我管制的管理,特别有助于连接社会的宏观和中观层面。④ 软法治理是治理的一种典型的表现形态,其与治理秉承相同的价值追求,即权利保障。有学者经过实证研究提出,从《世界人权宣言》开始,很多人权保护最初都是由软法的制定和实施开始的,比如妇女权利、儿童权利、残疾人权利等,最初都是在联合国的层面上发布宣言,然后才缔结正式条约。⑤

(二) 互联网公域治理与法治相关内容的研究

1. 关于互联网公域、互联网公共领域、网络社会等基本范畴的研究。一是对公域、公共领域、公共理性等基本范畴进行研究。公域、公共领域、公共理性等概念范畴,大多由国外研究者在特定发展背景下提出。多数关于公域的研究都围绕公共利益、公共权力、公共关系等判断标准展开。雷蒙特·戈斯(Raymond Geuss)认为,一个公共场所就是能被任何一个可能碰巧出现的人或者被那些曾经没有私人交情的人观察到,以及那些不需经

---

① See Francis Snyder: Soft Law and Institutional Practice in the European Community. See Steve Martin. The Construction of Europe: Essays in Honor of Emile Noel [M]. Kluwer Academic Publishers, 1994, p. 198.

② See Linda Senden. Soft, Soft Law, Self-Regulation and Co-Regulation in European Law: Where Do They Meet? [J]. Electronic Journal of Compararive Law, 2005,9(1).

③ See B. Eberlein, D. Kerwer. New Governance in the European Union: A Theoretical Perspective [J]. Journal of Common Market Studies, 2004,42(11): 123.

④ See Korver Ton, Oeij Peter R A. The Soft Law of the Covenant: Making Governance Instrumental [J]. EuropeanJournal of Industrial Relations, 2005,11(3): 367 – 384.

⑤ See T. Ahmed, A. Vakulenko. "Minority Rights 60 Years after the UDHR: Limits on the Preservation of Identity?", in M. A. Baderin and M. Ssenyonjo, International Human Rights Law: Six Decades after the UDHR and Beyond, Ashgate, 2010,155 – 171.

过我的同意就能进入与我亲密互动中的场所。① 在不同的语境下,公域和私域的含义构成了人们的社会活动和自我创造、身份形成、亲密关系、个人完整,以及社区和政治参与、公民责任和社会正义的可能性。与此同时,被改变的社会关系模式和技术变革要求对公域和私域有新的理解。严格来说,私域及私域关系始终包括亲密和家庭生活人际关系、家庭努力和有限的经济活动。② 相反,有学者从权利义务关系角度提出,公域不是一个"单一的概念",它是一套"公共权利"③,其表征着公民在这一领域可以主张的权利范畴。人们对公域的感知,反映了其对社会的观念。从公域的内部结构来看,其也许不仅仅是一种感知方式,公域是相互关系的,是体现公域秩序的无数关系相互交织的结果,人人都有权利在其中获得公共产品。④ 虽然一部分公域等级分化,一部分公域相对民主,但是每一个公域基本都包含整个社会产生的阶级、利益和权力的表达方式。多数学者赞同,"公域"和"公共领域"之间有所不同,尽管它们有时在不同学科之间被当作可互换的术语。公共领域是社会生活的领域,是个人之间进行讨论和辩论的地方,可以形成接近公众舆论的东西,可以保证所有公民都能获得这些权利。⑤ "公共领域"是由德国学者哈贝马斯复活的一个富有意义的概念,在公共伦理学中发挥着很大作用,得到广泛讨论。哈贝马斯最早对公共领域的范围、功能、特征等内容进行了系统性阐释。他认为,公共领域是对公共意见形成过程的一个理论抽象,指的是介于公共权威和私人领域之间的,以聚会、报刊等形式进行自由对话、公共交往、公开表达意见的公共空间。公共领域的发展形成一般都带有一定的阶级属性,其所描述的公共领域,是在资产阶级商品经济高速发展背景下的公共领域。⑥ 西方学者普遍认为,公共领域存在的目的是与资产阶级政府权力相抗衡,人们通过各种各

---

① See Raymond Geuss. Public Goods, Private Goods [M]. Princeton University Press, 2001, p. 13.

② See Rawlins, William K. Theorizing Public and Private Domains and Practices of Communication: Introductory Concerns [J]. Communication Theory: CT; Oxford 1998,8(4): 369 - 380.

③ See LeBeau, C. Public rights: copyright's public domains [J]. Choice Middletown, 2019,56(6): 796.

④ See Lefebvre, H. The production of space [M]. New York, Wiley and Sons, 1991.

⑤ See Hinojosa, Karen Hinojosa, Aparicio Moreno, Carlos Estuardo. The missing public domain in public spaces: A gendered historical perspective on a Latin American case [J]. Urbani Izziv, Ljubljana, 2016,27(2): 149 - 160.

⑥ See Habermas J. The Structural Transformation of the Public Sphere: An Inquiry into a Category of Bourgeois Society [M]. Massachusetts: MIT Press, 1989, p12.

样的媒介参与公共事务讨论,以防止政府权力的垄断。就现代社会而言,公共领域是对外开放且不断变化的空间,故哈贝马斯阐释的公共领域具有一定的局限性。公共理性是多元主体在公域或者公共领域交往,从而形成公共秩序不可或缺的要素。对文献的梳理发现,西方学者普遍在公共领域的语境下对公共理性展开研究。罗尔斯认为,公共理性是民主国家的基本表征,是公民理性的汇聚,是那些共享平等身份公民的理性,其理性的目标是实现"公共善",这是政治正义观念对社会基本制度结构的要求,也是这些制度所服务的价值目标。① 哈贝马斯认为,交往理性存在语言性、主体间性、程序性等特定表征,即交往理性实际上是公共领域人际交往中所形成的具备一定价值共识的理性。交往理性能够对公共领域中人的言语、行为等方式进行规范和引导,且其也凸显了"去中心化"的特征,能够将价值理性行为和目的理性行为紧密结合起来,产生新的行为类型,以满足实践需求。② 在严格意义上,罗尔斯的"交往理性"侧重于政治公共领域,哈贝马斯的"交往理性"侧重于社会生活领域,但两者存在共通之处。二是对互联网(网络)空间、互联网公共领域、网络社会等基本范畴进行研究。从现有的文献来看,国外学者一般采用不同的词汇来描述和归纳互联网发展创造的新兴公共场域,以及对传统公共场域的改造。一般用"cyber space"或者"virtual space"指代互联网(网络)空间;用"Internet pubic sphere"指代互联网(网络)公共领域;用"network society"指代网络社会。普遍认为,网络空间(cyber space)与传统的物理领域不同,传统的物理领域在特定地理位置和时间发生行动。随着数据和应用程序越来越多地驻留在虚拟的"云端"中,网络空间的地理边界往往难以定义。③ 网络空间如今是无处不在的,我们不能忽视这个词的普及程度。控制空间成为一批新词的模具,如网络朋克、网络文化、网络生活、网络空间、网络自我、网络性别、网络社会、网络时机、网络服务。④ 显然,这就将网络空间等同于虚拟空间。⑤ 但

① ［美］罗尔斯著:《政治自由主义》,万俊人译,南京:译林出版社 2011 年版,第 196—197页。

② ［德］哈贝马斯著:《哈贝马斯精粹》,曹卫东译,南京:南京大学出版社 2001 年版,第 19页。

③ See Barcomb, Kris; Krill, Dennis; Mills, Robert; Saville, Michael. Establishing Cyberspace Sovereignty. International Conference on Information Warfare and Security; 2012, Reading: 2 - XIII. Reading: Academic Conferences International Limited.

④ See Strate, Lance. The varieties of cyberspace: Problems in definition and delimitation [J]. Western Journal of Communication; Salt Lake City, 1999,63(3): 382 - 412.

⑤ See Benedikt, M. Cyberspace: First Steps [M]. Cambridge, MA: MIT Press, 1991. p10.

也有学者仅仅将网络空间等同于电子信息的存储和传输空间。① 除了开拓一个全新的虚拟空间,从 20 世纪 90 年代后期以来,互联网媒体的兴起表明,传统的媒体并没有充分发挥公共领域概念的潜力。由此引起的媒体大幅度民主化表明,哈贝马斯关于公共领域理论的思路需要修改,特别是在超国家范围内应用于互联网媒体时,互联网公共领域趋向于更加分散的结构,不再是哈贝马斯批判性分析的版本。② 多数研究认为,互联网公共领域的发展给人带来希望,其将会以某种方式对民主产生积极影响,并有助于减轻民主的弊病,因为互联网公共领域将我们的注意力引向了言论自由,进入对民主问题的探讨。③ 目前,互联网信息通信技术的力量已经有效发挥,产生了使民主蓬勃发展的新公共领域。然而,互联网作为组织社会行动和抗议的工具,其力量也会受限制,很多时候它似乎被商业利益选择,并被公众用来争论已经确定的意见,这与真正的公共领域所要求的富有成果和深思熟虑的辩论相距甚远。④ 虚拟空间的形成与互联网公共领域的改造,从内外部两个维度推动了传统社会结构的变迁。对此,美国的曼纽尔·卡斯特教授在其巨著《信息时代经济、社会与文化》(*The Information Age: Economy, Society, and Culture*)中系统性地提出了网络社会的基本理论体系。该书共有《网络社会的崛起》《认同的力量》《千年的终结》三卷,被称为"信息时代三部曲"。卡斯特认为,西方社会已成为一个由各个节点连接而成的网络社会,这不仅是一种社会新结构、社会新形态、社会新模式。这种以网络为基础的社会结构拥有一个动态、开放的社会系统,而且这种网络化逻辑的成型和扩散,必然会对传统社会的生产、经验、权力的操作和结果产生影响。也就是说,网络社会的勃兴,使得传统的人类社会产生巨大变化。⑤ 可见,卡斯特阐述的是一种社会形态的网络社会,即 network society,从而与网络空间、网络公共领域等概念区分开来。西方学界普遍认为,互联网对社会关系有很大的影响,不仅改变了人们的

---

① See Hafner, & Markoff. Cyberpunk: Outlaws and hackers on the computer frontier [M]. New York: Touchstone, 1992.

② See Rasmussen, Terje. Internet-based media, Europe and the political public sphere [J]. Media, Culture & Society; London, 2013,35(1): 97 - 104.

③ See Peter, Dahlgren. The Internet, Public Spheres, and Political Communication: Dispersion and Deliberation [J]. Political Communication; Washington, 2005,22(2): 147 - 162.

④ See West, Mark D. Is the Internet an Emergent Public Sphere? [J]. Journal of Mass Media Ethics, Philadelphia, 2013,28(3): 155.

⑤ [美]曼纽尔·卡斯特著:《网络社会的崛起》,夏铸九等译,北京:社会科学文献出版社 2006 年版。

生产生活方式,而且还重现了关系模式,其已经成为人们获取信息的新渠道,为传统媒体带来挑战。例如,从媒体发展的历史中可以看到网络的重要性,如印刷媒体的初始发布、广播、电视,直到互联网的崛起。[①] 哈拉威教授(Donna Haraway)认为,网络社会催生了一种主客体及主体间边界模糊、虚拟与真实相互交织,具有后现代的破碎性、不确定性及多重自我的混合主体,这种主体超越了现代性的各种身份认同彼此矛盾冲突的困境,呈现差异、多元的属性。[②] 无疑,学者们对网络社会的探讨,跨越了虚拟与现实的双重空间,涵盖了整个社会结构的转变。

2. 关于互联网治理与法治等相关内容的研究。一是对互联网治理问题进行研究。2014 年至 2015 年,法迪·切哈德促成了互联网治理未来的全球多利益相关方会议(又称 NetMundial)的召开,会议旨在以开放和多利益相关方的方式讨论与互联网未来发展相关的两个重要问题:互联网治理原则和互联网治理生态系统未来发展路线图[③],并由此拉开了互联网全球治理的序幕。事实上,西方学者对互联网治理的探讨由来已久。早期互联网治理的讨论由三个神话构成:市场可以决定;互联网与"传统"媒体不同;国家(政府)治理并不重要。即研究者普遍支持互联网治理应采取无政府的倾向,认为互联网应当是一个没有权力约束的自由国度。[④] 但随着技术和互联网的使用取得了迅速发展,在网络攻击和威胁日益严重的背景下,关于如何理想地管理互联网的讨论也逐渐增多,数字化的进程必然导致这种威胁和犯罪越来越多,故建立一个强有力的、牢固的治理机制不再是一个选择的问题,而是一个不可或缺的问题。不过,治理的前提是互联网的基本自由性本质需要得到维护。[⑤] 同时,也有学者尖锐地指出,即使国内互联网问题可以依靠政府统一管理,国际互联网问题也需要依靠"治

[①] See Cheng, Wen-Hwa. A Study of the Development of Networks, Media and Society [J]. International Journal of Organizational Innovation; Hobe Sound, 2009,1(3): 48 - 65.

[②] See D. Haraway. A Cybory Manifesto: A Cybory Manifesto: Science, Technology, and Socialist-feminism in the Late Twentieth Century. In: D. Haraway. Simians, Cyborgs and Women: The Reinvention of Nature [M]. New York: Routledge. 1991, pp. 149 - 181.

[③] See Anonymous. The Future of Internet Governance: Proposed Global Internet Principles and Framework [J]. Congressional Digest; Washington. 2014,93(6): 7.

[④] See Collins, Richard. Internet governance in the UK Media [J]. Culture & Society; London. 2006,28(3): 337 - 358.

[⑤] See Internet Governance and Cyber Security [J]. Communications Today; Noida, 2018: 1 - 4.

理"才能得到有效解决。① 对此,美国学者波斯特认为,应当加强互联网的社会控制,让掌握技术优势的企业对互联网进行精准而又彻底的管理和审查。② 桑斯坦教授则认为,互联网的自由度容易造成信息窄化,使社会结构趋于分散、分裂,而政府的适当介入有助于营造一个多元化的互联网交流环境。③ 在互联网发展的最初几年,普遍的看法是,政府不应该放在互联网治理之外。④ 故现代互联网治理起源于政府、私营部门以及公民社会等不同社会部门之间的冲突与合作,这种独特的多方合作谈判模式有助于解释治理的起源。⑤ 随着互联网多元主体合作治理的有序展开,现阶段的多数研究者将互联网治理形容为政府、社会组织、公民之间的一场盛大合作。⑥ 二是对互联网治理与法的内在联系进行研究。国外研究者对政府在互联网治理中的作用持谨慎的态度,始终担心政府跨过职权边界,从而破坏了互联网自身的自由。同样,在网络社会秩序建构中,也要重视互联网企业社会责任的构建。⑦ 由此,多数学者赞同,实现互联网治理,尤其是虚拟空间的治理,要充分发挥法的功用。近年来,关于"互联网监管""互联网治理"等术语的讨论表明,互联网监管的范式正在发生转变。以往自我规制一直是互联网治理的决定模式,而公共规制意义上的互联网规制目前正展现越来越大的影响力。外部的互联网规制有专门针对性的法律规范,内部的自我规制有自治规则,这就产生了一系列来自不同主体制定的规则,而这些规则很难构成一个统一的法律体系。⑧ 故为了保证法律和公共政策能够反映互联网公共利益和商业利益,法律政策制定者必须为互联网

---

① Mathiason J. Interest Governance: the new Frontier of Global institutions [J]. London: Routledge, 2009, 14: 6 - 13.

② [美]马克·波斯特著:《第二媒介时代》,范静哗译,南京:南京大学出版社 2001 年版,第 93—94 页。

③ [美]凯斯·桑斯坦著:《网络共和国——网络社会中的民主问题》,黄维明译,上海:上海人民出版社 2003 年版,第 47 页。

④ See Zoe. Governing the Internet Baird [J]. Foreign Affairs: New York. 2002,81(6): 15 - 20.

⑤ See Wilson, Ernest J, III. What is Internet Governance and Where Does it Come From? [J]. Journal of Public Policy: Cambridge, 2005,25(1): 29 - 50.

⑥ See Don, MacLean. Internet governance, a grand collaboration [J]. Scitech Book News: Portland, 2005,29(3): n/a.

⑦ See Schultz, Friederike; Castelló, Itziar; Morsing, Mette. The Construction of Corporate Social Responsibility in Network Societies: A Communication View [J]. Journal of Business Ethics: JBE: Dordrecht. 2013,115(4): 681 - 692.

⑧ See Münkler, Laura. Space as Paradigm of Internet Regulation [J]. Frontiers of Law in China: Beijing, 2018,13(3): 412 - 427.

治理创造更多元化的模式,由政府、行业和非营利性组织共同制定政策——相互平衡并通过透明的过程,赢得公众的信任。在制定互联网法律政策时,政府、企业和非营利组织都需要有相应的席位。① 之所以用 regulation 一词而不用 law,是因为多数学者认为,多元主体参与的互联网治理,所适用的依据不仅是带有强制性的法律,还有诸多柔性规则。在互联网规则体系中,软法更灵活,适应性更强,软监管不是通过国家或政府官员来运作,而是通过私人行为主体来运作。每一种软法机制都有能力改变和修改硬法的管制目的,也可以用来补充硬性法律,有意识地改善强制性监管;同时,硬法也补充了软法的监管机制之不足,形成软硬兼施的混合法体系。②

(三) 对既有研究成果的评述

通过对国外的相关研究成果进行梳理,我们不难发现,西方国家在推进公共行政改革、政府民营化改革的过程中,较早关注到了"多元治理"之于"政府管理"的显著优势,希望借助于治理模型的构建,为社会主体、公民参与公共决策、秩序管理、服务供给等公共事务寻求合理性和有效性的理论支撑,以限制政府权力的行使,防止政府对市场、社会活动的过多干预。随着互联网的飞速发展,西方学者率先关注到了其对传统社会结构的影响,并期待在互联网社会结构中准确处理好政府管理与社会自治之间的辩证关系。由此,他们广泛挖掘法治,包含行政法治之于互联网社会治理的重要价值,并就如何推进互联网治理法治化建设提出了诸多理论设想和宝贵建议。然而,在梳理国外研究成果的过程中,我们应该理性地认识到:国外学者尽管已经清楚地意识到政府对于互联网治理的重要作用,但是总体对于政府介入互联网治理仍然持谨慎的态度,其大多希望在互联网治理中维持社会或者市场的主导地位。而我国引入互联网以来,政府始终在互联网安全监管中发挥着主导性作用,即使在互联网社会主体力量逐渐壮大的情境下,政府规制力量的强弱调适依然影响着互联网社会发展的空间。这就从本质上决定了,国外对相关理论问题的研究与我国互联网治理的发展脉络和现实状况并不完全吻合。故我国的理论研究在借鉴域外研究成果时要保持理性,紧紧围绕本土问题展开,回应实践需求,并立足于互联网全球治理的语境,探寻各国在互联网公共事务治理中的融通与互促。

---

① Zoe. Governing the Internet Baird [J]. Foreign Affairs; New York, 2002,81(6): 15 - 20.

② Minda, Gary. Antitrust regulability and the new digital economy: A proposal for integrating "hard" and "soft" regulation [J]. Antitrust Bulletin; London, 2001,46(3): 439 - 511.

第三节　研究思路、方法与创新

一、研究思路与基本框架

（一）研究思路

互联网的迅猛发展从宏观和微观两个层面改变了传统公域中的政府结构、社会结构以及"政府—社会"结构，推动传统公域的整体性变迁。互联网对公域的全面介入和深度改造，导致互联网发展潜在的问题与风险也往往同步嵌入公域当中，极易衍化成公共问题和系统性风险，这对传统政府管理模式构成挑战。公共治理的兴起，客观上为互联网公域秩序建构和公民权利保障提供了解决方案。与此同时，治理变革也冲击了传统公法，尤其是行政法的制度和理论体系。

因此，本书以互联网公域治理面临的行政法问题为导向，以维护互联网公域秩序及保障公民权利为价值追求，以推进互联网公域治理的法治化为路径选择。首先，本书对互联网时代公域的基本发展脉络进行审视，通过构建互联网公域形成和发展的理论模型，揭示互联网问题极易衍化成公共问题，互联网公共事件层出不穷的内在原因，由此回答互联网公域治理的必然性、必要性、可行性问题。其次，本书在明确互联网公域治理与行政法逻辑关系的基础上，对互联网公域治理实践进行考察、梳理和分析，并从中提炼出互联网公域治理变革的理论框架，总结互联网公域治理变革的主要内容及其对推动行政法转型发展的需求。再次，互联网公域治理不是个一蹴而就的过程，面对治理失败的问题和风险，需要通过行政理论法和制度体系予以有效回应，架构基本的治理格局。本书主张，既有的行政法理论和制度体系应当正视互联网公域治理变革对行政法发展的需求，克服传统行政法基础理论的束缚，并回应互联网发展的客观规律及互联网公域治理的法治需求，推进行政法在功能取向、规范体系、主体法、行为法、程序法、救济法等内容上的整体反思、发展和变迁。最后，本书认为，有效应对行政法发展的客观需要，实现行政法理论与制度的发展，必然要求推动行政法学研究范式的转换与行政法学学科体系的发展，迈向公私合作型行政法学研究体系。

综上，本书最终旨在立足互联网公域治理的法治需求，从理论和制度层面推动行政法的整体省思，以探寻行政法及行政法学发展变迁的路径。

（二）框架结构

围绕研究思路,本书的框架结构主要由导论、正文四章及余论组成。

导论部分主要阐述"互联网公域治理变革与行政法发展"这一选题的现实背景、政策背景和理论背景;研究的现实问题和理论问题;研究的理论价值和现实价值;国内外研究综述;研究思路、研究方法以及创新点等内容。目的在于为把握选题背景提供现实、政策、理论三方面的支撑;通过对研究问题及意义的归纳,凸显本书研究的现实必要性以及理论贡献;通过对已有文献的梳理,为本书研究的深入及部分观点的提出提供有力的论据;通过对研究思路、方法和创新点的梳理,明确本书研究的总体框架及学术突破。由此,实现对互联网公域变迁及其治理模式兴起的根源、互联网公域治理变革对行政发展的需求,以及行政法回应互联网公域治理法治需求的困境和路径等问题及其内在逻辑关系的宏观把握,为后续研究的深入推进奠定良好的基础。

第一章主要提出互联网公域治理是行政法发展面临的时代课题。本章以传统公域的变革与互联网公域的发展为切入点,在对公域、私域、公共领域等相关概念范畴作出界定的基础上,客观地描述互联网发展对公域的全面介入和深度改造。由此,可以厘清互联网时代公域发展的基本现状和发展脉络,以及找出互联网问题极易上升为公共问题的根源,继而揭示互联网公域秩序建构、公共问题破解,以及公民权利保障必须推动传统政府管理模式向公共治理模式变革的动因。互联网公域治理与行政法发展之间存在特定的逻辑关系。行政法是关于公域治理的法,行政法以公域治理为主要调整对象,公域治理范畴决定行政法调整范围,公域治理整体变迁推动行政法发展。因此,调整互联网公域治理活动是新时代行政法发展的核心命题。

第二章主要厘清互联网公域治理变革与行政法发展需求的对应关系。通过对互联网公域治理中的规范文件、结构形式、发展趋势进行实证考察,提炼出互联网公域治理变革的主要内容,包括价值理念、治理主体、治理方式、治理规范体系、治理程序等方面的变革。要规避治理风险,推动互联网公域治理的有序开展,必须充分发挥法治的功用。基于互联网公域治理与行政法的内在联系,互联网公域治理变革必然对行政法发展产生新需求。因此,要从价值理念、功能导向、基本原则、内生逻辑等方面对行政法进行重构。

第三章主要剖析现有的行政法理论和制度体系在应对互联网公域治理变革趋势时面临的困境。立足于互联网公域治理变革对行政法发展产生的需求,从不同维度对传统行政法体系展开分析,可以揭示当前行政法发展面临的困境,主要表现为以下四个方面:一是行政组织法对互联网公域多元化的治理结构关注不足;二是行政行为法对互联网公域多样性治理方式调整缺位;三是行政程序法对互联网公域互动式治理过程规制匮乏;四是行政救济法难以应对互联网公域治理产生的复杂化纠纷。

第四章主要阐述回应互联网公域治理变革产生的法治需求,推动行政法发展的具体路径。反思互联网公域治理变革语境下行政法基础理论存在的问题,提出应以行政法价值理念的革新来指引行政法理论和制度的整体变革。因此,本章围绕第三章所提出的行政组织法、行政行为法、行政程序法等在面向互联网公域治理变革时所暴露出来的诸多问题,尝试对行政法进行理论反思与制度重构。一是以行政主体范畴拓展为基础推动行政组织法发展,实现对互联网公域治理主体多元化发展的正视与回应;二是以行政行为法发展实现对互联网公域治理中多样化治理行为的有效调整;三是从价值功能的革新、平衡行政法律关系等方面推动合作型、应急型行政程序法构建,以促进对互联网公域政府、社会、公民互动式治理过程的有效调整;四是通过破除行政救济法面临的理论桎梏,助推救济制度完善,以解决互联网公域合作治理产生的复杂化纠纷。

二、研究方法

本书紧紧结合选题研究的特点,注重理论与实践、历史与现实、规范与经验,以及多学科知识谱系的有机统一,研究方法主要包括多学科综合分析方法、大数据统计分析方法、规范与价值分析方法、历史与实证分析方法、比较研究与文献分析方法。

1. 多学科综合分析方法。从互联网公域的变革到互联网公域治理的兴起,对传统公域内部结构转变的考察,以及对传统政府管理模式的反思,需要社会学、行政学、政治学、管理学、法学等不同学科知识谱系的支撑。例如,运用社会学的知识解析网络社会系统内部的构造;运用政治学、行政学的知识分析互联网时代公域治理的基本表征等;运用行政法学知识剖析互联网公域治理与行政法的内在联系等。故本书在研究过程中采用多学科综合分析方法,以求全面而细致地审视互联网公域治理与行政法发展相关问题的全貌,确保研究结论的准确性。

2. 大数据统计分析方法。随着互联网的发展,网民、网络平台、网络事件、网络规则、网络治理机构等在数量上都呈现急速递增趋势,且呈现出一定的发展演变规律,这集中反映了互联网时代公域治理变革的基本表征和发展趋势。故为获得最新的、最准确的数据样本,保证研究论据和结论的充分、真实、有力,要采用大数据平台或者软件对政府门户网站、互联网平台、小程序、杂志报纸等媒介发布的相关数据进行更新整理汇总,对互联网公域发展及其治理兴起的实际情况进行归纳分析。

3. 规范分析与价值分析方法。规范与价值分析是法学研究的主要方法。通过对法律、行政法规、地方性法规、部门规章等规范性文件,以及互联网行业协会章程、网络平台管理规约、公共倡议等非正式规范(或称之为软法规范)的梳理和解读,揭示这些规范在应对互联网公域问题治理时存在的不足,并采用价值分析方法剖析互联网公域发展所产生的治理需求,以及推动行政法发展的价值导向,遵循"价值指引—制度设计"的逻辑进路,从应然和实然层面提出行政法理论和规范体系完善的具体建议。

4. 历史分析与实证分析方法。本书重点运用历史分析法来考察互联网公域治理理论与实践发展的历史及现状,揭示互联网公域治理变革与行政法发展的历史必然性,研判互联网公域治理变革与行政法发展的可能趋势。同时,运用实证分析方法对互联网公域治理的现实状况进行分析。采用实地调研和问卷调查等方式,结合已有的数据和表格,直观地反映政府、互联网行业协会、网络平台等多元主体及其治理规范的数量和分布的真实数据,归纳总结出互联网治理主体、治理方式、治理规范、治理纠纷类型等内容的实际情况,揭示既有行政法规范体系在应对互联网公域问题与公域治理需求时存在的不足,为推动行政法的完善发展奠定基础。

5. 比较研究法与文献分析法。(1)将互联网公域的基本表征与传统公域的基本表征,将政府管理模式与公共治理模式,将非正式规范与国家法律法规等正式规范等各个领域的内容分别进行对比分析,以此认识和挖掘互联网公域治理在我国国家治理体系中的重要地位,以及互联网公域治理变革与行政法发展的现实需求和具体进路。同时,通过借鉴域外国家公法回应互联网公域治理法治需求的有效做法,为我国互联网公域治理法治化建设提供一些有益参考。(2)广泛阅读法学、管理学、政治学、经济学、社会学等多个学科领域中与互联网(网络)、公域、公共领域、公共治理、电子政务相关的学术专著和论文,从中梳理出学界对公域与私域等概念范畴划分、公域治理与法治的关系、互联网治理与行政法的关系等问题的学术讨论和主流观点,做到方法借鉴与知识迁移相结合,为本书展开系统研究提供学理支持和理论根据,力争使研究具有更广阔的视野和更有效的说服力。

三、主要创新与不足

（一）主要创新点

1. 学术思想上的创新。以互联网发展对传统公域的改造以及治理模式在互联网公域的兴起为现实背景，结合政策导向和理论框架，反思传统行政法在回应互联网公域治理需求时面临的困境，是本书在学术思想上的主要创新。经过文献梳理发现，近十年来，从法律视角回应互联网公共问题治理的研究浩如烟海，然而大多集中在互联网的某一个新兴领域，如网约车、大数据、互联网平台、人工智能等；或者是某一特定领域，如网络社会、网络空间、互联网公共领域等。以"法"如何回应互联网时代公域整体性治理需求为问题导向的研究还相对较少，从行政法的视角对这一问题展开探讨的研究更是屈指可数。

另外，结合选题的特征与研究的需要，本书在研究视角和思路上也体现了思想上的创新：(1)使用了"互联网公域"这一更具包容性的概念。由于国家、政府、市场、社会等领域之间，以及虚拟、现实等场域之间是相互联系、相互作用的，且彼此之间的关联恰恰是需要重点考察的内容，故不能割裂地去关注"网络社会"与"网络政府"、虚拟空间与现实生活等范畴，应当用整体联动的视角看待互联网发展对传统公域的现实改造。(2)从互联网公域发展的视角切入，通过梳理和建构互联网公域的理论模型，直观地反映互联网公域与传统公域的差异，揭示互联网问题和风险极易衍化成公共问题和系统性风险的内在原因，并在此基础上，剖析互联网公域引入治理模式的必要性。(3)本书对互联网公域治理变革与行政法发展需求的关注，不仅对行政法如何规制互联网公域治理风险这一问题进行思考，而且尝试对行政法如何引领互联网公域治理的发展方向，为互联网创新发展释放充足的空间进行探讨。

2. 研究方法上的创新。本书采用学科综合分析方法、大数据统计分析方法、规范分析与价值分析方法、历史分析与实证分析方法、比较研究与文献分析方法等多种研究方法。通过综合运用这些研究方法，系统、客观、科学地审视互联网公域治理及其法治实践的全貌，全面、详细地梳理归纳既有的研究重点和学术观点，进行横向、纵向的对比、参考和借鉴。同时，本书遵循"价值引领—规范设计—实践检验"的学术逻辑，坚持以价值指引规范，以实证完善规范，以规范指导实践，力求在对互联网公域变革与行政法发展的相关研究中，实现理论创新与实践应用的有机融合。

3. 研究内容与学术观点上的创新。(1)建构"互联网公域"的理论模型,将互联网公域与传统公域进行比较,揭示互联网公域的发展脉络和基本特征,凸显互联网发展对传统公域的现实改造。(2)通过对互联网公域发展的考察,揭示互联网公共危机频发的内在原因,提出推动互联网时代公域从传统政府管理模式向公共治理模式转型,将"治理"引入互联网公域秩序建构、公共服务供给当中的必然性和必要性。(3)通过梳理互联网时代公域治理中的治理主体结构变革、治理方式创新、治理规范体系拓展、治理过程交互性、治理纠纷复杂化等主要趋向,系统性地提出互联网公域治理变革对行政法发展产生的客观需求。(4)从一个整体性、综合性的视角研究互联网公域治理变革语境下政府转型、社会公权力兴起、网民公权利体系拓展与行政法的关系,而不是单纯聚焦于政府转型所产生的行政法问题。同时,围绕传统行政法在调整互联网公域治理活动时面临的困境,对推动行政组织法、行政行为法、行政程序法、行政救济法整体发展的具体路径进行整体性研究和体系化制度设计。(5)以互联网公域治理变革产生的法治需求为基础,进一步提出要推动行政法的回应型变迁,需要仰仗于行政法学研究范式的转换,包括研究内容、研究方法等方面的多维革新,且要逐步构建起新时代行政法学研究的学科体系、学术体系和话语体系。

(二) 主要不足

应当认识到的是,互联网在未来很长一段时间里都将处于持续衍化、创新发展的过程当中,信息技术的革新、互联网产业的转型、网络化逻辑的转变等无不彰显着互联网不断创新的活力和难以预估的可能性。与之对应,现代公域在内涵和外延上也必然伴随着互联网的发展,从而处于持续的变化调校之中。(1)本书立足于互联网时代公域基本范畴的变迁,对传统政府管理模式及现有的行政法体系进行反思,可能会受到互联网发展现状和客观趋势影响,出现认知上的局限性,从而随着互联网技术、观念、规模等方面的进一步演变,及其对公域影响的持续深化,暴露出研究结论的片面性。对此,本书尝试从两个方面着手,尽可能避免研究结论的偏差:一是追求研究数据的真实性、新颖性,用数据说话,紧跟近年来互联网公域的发展现状,保证研究始终以问题为导向,回应现实需求,体现一定的现实价值和意义;二是坚持历史辩证的分析思维,通过观察、梳理、归纳中国互联网发展二十余年来信息技术更替、管理结构调整、公共政策演变等领域的变动,宏观把握互联网时代公域发展的基本规律和公域治理变革的客观趋势。(2)推动互联网发展的决定性因素在于信息技术更替,是技术的创新赋予了互联网公域发展以动力、契机和载体,以及为治理模式的嵌入提出要求和创造条件。技术特性也使得本书相关研究难以脱离对技术本身的关注和考量,如对行政行为方式与互联网技术融合的规范化研究,必然要充分认识技术应用的细节。然而,由于受到学科知识及技术保密的限制,本书可能对部分互联网技术在公域治理中如何应用存在认知和理解上的局限。对此,笔者尽可能通过了解跨学科知识,如部分计算机、网络信息工程等专业知识,以加强对技术应用的认知。同时,通过实践体验、问卷调查等形式,确保问题的客观性。(3)互联网公域治理变革涉及治理主体结构、治理方式、治理规范等领域的全方位变革,其对现有的行政法理论和制度体系的冲击和挑战也必然涉及方方面面的内容。本书只对其中部分典型性问题进行探讨并作出回应,未能穷尽所有行政法问题。尤其对于如何协调好互联网公域治理的民主、开放、创新、效能、多元、权利保障与行政法所强调的权威、合法、稳定、秩序建构之间的冲突与矛盾,本书的相关探讨还不够深入。无疑,弥补上述这些不足将会成为日后笔者对互联网公域治理变革与行政法发展相关论题展开进一步研究的动力和方向。

第一章　面向互联网公域治理：
行政法发展的时代课题

　　互联网的飞速发展改变了人们的生产生活方式,打通了政府、市场、社会之间封闭的疆域,重塑了人类生活的现实图景,改造了传统公域的基本样态。互联网对传统公域的介入和改造,推动了互联网时代公域的转变和发展,为公域贴上了时代标签。当前,互联网公共问题的频频发生,暴露了传统政府管理模式在互联网公域秩序建构与风险规制中的失灵,从而催生了公共治理模式的兴起,形成了互联网公域治理的基本格局。互联网公域治理与行政法存在内在的关联性。行政法是主要调整公域治理的法,互联网公域治理的实现主要仰仗于公法,尤其是行政法功用之发挥。同时,互联网公域治理也对行政法产生新的需求,需要行政法予以回应。故从传统公域的概念范畴界定切入,探讨互联网公域的生成机理、基本表征与发展趋势,揭示互联网公域问题频发的根源,以及推动其治理变革的必然性、必要性,并以此为基础,进一步剖析互联网公域治理与行政法的逻辑关系,是本章关注的核心问题。

第一节　互联网公域的理论审视

　　对互联网公域内部结构的考察和发展趋势的研判,可以透视互联网发展对传统公域的现实改造,从客观环境变化层面揭示政府管理失效与公共治理兴起的内在原因,但前提是要对传统公域的概念范畴有一个相对直观的认识。

一、公域的考察及范畴厘定

(一)公域的客观存在与流变
　　"公域"不是一个新兴的概念范畴,更不是一个新兴的现实场域。"公域"与"私域"是一直存在于人类社会当中的两个基本领域。① 在奴隶制时期和封建制时期,公域与私域的区分较早体现于政治生活领域与家庭生活领域的分殊之中。正如古希腊设置公民大会的初衷是认为公民在劳动领域当中,只能像动物一般生活,但是公民事实上具备在城邦中结成伙伴关系或相互交往的能力,其可以通过政治参与的互为主体性而获得再生。② 可见,早期公民在特定场域对政治议题进行讨论,形成了公域的雏形。然而,众所周知,古雅典城邦只有部分奴隶主才能够参与公民大会,这些人构成了国家(城邦)的统治阶级。在这种情境下,公域的结构是极为单一的,

图一

甚至可以等同于国家统治的场域。同时,公域涵盖的范围极广,私域常常被国家暴力僭越。与之相类似,我国古代以血缘关系为纽带、皇权高度集中,导致当时国家处于"家国不分、公私不立"的形态之中。③ 国家与社会往往混为一体,私人领域无限向国家权力敞开,公域成为一个全面笼罩的场域,甚至无需特意谈论"公域"这一概念(见图一)。

　　在西方国家,人们开始意识到"公域"和"私域"之间的差异并对之展开探讨始于商品经济逐渐繁荣发展的文艺复兴时期。商品经济的发展使人们开始解放思想,谋求自身天性的解放,关注个人利益、私人权利,以及私人领域。此时,公域与私域开始出现分离,并形成一定的边界。随着贸易化、工业化进程的推进,资本主义自由市场经济蓬勃发展,公民愈发强调"物权私有""私权排他"等观念,公域与私域的界限变得更加明显,且逐渐从分离走向分立。恰如马克思所阐述的,在市场经济影响下,人们的交往依据已从以"人的依赖关系"转化为以"物的依赖关系"。④ 同时,私域的日渐独立,开启了市民社会与政治国家之间的分离过程⑤,进而推动了公域内部结构的正式分离。这意味着,公域的场域不再局限于或等同于国家场

图二

　　① 黄建钢:《论"域界变化"与"社会建设"——一个关于"公域"和"私域"的界定及其互动的思考》,《东吴学术》2012 年第 5 期。

　　② 〔英〕约翰·基恩著:《公共生活与晚期资本主义》,马音、刘利圭、丁耀琳译,北京:社会科学文献出版社 1999 年版,第 40 页。

　　③ 梁治平著:《清代习惯法:社会与国家》,北京:中国政法大学出版社 1996 年版,第 6 页。

　　④ 《马克思恩格斯全集》,北京:人民出版社 1960 年版,第 46 卷,第 104 页。

　　⑤ 何增科:《市民社会概念的历史演变》,《中国社会科学》1994 年第 5 期。

域,而是分离为国家和社会(见图二)。相反,中国的国家权力从社会分离起步较晚,其始于清末民初西方列强的入侵与国家仿西方民主政治模式运动的兴起。这种由外力干预和国家内部矛盾激化所引起的公域变革,虽然开始对外逐渐显露出市民社会的雏形,但是却与西方国家由私域发展产生的"公私分离"形成不同的进路。直到 20 世纪 80 年代,肇始于改革开放的经济体制改革才使中国的传统公域开始解构,商品交易的繁荣与市场经济的发展逐渐催生了真正意义上的、带有权利属性的社会。

(二) 考察"公域"的现实意义

毋庸置疑,无论是在西方国家还是在当代中国,公域结构中的国家与社会的分离甚至分立,都是一个不可逆转的趋势。随着国家权力的分化与行政权的扩张,我们探讨的"国家"不再等同于社会的对立物,其上升到了更为宏观层面的国家原则主义中的"国家"。换言之,现代公域内部"国家"与"社会"的关系,更多时候直接表现为政府与社会的关系。故通过对政府与社会的考察,可以大体窥探到公域内部结构与外部边界的流变。同样,对公域进行考察,其主要意义也在于厘清政府、社会各自的范畴,以及两者之间的多重复杂关系。

1. 对公域进行考察,可以发现、预判政府与社会发展的现状和趋向。当社会消融于国家统治当中而缺乏安身之所时,国家即为公域。所有场域,包括私人领域,都对国家权力敞开,甚至私域本身便是公域的组成部分;当社会从国家分离,但仍然攀附于国家难以独立时,社会只是国家的附庸,公域内部开始出现分离,但仍带有强烈的国家属性;当社会足以与国家、政府相制衡时,公域内部才正式出现国家(政府)与社会分立的现实图景。[①] 随着现代政府与公民社会的发展,公域的内部结构与外部边界出现更为细致的调适和变动。对公域进行考察,可以掌握政府、社会发展的整体态势,对其趋向开放还是封闭,趋向统一还是分散,作出较为清晰的预判。其中,包括对政府与社会的内部结构、政府权力、社会权力与权利等内容进行全面考察,从而充分认识经济发展与技术革命对公域的客观改造,以及辨析和反思现有的政治体制与公共政策是否阻滞了社会的发展,造成了公域内部的某种不均衡性。

2. 对公域进行考察,可以揭示政府与社会的内在关联。从对公域发展的历时性分析可以看出,公域内部结构的流变发端于社会崛起引发的国家、政府与社会之间的强弱调适。在现代公域中,政府与社会的强弱关系,

---

① 参见刘京希:《国家与社会关系的政治生态理论诉求》,《文史哲》2005 年第 2 期。

不再单纯地展现为"强政府、弱社会"的形态,也不只是体现为一种"此消彼长"的冲突状态。"弱政府、弱社会""强政府、强社会""弱政府、强社会"都可能成为公域内部政府与社会的基本模式①,且分别对应冲突、融合、失衡、均衡等特定的互动状态。故对公域进行考察,可以揭示政府与社会之间的关联性,从而有效避免割裂地看待两者的关系,且在公共权力运作及其制度设计上能够避免两者的分裂与对抗。

3. 对公域进行考察,可以厘清公域与私域的界限及两者的互动关系。政府与社会的发展只是聚焦于公域的内部结构。从外部维度看,公域的流变主要体现为私域的发展促使公域范围产生变动。这种变动大体围绕公域与私域之间界限的迁移、厘定而展开,其既可能体现为私域的拓展导致公域的限缩,也可能表现为私域的转化推动公域的扩张。故通过对公域的考察,可以在公域范围变动的趋势当中尝试厘清其与私域的边界,防止政府或者社会随意侵入私域当中。同时,也可以正确认识公域与私域的交织转化关系,规避私权观念对公域秩序的践踏。

4. 对公域进行考察,可以厘定政府与社会在公域秩序建构中各自的功能定位。秩序对于每一个社会共同体而言,都是最为基本的价值,而且也正是有了秩序,人类的公共生活才得以成为可能。② 无论公域的内部结构流变如何,秩序始终是政府与社会发展的基础条件。严格意义上讲,政府与社会的分立决定了其应当对各自场域秩序的建构和维护负责。然而,基于政府的职能要求,以及政府与社会的互动关联,政府与社会都会或多或少地关注彼此场域的失序问题。故通过对公域的考察,可以厘定政府与社会在破解公域秩序失衡问题中参与程度的差异与分工定位之区别,进而对各自参与的限度加以判断。

(三)"公域"的概念范畴厘定

从对公域流变的考察可以判断,人们开始真正关注到"公域"的概念范畴问题,始于"公域"与"私域"的分离。在此之前,虽然也偶有学者运用"公"与"私"来对相关内容进行界分,但是与"公域""私域"的内涵还相去甚远。③ 例如,古罗马著名法学家乌尔比安便以国家利益和个人利益为标准,将法区分为"公法"和"私法"。然而,其所描述的"私"并非是与"公"相

---

① 参见张曙光著:《繁荣的必由之路》,广州:广东经济出版社 1999 年版,第 200 页。

② 周光辉:《政治文明的主题:人类对合理的公共秩序的追求》,《社会科学战线》2003 年第4 期。

③ 赵静蓉:《现代人归属感的缺失——以"公域"与"私域"的区隔为视角》,《江西社会科学》2014 年第 6 期。

对立的概念，而是更多体现为一种多数与少数、公共与个人的关系。私有观念的强化与私域的发展，促使不同领域的研究者尝试运用差异化的标准来界分"公域"与"私域"，"公域"与"私域"也开始作为一对彼此对应的概念范畴为人所认知。在市场经济的推动下，公域、私域的分化是相对称而展开的，两者之间形成了一种均衡的动态关系。① 也就是说，公域和私域可以相互限定，公域的拓展往往止步于私域的起始处，反之亦然。故"私域"也常常被界定为"非公域"。② 事实上，公域与私域并不单纯体现为"非此即彼、此起彼伏"的关系，两者之间的划分、互动和转换，由于涉及政治利益的博弈而具备内在的复杂性。因此，对"公域"的概念范畴进行界定，不能忽视对"私域"发展状况和需求的考量。

公域与私域的分离源于商品经济繁荣背景下，私人权利保护意识的觉醒，私域的崛起要求将公共权力限制在公域范围内，严格排除公共权力对私域的干预。③ 从这个角度而言，公域指的是公共权力所覆盖的场域，也可以将公共权力理解为一种公共权威。以公共权力的运作范围为标准对公域的界定，回归了公、私域分离的缘起，强化了对公、私域活动边界的认知，揭示了公、私域之间的本质差异。但是，其仍难以充分揭示公域的全貌，因为现代社会有部分场域已经生成了某种公共属性，在这些场域中并不一定有公共权力的存在，然而其却恰恰属于公域的范畴。正如哈贝马斯所阐释的："经济的和官僚的行政子系统在一边，家庭、邻里和自身交往的私人生活领域，以及私人向公民转化的公共领域在另一边。"④在这里恐怕难以将公共领域置于公域范畴之外。同时，公共权力标准忽略了公域的其他重要特征，并且用静态的眼光看待公域的边界，忽视了公域与私域之间的互动转换关系。

除了公共权力标准以外，还有学者以国家管理和市场经济分别指代公域与私域，甚至将公域界定为国家宏观政治模式实践的场域，认为公域的核心命题就是要夯实政权的合法性。⑤ 但这些都只是揭示了公域的部分表征，未能代表公域的概念范畴。对此，罗豪才教授等认为，应当以是否具

---

① 刘悦苗：《"公域交往"与"私域交往"论》，《内蒙古社会科学（汉文版）》2002 年第 2 期。

② 胡泳：《重思公与私》，《北大新闻与传播评论》2013 年第 00 期。

③ 张创新著：《公共管理学概论》，北京：清华大学出版社 2010 年版，第 79 页。

④ ［德］哈贝马斯著：《交往行为理论》（第 2 卷），曹卫东译，上海：上海人民出版社 2005 年版，第 458 页。

⑤ 赵晓峰：《公域、私域与公私秩序：中国农村基层半正式治理实践的阐释性研究》，《中国研究》第 18 期。

有公共性作为公域与私域的分水岭①,即公共性是界定公域范畴的标准。显然,公共性标准主张对组织、权力、利益、事务等内容是否具备公共性进行逐一判断,以避免由于聚焦部分评判标准而导致公域范畴界定的片面化。应当意识到的是,公共性本身就带有一定的抽象性,判定公共性的标准不是单一的,应当包括且不限于对涵盖人数多少、覆盖地域大小、产生影响强弱等多重因素的考量,继而形成对是否属于公共物品、是否指向公共利益等内容的综合权衡。这可能导致其虽然提供了某种正确的标准,但是在客观上又产生了标准认定上的困难。故罗豪才教授进一步提出,公域既是公共权力的运作范围,同时还是公民参与公共管理的范围,从而成为公共关系所及的范围。② 这种界定具有一定的合理性,其至少将公民主动参与公共事务管理范围纳入其中,且以公共关系为参照标准也反映了公域范围内各主体间的互动交往。然而,公民参与公共事务管理范围的界定,仍未摆脱公共权力标准的影响,未涉及公民参与公域的整体范围。故笔者认为,应当将之界定为公民参与公共交往互动的范围,且这种范围具有一定的开放性。

此外,对公域的概念范畴进行界定,还应当客观地把握公域的基本特征。例如,万俊人教授认为,应从社会公共组织结构、社会基本制度、公共管理秩序、国家和政府的公共权力等多个方面对公域的范畴进行界定,并提出具有完整而普遍的社会制度化和组织结构的普遍公共性是公域形成的根本标志。③ 还有学者提出,公域的天然状态就是存在着某种权力层级关系和具有涉他性且对私益分配产生影响的公共利益,其以公益为价值导向,并以权威行使为行为方式。④ 遗憾的是,这些关于公域特征的概括始终都是在以公共权力作为公、私域界分标准的基础上展开的,从而带有一定的倾向性和局限性。为避免对公域认知的片面化,笔者认为,公域应当以拥有公共组织、能够被公共权力影响、具备大多数公民能够进出交往的开放性、足以引发公共问题并产生公共影响、强调公共秩序构建并且形成一定的公共规则等作为基本特征。

综上,本书主张将"公域"的概念范畴界定为:一个具备公共组织,足

---

① 罗豪才、宋功德:《公域之治的转型——对公共治理与公法互动关系的一种透视》,《中国法学》2005 年第 5 期。

② 罗豪才等著:《软法与公共治理》,北京:北京大学出版社 2006 年版,第 26 页。

③ 万俊人主编:《现代公共管理伦理导论》,北京:人民出版社 2005 年版,第 5—7 页。

④ 李晓辉:《公域与私域的划分及其内涵》,《哈尔滨商业大学学报(社会科学版)》2003 年第 4 期。

以诱发公共问题，强调公共秩序和公共规则构建，最终体现为一系列公共关系的开放性场域。其既包含了公共权力能够正常运作及产生影响的范围，也包含了公民能够自主参与交往互动的空间。

（四）"公域"与其他相关概念的辨析

西方学界对"公域"与"私域"的研讨热情在经过一段时间的沉寂之后，随着阿伦特与哈贝马斯对"公共领域"的关注而被再度点燃。这两位出色的思想家在对"公域""私域"进行剖析的基础上，揭示了在公域、私域之外还存在一个"第三领域"——公共领域，且一并探讨了其与"公民社会"的内在联系。通过对"公域"概念范畴的厘定，我们发现，"公域"与"公共领域""公民社会"等概念存在本质区别，但在理论研究当中，概念混用的情况仍不在少数，故有必要作进一步的辨析。

1. "公域"与"公共领域"的概念辨析。汉娜·阿伦特在其著作《人的境况》中，将"公共领域"界定为人们参与政治生活的场域。[①] 哈贝马斯在《公共领域的结构转型》一书中尝试对公共领域的一系列表征和属性进行阐述，其认为国家与社会是相互分离的，而社会作为国家的对立物不仅划定了一片不受公共权力干预的私人领域，还跨越私人、家庭的限制，对公共事务予以关注，形成了一个永远受契约支配的批判领域。[②] 这个场域便是所谓的"公共领域"，一个意指社会生活的场域。在这个场域中，公共意见得以生成。[③] 虽然阿伦特与哈贝马斯对于"公共领域"的理解有所区别，但是共通点在于，他们都承认公共领域是公民政治参与、表达意见及对国家权力进行监督批判的重要场域，是对公共意见形成过程的一个理论抽象，是介于公共权力和私人领域之间的，通过报刊、电视和网络等公共媒介平台进行自由对话、公共交往、公开表达意见的公共空间。"公共领域"与"公域"在范围、属性、表征等方面都存在较大差异。从范围上看，"公域"的范围要比"公共领域"的范围宽泛，甚至可以说"公共领域"被"公域"的基本范畴囊括。除了公共领域，公域本身还包含了公共权威依存的场域，以及公民交往互动的空间等。从属性上看，公共领域的形成一般都带有一定的政治诉求，如公共领域起初就是在资本主义国家商品经济发展背景下产生

---

① ［德］汉娜·阿伦特著：《人的境况》，王寅丽译，上海：上海人民出版社2017年版，第38页。

② ［德］哈贝马斯著：《公共领域的结构转型》，曹卫东等译，上海：学林出版社1999年版，第23页。

③ ［德］哈贝马斯著：《公共领域》，汪晖译，载汪晖、陈燕谷主编：《文化与公共性》，北京：生活·读书·新知三联书店1998年版，第125页。

的,其带有与资产阶级之间的对抗性;而公域是与私域相对的概念,其本身并不体现为某种诉求关系。从表征上看,公共领域以公民广泛的参与、开放的商谈、公共舆论的生成为基本表征;而公域除了公民的交往互动以外,还强调公共权威塑造、公共秩序建构等内容,构成了国家权力运行的合法性源泉和社会基础。① 可见,"公共领域"虽然不等同于"公域",但是其确与"公域"有着某种紧密的联系。从对"公域"的范畴界定可以看出,作为公域的重要组成部分,公共领域的开放性程度本身影响了公域的范围(见图三)。

图三

2. "公域"与"公民社会"的概念辨析。"公民社会"也称"市民社会",其最早出现在亚里士多德的《政治学》一书当中,指的是一种政治共同体。后经西塞罗、阿奎那等理论家的论证阐释,"市民社会"的内涵虽有所调校,但直至 14 世纪也未超出亚里士多德所赋予的含义。十七、十八世纪,以卢梭、洛克为代表的契约论思想家仍将市民社会作为政治社会的同义词,并且他们在反王权专制的背景下提出,市民社会应当是自然社会民众通过订立契约的方式自愿组成的政治共同体。这些概念都将"市民社会"放在一个政治性的语境中加以厘定,从而与政体的概念相差无几,缺乏独有价值。现代市民社会概念是由黑格尔提出,并由马克思加以完善的,其以工商业活动自由发展为背景,以政治国家和市民社会相分离为前提,认为市民社会单纯是指非政治性的社会。黑格尔提出,市民社会是各个成员作为独立个人、自治性团体的集合体,其以保障权利和自由为使命。② 马克思在批判黑格尔市民社会观的基础上提出,市民社会包含了政治国家之外的公民社会生活的一切场域③,从而将家庭也纳入到市民社会的范畴中。当代西方学者在马克思市民社会观的基础上,对市民社会作进一步细分。例如,哈贝马斯将市民社会划分为公共领域和私人领域。其中,私人领域是排除社会文化生活的经济交往领域。由此可见,"公民社会"是一个由私域发展衍生出来的概念范畴,其不仅包含了私域,还包含了部分公域,从而与"公域"存在本质区别。笔者认为,这部分公域并不完全等同于哈贝马斯提出的"公共领域",还包括人们基于经济文化交流而聚集成的场域。

① 马长山:《公共领域兴起中的法治诉求》,《政法论坛》2005 年第 5 期。
② [德]黑格尔著:《法哲学原理》,范扬、张企泰译,北京:商务印书馆 1961 年版,第 174 页。
③ [德]马克思:《黑格尔法哲学批判》,曹典顺译,北京:人民出版社 1962 年版,第 11 页。

二、互联网公域的生成逻辑：互联网发展对公域的改造

互联网发展对公域的全面介入到深度改造，体现为一种由表及里、由量变到质变的递进关系，反映了互联网公域的生成逻辑。这体现了互联网时代公域发展的基本现状和必然趋势，也决定了互联网时代公域发展的基本面向。

（一）互联网对传统公域的全面介入

1994 年 4 月 20 日，中国以 64kb/s 的专线网速接通了国际互联网，互联网作为一种舶来品被正式引入。与国际互联网联通至今，中国互联网的发展已经走过了整整 25 个年头。期间，互联网技术的日新月异，以及"网络强国""数字中国"等国家战略的深入实施，推动着网络用户、网络政府、网络社会、网络市场、网络文化的迅猛发展。显然，当今中国已经成为名副其实的互联网大国，互联网已经覆盖到政府、社会运行与私人生活的方方面面，切切实实地介入到公域的全方位发展当中。换言之，在新时代，一个全新的互联网公域正在生成。

1. 从工业革命迈向信息革命，信息化是公域的时代特征。工业革命推动了社会生产力与生产关系的发展，改变了人类在农业社会的生产生活方式。工业革命在创造物质财富的同时，也强化了私权观念，促进了社会结构的转型。工业革命产生了强大的创造力和渗透力，促使新兴的工业因素迅速渗透到绝大多数领域当中，令人类生活的诸多领域都体现出"工业化"。[①] 兴起于 20 世纪后期的信息技术革命带来了社会生产力又一次质的飞越，对政治、经济、文化、社会等领域的发展产生了深刻影响。[②] 以人类脑力发展为表征的信息革命改造了传统的工业生产模式，改变了人们在工业社会积累起来的生产经验，对人们的交往空间、生活方式产生冲击，推动了工业时代向信息时代的转型。信息时代最重要的特征，就是互联网的普及。21 世纪初至今，是中国互联网的高速发展期，互联网进入千家万户与各个公共场域，推动了现代公域整体的信息化发展。一方面，随着市场经济的发展，人们的生活质量与消费水平普遍提升，精神需求的日益增长燃起了人们对互联网的热情，促使人们尝试从互联网获取相关资讯，并追求便捷、高效、平等、自由的生活；另一方面，信息技术的更替推动着互联网实

---

① 金碚：《世界工业革命的缘起、历程与趋势》，《南京政治学院学报》2015 年第 1 期。
② 参见习近平：《在网络安全和信息化工作座谈会上的讲话》，《人民日报》2016 年 4 月 26 日第 2 版。

现 Web1.0 到 Web3.0 的跨越式发展,并向 Web4.0 时代进发。在这个过程中,互联网开始与人们的交往、消费、出行、理财等各个领域相结合,并向产业化轨道迈进。同时,移动互联网的开发、推广和应用融合了移动通信随时、随地、随性与互联网开放、高效等多重优势,让互联网的使用不再局限于固定场所中,拓宽了互联网运用的空间和时间,促进了互联网的传播,使互联网更加普及。可见,信息革命推动工业时代向信息时代转型,推动了互联网的普及运用,使现代公域呈现出信息化的时代特征。

2. 网民数量暴涨与网络族群兴起,社会参与主体趋向多元化。互联网普及最直观的表现与影响,就是网民数量的暴涨与网络族群的兴起。截至 1997 年 10 月,我国的上网计算机数仅为 29.9 万台,上网用户数为 62 万人。到了 20 世纪末,我国的上网计算机数已经上升至 146 万台,上网用户数增长至 400 万人。而截至 2021 年 6 月,我国的网民规模为 10.11 亿,较 2020 年 12 月新增网民 2175 万。其中,手机网民数量达到了 10.07 亿,约占网民总量的 99.6%,互联网总体普及率达到 71.6%。[①] 随着互联网基础设施的普及,网民的数量仍会保持高速增长。显然,网民成了继农民、市民之后的社会基础[②],这不仅意味着互联网的兴起催生了一个新的公民身份和标签,更体现了绝大多数公民在信息时代的一种社会生活样态。"人机交互"已然成为人们的生活常态,使人们在足不出户的情况下便能够进行办公、生产、消费和交往,并构建起全新的社会群体——网络族群。网络族群作为一种新的族群样态,是网络社会和网络文化兴起的产物,具有超强的标识性与特定性。[③] 网民利用互联网通讯技术进行沟通交流和娱乐分享,从而扩展人际圈子甚至改变社会环境,基于共同的兴趣、爱好、信仰等组成的群体或者组织,已然成为现代公民社会的重要表现形态和组成部分。其中,互联网平台的构建与发展,为网络族群的形成和繁衍提供了重要场所,同一族群的成员往往是同一平台的用户,抑或者在同一平台中存在若干的族群。同时,除了政府的官方平台以外,多数新兴互联网平台依托互联网行业协会、企业进行运营,这些行业协会、企业也日渐崛起成为社会的重要参与主体。[④] 至此,一个由网民、族群和行业协会、企业等新兴主

---

① 2021 年 8 月中国互联网络信息中心(CNNIC)发布的第 48 次《中国互联网络发展状况统计报告》。

② 黄少华著:《网络社会学的基本议题》,杭州:浙江大学出版社 2014 年版,第 22 页。

③ 周建新、俞志鹏:《网络族群的缘起与发展——族群研究的一种新视角》,《西南民族大学学报》2018 年第 2 期。

④ 陈晓春、任腾:《互联网企业社会责任的多中心协同治理——以奇虎 360 与腾讯公司为例》,《湘潭大学学报(哲学社会科学版)》,2011 年第 4 期。

体共同参与的多元化社会格局已然形成。

3. 网络技术与现实世界融合,实现参与者交往与生活方式的丰富、高效、便捷。从"理性经济人"的视角分析,互联网平台对网民的吸引力往往在于其能够满足网民的某种利益需求。例如,网络族群在互联网平台中的生成与繁衍,前提在于该平台能为网民的聚集和交流提供便利性渠道、场域和服务。追根溯源,这种利益需求通常来源于现实世界,体现为现实世界中的人在虚拟空间中寻求特定利益满足的需求。如有学者提出:"网络交往无法摆脱人的属性,趋于成熟稳定的网络关系不可避免地向现实逻辑转化。"①故绝大多数互联网平台的发展,是通过促进网络技术与现实世界相融合、网络技术服务于现实需求加以实现的。近十年来,与网络资讯、网络通讯、网络传播、网络交友、网络交易等相关的互联网平台不断更新,代替了最初以新浪、搜狐、网易等门户网站为代表的单向型、静止型的互联网信息获取模式,率先开拓了多向度、动态化的互联网交往场域,变革了网络参与者的社会交往形式和日常生活方式。一方面,互联网交流交际平台(如 QQ、微博、微信、陌陌等沟通聊天交友软件)的出现,对现实社会的交往形式产生重大影响。即时通讯、数据传输、社区讨论、陌生交友等新兴功能极大程度地打破了传统"面对面""人在场"等交往形式的限制,拓宽了人们的交往渠道和交际范围,满足了人们对交往工具的想象。同时,政府也借助这些平台积极参与到与社会、公民的交流当中,如政府官方微博、微信公众号的开通运营等。另一方面,互联网平台由单纯的便利交往向便利生活延伸,体现为网络政务、网络消费、网络出行、网络理财等"互联网＋"平台的兴起。通过这些平台,人们正在潜移默化地将网络生存的经验带入日常生活当中②,形成对以往生产生活方式的升级改造。政府利用官方平台提供服务、消费者借助淘宝进行网购、市民运用滴滴预约车辆等,使社会生活呈现出一幅便捷高效的网络化图景。

4. 平台经济的崛起,互联网产业成为重要的支柱性产业。以营利性组织为支撑的互联网平台在最大程度满足用户现实需求的同时,也为谋求自身发展奠定了利益基础。正是这种服务供给与利润收入相关联的运作模式,催生了互联网平台经济的崛起,并使其成为新经济领域发展中最为活跃的一部分。③揭开互联网平台经济崛起的面纱,凸显的正是当下互联

---

① 陈舒劼:《虚拟空间的现实逻辑》,《福建论坛(人文社会科学版)》2009 年第 6 期。

② 何明升:《网络生活中的情景定义与主体特征》,《自然辩证法研究》2004 年第 12 期。

③ 叶秀敏:《平台经济的特点分析》,《河北师范大学学报(哲学社会科学版)》2016 年第 2期。

网企业的大量涌现,以及现代商业形势所催生的从形式到内容的颠覆性变化。[①] 平台经济的发展以市场导向和消费者需求为基础,以产业化建设为进路。随着网民对交往、消费、娱乐等需求的增多,以及各式各样、门类齐全的营利性互联网平台(企业)的上线,我国的平台经济明显已经步入依托产业化发展的道路。例如,以抖音、熊猫等为代表的网络直播产业,以DOTA、英雄联盟为代表的电子竞技产业,以淘宝、京东为代表的互联网交易产业,等等。这些互联网产业的兴起得益于网络技术的更新换代,以及网民群体对相关互联网平台的青睐,营造了一个有利于互联网企业与平台经济发展的良好基础。得益于网络技术与社会生活各个领域的紧密结合、网络平台的同质化建设以及国家相对宽松的政策环境,我国互联网产业得以迅猛发展,并成为推动国家经济发展的重要支柱性产业。[②]

(二) 互联网对传统公域的现实改造

毋庸置疑,互联网的发展并不单纯表现为一种技术现象,而是借助技术更替来改变社会基础结构、人际互动形式、日常生活样态以及生产经验模式等,引领人类社会进入信息时代。故互联网对公域的全面介入,必然对传统公域产生冲击和改造。这种改造并不能简单地理解为是技术决定了社会,而是超出了社会的范畴,通过技术、社会、经济、政治与文化之间的共同作用,重新塑造了人们的生活场景。[③] 由此,互联网对传统公域的现实改造既体现在宏观层面,涉及虚拟公域的生成、公域范围的拓展与细分、政府与社会关系的演变等;也体现在微观层面,囊括生产力与生产关系、人际交往关系与场域、权力—权利关系,以及社会秩序等内容的转变与重构。这种对政府结构、社会结构以及"政府—社会"结构的整体性改造,需要以网络化观念与逻辑的塑造为支撑。

1. 宏观层面的公域改造

(1) 虚拟公域的生成

人们以往对传统公域流变的认识,主要源于对政府与社会互动、社会结构转型、人群聚集效应等扎根于现实世界的事件进行观察或者感知。互联网技术的发明、创新与普及化,创造了一个全新的虚拟空间,使人类社会进入到网络空间与现实空间平行和交叉的双重时空当中。[④] 绝大多数人

---

① 李凌:《平台经济发展与政府管制模式变革》,《经济学家》2015 年第 7 期。

② 例如,北京、上海、广州、深圳均设有互联网产业开发园区。

③ [美]曼纽尔·卡斯特著:《认同的力量》,夏铸九等译,北京:社会科学文献出版社 2003 年版,第 1 页。

④ 周蜀秦、宋道雷:《现实空间与网络空间的政治生活与国家治理》,《南京师大学报(社会科学版)》2015 年第 6 期。

对空间的界定,往往是以自身活动的范围为基准的。换言之,空间是人类社会生活的产物,虚拟空间则是人类活动的非物理场所。虽然虚拟空间的生成、存在、运行、变动所依托的是客观存在的物理信息技术,但是其自身并不受地域范围、气候条件、生存资源等实质性影响因素所限,故展现出相异于现实空间的结构形态。卡斯特正是基于虚拟空间对地域、时空及其对应的文化、历史等现象的冲击而将之称为"流动空间"[①],即环绕流动建立起来的,难以用特定的计量单位加以量化的互联网空间。

虚拟空间的生成首先是从互联网对人际交往方式的改造开始的,这也是网民数量剧增与网络族群兴起的关键缘由。人们热衷于聚集在虚拟空间进行交流、沟通与分享,意味着群体特有的社会属性已逐步传入其中。网络族群的意识、互动、心理、规则等产生于成员的意志与选择,并反作用于成员的自身发展,同时也影响着虚拟空间的整体结构。由此,群体的聚拢与分化,赋予了虚拟空间公共属性。尤其随着生产、政务、学习、购物、娱乐等一系列经济、政治、社会以及文化活动被转移到虚拟空间,现实的物理空间被压缩甚至取代,承载事务的公共性以及社会生活的同构性使虚拟空间的社会属性愈发凸显。换言之,在网络族群化与社会生活、交往空间转移的共同作用下,一个区分于现实公域的虚拟公域已然存在。

此外,相比现实空间而言,大部分虚拟空间是一个对外开放的场域,公共性、开放性决定了必然要将其纳入新兴的公域范畴加以考察。一是依托于互联网平台的虚拟空间对几乎所有网民敞开,并为公民的入网预留了渠道,如网民对公共论坛的参与;二是人们一旦进入虚拟空间,即便没有附加行为,也与其他主体共同形成了稳定的公共关系;三是几乎每一个虚拟场域都会形成各自的规范体系,以维持公共秩序;四是即使是某个主体的私人行为,也极易引发公共话题或者公共危机,并对空间参与者产生影响。可见,大部分虚拟空间基于自身的开放性和公共性也一并进入公域的范围当中,其生成规律与网络族群的兴起息息相关,但又不完全一致。

（2）公域范围的拓展和细分

第一,从空间来看,虚拟公域的生成客观上拓宽了公域的范围。一方面,互联网技术的更新为网民的聚集提供了便利化条件,网络族群数量上升及其种类分布的多样化造就了诸多新兴的公域,这是在非信息化时代难以见到的景象;另一方面,人际交往与社会生活向虚拟空间的迁移,并不意

---

① 参见［美］曼纽尔・卡斯特著：《网络社会的崛起》,夏铸九等译,北京：社会科学文献出版社 2003 年版,第 465 页。

味着现实世界的消亡,而是呈现出一种二元交叠的空间特性。① 虽然虚拟性的交往增多,压缩了现实公域的范围,但是被削减的范围在虚拟公域得到相应的恢复。同时,互联网技术的更替以及虚拟公域的开放性决定了在原有社会生活的基础上,公共话题的增多以及公民参与范围的扩大,从而推动了公域范畴的拓展。

第二,在互联网时代,公域整体向私域扩张。互联网信息传播之快、受众范围之广、公共影响扩散的领域之大,已经模糊了公域与私域的边界,推动公域总体向私域扩张。一是公民(网民)个人或多或少参与到各类群体当中,在享受公共福利的同时,也承担着更多公共义务,形成网状化的公共关系。二是公域与私域的边界不再是完全封闭的状态,而是产生了一定的空隙。互联网传播技术往往透过这些空隙,实现私域向公域的转化,包含私域主动向公域融合,如网民通过直播平台传播自己的表演作品,以吸引网络关注度;以及私域被动向公域敞开,如简单的时事评论有可能演化成公共事件,又如互联网平台的内部管理行为发生效力外溢,侵入私域空间当中。此外,网络众筹模式、共享模式的应用更是加剧了这种扩张,导致私域与公域深度交融,私域更容易被公域取代。

第三,公域内部的划分更加细致。网络族群以群体内同质化、群体间异质化的特点聚集在一起,这导致志趣相投的网络族群出现严重的多极化倾向。② 多极化发展证明,互联网社会已经出现比传统社会更加多元、清晰的群体结构,从而使得对应的公域空间划分也更加细致。除了群体差异因素导致了公域的相互分隔外,网络族群依托的互联网平台促成了公域的进一步划分,如平台出于利益考量,本身就会对网络族群进行切割。虽然两者存在重叠关系,但是公域内部的构成要件仍然存在差异,如权力、组织、规则、意识等内容的悬殊,决定了公域属性的不同。

(3)互联网公域内部的多重交织

其一,现实公域与虚拟公域的交织。因为早期的虚拟空间活动具有缺场性和匿名性,所以长期以来,人们将其当成是纯粹与现实空间脱节的场域。③ 显然,随着互联网技术与现实世界的融合,以及社会生活与交往场所向虚拟空间的迁移,这种认识已不能够正确反映互联网时代虚拟与现实

---

① 黄少华:《论网络空间的社会特性》,《兰州大学学报》2003年第3期。

② 郭光华:《论网络舆论主体的"群体极化"倾向》,《湖南师范大学社会科学学报》2004年第6期。

③ 陈氚:《网络社会中的空间融合——虚拟空间的现实化与再生产》,《天津社会科学》2016年第3期。

的发展形态。换言之,虚拟公域与现实公域事实上正处于互动交织的状态。一是虚拟公域的生成源于现实的需要;二是虚拟公域逐渐被赋予政治、经济、社会等现实意义;三是"线上"与"线下"的互动加剧①,虚拟公域中的交往、生活很多是现实公域的反映;四是虚拟公域的影响、波动等也会作用于现实公域,甚至引发公共危机和公共风险;五是虚拟公域的发展会最终实现现实公域的整体性改造。可见,伴随虚拟公域向现实转向,虚拟与现实不再表现为非此即彼、泾渭分明的关系,而是紧密地联系在一起。

其二,政府与社会的互动交织。无论在虚拟公域还是现实公域,政府与社会的互动都趋向频繁,呈现出由分立向交织转化的客观规律。一是网络族群的泛化以及社会生活场域的迁移,推动政府向虚拟公域延伸,催生了电子化、数字化政府的兴起;二是网络舆论、网络公共问题的生成迫使政府积极予以应对,加强政府与网民的对话;三是互联网行业协会、平台等社会主体广泛行使公权力,以及网络话语体系的建构要求政府重新审视自身功能定位并作出相应的调适;四是互联网技术拓宽了社会、公民参与公共决策的渠道,需要政府强化与社会的沟通;五是政府在应对互联网公共问题时暴露出来的滞后性,以及在应对网络社会发展时表现出来的专业性不足,要求其加强与社会主体的合作等。

2. 微观层面的公域改造

(1) 网络化逻辑与观念的转变

互联网发展对传统公域的宏观改造,形成了一种网络技术范式,推动人们重新开始审视和思考传统公域中的诸多概念范畴。由此,一种分析信息时代社会整体结构的思维和视角——网络化逻辑的生成,正推动着传统思维方式的转变。有学者提出,虚拟化、数字化、流动与弹性、全球化与个人化是网络社会的支配性逻辑②,这已形象地概括出网络化逻辑的大部分表征。随着技术的更替,多元化、智能化、专业化、真实性、不确定性等认知也逐渐充实到网络化逻辑当中,推动网络化逻辑的进一步成熟。

网络化逻辑产生于互联网时代政府与社会的蜕变,其反过来决定了大众认知与分析互联网公域的思维和方式,促进了人们观念的转变。一是强调互联网公域交往的平等观念。虚拟公域的缺场性与匿名性在一定程度上打破了现实社会固有的阶层,淡化了人们的等级观念,逐渐缩小了人与

---

①　周军杰、左美云:《线上线下互动、群体分化与知识共享的关系研究——基于虚拟社区的实证分析》,《中国管理科学》2012 年第 6 期。

②　黄少华著:《网络社会学的基本议题》,杭州:浙江大学出版社 2014 年版,第 37—39 页。

人之间的差距,使拥有不同收入水平、教育层次、家庭背景的人都能够以平等的身份在对等的平台进行交往。[①] 即便是政府与社会、公权力主体与公民之间的互动,也要求在平等的框架下展开。二是倡导互联网公域参与的自由观念。交流自由理念是信息时代的核心价值观念。[②] 互联网技术的变革和应用,打破了社会交往的限制,拓展了社会生活的空间,开放性的特质使公民自由的权利价值更加显现。可以说,自由理念引领着互联网公域的发展,吸引着网民对公域各类事务的参与。三是提倡互联网技术普及的效能理念。推动互联网技术更迭的其中一个重要因素,是公域发展对效能提升的需求。互联网技术的普及提高了人们获取资讯、传递信息以及工作学习的效率,有助于效能理念的形成和塑造。四是培育多元主体参与的合作理念。电子化、数字化政府及网络社会建设,要求政府与社会,以及社会内部的功能定位与职能分工更加明晰,要解决场域公共问题,推动互联网整体发展,需要依托政府、市场、社会的多元合作。

(2)互联网生产关系的生成

生产关系是物质资料生产过程中形成的社会关系,是关于生产的社会表现形式,如人们在生产过程中形成的地位和相互关系、生产资料所有制的形式、产品分配的模式等。互联网技术对社会生产的介入,以及网民在虚拟空间中的生产、传播与消费,极大程度地改造了生产工具、生产者以及生产对象,进而变革了生产力与生产关系,使之呈现出不同于工业生产关系的全新表征。[③] 这意味着,一种新型的生产关系在互联网公域中已逐渐生成。

一方面,互联网技术被引入到传统生产的过程当中,通过综合运用互联网操控、大数据分析等方式,提升了生产线运作的效率和产量,提高了工业生产力。如"互联网+制造业"革命的兴起,致力于推动生产线、工厂、设备、产品和客户的紧密融合,以及设备间、厂区间、地区间的互联互通,以实现资源共享。另一方面,互联网平台、网民在虚拟空间中创新生产模式,利用互联网信息技术来认识、改造和创造互联网公域环境,借助对网络信息、网络产品、网络媒介的生产、整合、共享、消费而形成新型生产关系。例如,互联网(企业)平台技术部门对网络游戏的开发和营销,网民对网络作品的

---

① 米治平:《网络时代社会交往的变化以及问题初探》,《大连理工大学学报(社会科学版)》2002年第1期。

② 郭娇:《自由与规范:网络文化的基本价值冲突?》,《西南大学学报(社会科学版)》2009年第2期。

③ 杨逐原:《网络用户劳动中的生产力和生产关系研究》,《新闻爱好者》2018年第1期。

生产、关注、订阅、传播。

（3）社会互动关系的改造

社会互动指的是人们以相互的或交换的方式对他人采取特定的行动，或者单纯地回应别人的行动。社会互动以各种各样的形式，构成了人类活动的主要部分。① 也就是说，人们在社会各个场域的沟通、交流，构成了社会生活的主要方面。互联网信息技术的应用与更替，突破了时空、地域、阶层等因素对社会互动的限制，使人际交往方式变得随时随地且灵活多变，缓解了传统以"面谈"和"信件"为主要人际交往方式的局限，提升了人们的交往能力，促进了交流互动的便利性、及时性、高效性，实现了沟通互动的最优化。由此，旧的社会互动关系正逐渐被改造，虚拟社会交往作为一种超时空性、扩张性、模糊性的新型社会互动方式已经产生。②

传统社会互动关系的改造，首先体现在社会交往范围的延伸。通过互联网平台，人们不仅强化了熟人社会的沟通联系，而且跨越了地域、种族、阶层、年龄、身份等方面的限制和差异，在超时空范围中与陌生人进行对话，为陌生交际圈子的形成奠定了基础，使群体性效应愈发凸显。其次，最大程度地避免了"社会融入问题"，使未成年人、残疾人、吸毒人员、刑满释放人员、流浪乞讨人员等特殊群体和外来工作者、移民者以及其他社会弱势群体能够顺利参与到社会互动中。③ 其三，个人行为或者私人交往常常被纳入公共评价体系当中加以评判，甚至个人隐私也面临泄露或被人肉搜索的风险，出现了大量个人被动参与社会公共互动的情形。其四，传统道德体系、社会规范体系对社会互动的制约逐渐淡化，而基于虚拟公域的生成、网络族群的兴起，社会交往伦理的作用更加凸显。

（4）"权力—权利"关系的变动

第一，公共权力的变动。互联网公域的形成与发展，推动着公共权威的重塑，使得公共权力的中心和重心发生位移。④ 一是发展互联网战略的迫切需要，以及互联网发展面临的公共问题，要求政府权力在内部进行调整分配，以匹配相应的互联网管理职能；二是互联网行业协会、平台等社会

---

① ［美］戴维·波普诺著：《社会学》，李强等译，北京：中国人民大学出版社1999年版，第116页。

② 陈晓强、胡新华：《从社会学视角解析虚拟社会交往》，《山西高等学校社会科学学报》2003年第9期。

③ 参见陈成文、孙嘉悦：《社会融入：一个概念的社会学意义》，《湖南师范大学社会科学学报》2012年第6期。

④ 参见张爱军、李文娟：《"无根之根"：网络政治社会的变异与矫治》，《河南师范大学学报（哲学社会科学版）》2018年第2期。

主体基于对用户软件、公众平台的资源供给和秩序管理而实际行使的公权力,甚至是惩戒性权力,推动了政府权力加速向社会迁移;三是随着社会生活大规模的网络化转型,社会认同也日益超越个体认同和群体认同的边界,出现深刻的变迁。[①] 社会认同基于个人情感与信念而产生,从而对传统公共权力结构进行解构和重组,动摇了传统公共权力的权威性,对其基本运行模式带来冲击;四是互联网公域的划分使公共权力逐渐分化,出现瓦解"中心—边缘"结构的倾向;五是知识、信息等资源在互联网时代与公共权力的联系愈发紧密,对知识和信息的占据、拥有、垄断往往影响着人们对客观事物的认知,以及对获取资料的需求,推动着公共权力的迁移。

第二,公民权利的变动。依托于互联网公域,公民(网民)个人向往的平等和自由得到满足,权利形态的新颖性与权利行使渠道的多样性彰显了互联网时代公民权利体系的丰富性与权利行使的有效性。一是虚拟公域的开放性、缺场性以及对平等观念的贯彻,使不同阶层、身份、年龄的公民都能够融入到虚拟公域当中,享有网络参与权和表达权。如有学者指出,"原先几乎没有话语权可言的'草根阶层'、社会边缘群体由此获得了以往无法想象的表达机会,得以多种方式介入公共领域"[②]。二是网络技术与现实世界的融合,在便利日常社会生活的同时,也丰富了公民关于网络参与的权利;三是各类互联网平台的兴起拓宽了政府与公民沟通的渠道,强化了公民参政议政以及通过网络舆论监督政府权力行使的权利意识。

第三,公共权力与公民权利互动的场所——公共领域扩张。网络族群、互联网平台、网络舆论、公共议题共同构筑了互联网公共领域的基本图景。一是网络族群的兴起将对时事政治、公共决策等相关事务感兴趣的公民汇集到一起,打通人际交往的屏障,扩大参与讨论的群体范围;二是互联网平台的迅猛发展为网民聚集参与公共决策讨论提供更加多样化的场域,以微博、微信、抖音、快手、知乎等平台为代表的多元化网络媒介早已逐步取代传统纸质传媒,成为公共舆论与公众利益诉求表达的主要渠道;三是社会主体、公民通过网络舆论监督、网络问政、网络听证、参与政府网络服务平台建设等更为多元的方式强化对政府权力的监督和对公共事务的参与,并尝试与政府建立合作关系,促使部分政府职能向公共领域转移;[③]四是参与渠道的通达、讨论过程的缺场性、自由平等观念的强化、群体聚集效

---

① 刘少杰:《网络化时代社会认同的深刻变迁》,《中国人民大学学报》2014 年第 5 期。
② 何显明:《中国网络公共领域的成长:功能与前景》,《江苏行政学院学报》2012 年第 1 期。
③ 石佑启、陈可翔:《互联网公共领域的软法治理》,《行政法学研究》2018 年第 4 期。

应等因素转变了社会以往参与政府公共决策的被动性，公民（网民）参与公共事务的主动性逐渐增强，参与的公共议题也逐渐增多。

（5）社会秩序的重构

首先，无论是网络族群在虚拟空间的兴起、社会生活向虚拟时空的转移，还是公共权力的迁移与权利体系的扩张，虚拟公域的生成必然产生社会秩序建构的需求。同时，互联网具有受众广泛、信息传播迅速等特点，一定范围内的问题或风险总能衍化成公共问题和系统性风险，从而使这种需求变得更加迫切。囿于虚拟与现实的紧密联系，虚拟公域秩序建构不能忽视其与传统公域秩序建构的逻辑关系和内在差异。一方面，传统公域秩序的形成主要围绕政府权力展开，政府是规则的缔造者和秩序的维护者。在虚拟公域中，公共权力呈现分散化的状态，其秩序建构并不必然依托于政府，社会公权力主体以及具有网络话语权的组织和个人都能对秩序建构产生影响。另一方面，虚拟公域秩序构建要契合互联网发展所遵循的自由、创新的价值追求①，这与传统公域秩序建构单纯强调安全的观念产生内在张力，故需要对两种差异化价值取向的秩序建构过程进行衔接协调。

其次，互联网时代公域与私域的边界趋向模糊，公域整体向私域扩张，这从客观上导致公域秩序与私域秩序之间的交错现象，造成公法规则与私法规则的交织、混用。传统公域与私域之间的界限分明，公域秩序与私域秩序分属不同的体系，具有不同的价值导向、利益追求、运行标准、行为规则等。② 互联网技术的更替加剧了公域与私域的转化与融通，这表明不能再简单地运用分立的秩序标准来看待互联网时代公域与私域的秩序建构和维护问题，否则会造成对公共问题的小觑或者对私人问题的干涉。相对应地，也会造成公法规则与私法规则在适用上的混乱，如运用民法规则无法解释互联网平台权力的来源与合法性问题。故应在互联网公域发展的语境下，重新审视和厘定公域与私域秩序建构及其规则实施的相关问题，如划分区分标准、适用情形、裁量基准等。

最后，互联网公域内部的细分与公共权力的分散化，以及涉及问题的专业性，决定了单纯依靠法律、行政法规、地方性法规、部门规章等由国家制定和保障实施的硬法规则难以维持互联网公域秩序的稳定，从而必然推

---

① 田飞龙：《网络时代的新秩序观与治理思维》，《国家治理》2015 年第 28 期。

② 如公域以公共利益最大化为秩序建构的价值取向，而私域则以私人利益保障为秩序建构的价值取向。

动凸显自律、柔性、专业等治理优势的软法规范兴起,并形成多元化的规范体系,为公域秩序建构提供规则支撑。此时,社会秩序的建构不再围绕政府管理一方展开,推动多元主体的合作共治成为建构互联网公域秩序的必然要求。

第二节　互联网公域治理及其兴起动因

一、治理理论模型及其基本特征

(一) 治理的理论模型

1. 西方治理理论的起源

1989 年,世界银行首次使用"Governance"(治理)这一表述,由此拉开了世界范围内对治理理论展开研究的序幕。20 世纪 90 年代中期,现代治理理论逐渐兴起于西方国家。单就词源而言,"Governance"一词源于古希腊文和拉丁文,主要表达控制、操纵的意思。在 20 世纪中后期之前,这个词与统治(Government)一词的使用并无二致,主要用来表达政府管理的活动。例如,在法文中,"治理"(Gouvernance)的含义历经中世纪、启蒙运动时期和近现代三个不同的发展阶段而逐渐出现变动。在中世纪,"Gouvernance"(治理)和统治、政府、指引等词汇有着相同的词源——"Gouverne",它们之间往往可以相互替换使用,其最原始的意思是"Gouvernail",即"船舵"。[①] 从启蒙运动时期到近现代,"Gouvernance"(治理)的词义开始转变,逐渐成为描述公民社会的兴起及其与政府关系的关键术语。

到了 20 世纪 90 年代,西方的政治学、行政学和经济学家分别结合全球化的发展背景及社会结构的深度变革,重新厘定了"治理"的内涵,并将之广泛地运用于政治、经济和社会的相关研究当中。1992 年,世界银行在其年度报告《治理与发展》中将"治理"界定为:为了发展而运用权力以管理国家经济和社会资源的一种方式。[②] 1995 年,全球治理委员会在其发表的研究报告——《我们的全球伙伴关系》中首倡治理概念,认为治理是公共

---

① 参见[法]戈丹著:《何谓治理》,钟震宇译,北京:社会科学文献出版社 2010 年版,第 14 页。

② World Bank. Governance and Development [R]. Washington, D. C. : WB, 1992, p. 1.

的或私人的机构或者个人，管理其共同事务的诸多方式的总和，它是使不同的利益得以调和并采取联合行动的持续过程。① 在此基础上，英国著名学者罗茨尝试对"治理"的概念进行较为全面客观的归纳总结，其认为治理应存在七种用法：（1）作为政府与社会的共同治理，它强调治理是政府与社会相互作用的结果，行政机关不再是单一的公权权威，所有的公共部门与私人部门都要承担管理责任。政府开始强调其与社会之间的互动性，并容纳各式各样的解决公共问题和提供公共服务的形式出现。（2）作为私营部门的治理，也被称为公司治理，主要指的是一种控制和管理商业公司的模式。由于这种模式可以给公共部门带来不同的效能，故它有时也被引入公共部门，以提高治理效率。（3）作为新公共管理的治理，指的是将私人部门及其市场激励机制引入公共服务供给当中。（4）作为善治的治理，起初主要指的是世界银行等国际组织向第三世界国家贷款所强调的原则。为了提高公共运行效率，"善治"主张引入市场竞争机制，推行国有企业私有化改革、公务员制度改革，强化与非政府组织合作等。（5）作为国际相互依赖的治理，主要用以阐释全球化背景下国家主权关系的变动。（6）作为新政治经济学的治理，即认为政府与市场、社会的关系已逐渐趋向模糊。（7）作为网络的治理，这也是罗茨本人所主张的观点。治理指代一种非正式制度，是不同部门相互影响的制度环境，即多元主体用非正式的方式组织起来的，并用一致认可的规则建立相互联系的模式。② 由此可以得出，西方学者阐述的治理理论主要包含如下内容：一是治理主体是不单纯局限于政府部门的社会公共机构；二是其自身在解答社会问题的过程中，在责任方面存在模糊性；三是多元化的公共组织在合作中的权力依赖关系；四是其主要表现为多元主体在合作网络中的自治状态；五是治理效能的发挥不单纯依赖于政府权力和政府权威。

西方学者对治理的理性认知与其发展的特定背景相关联。他们大多认为，"治理"出现的重要原因在于：（1）传统的政府机制和市场机制面临危机；（2）传统的政府管理模式难以妥善应对这些新挑战；（3）全球范围内出现了对新环境具备更强回应性的模式。③ 可以说，面对日趋纷繁复杂的

---

① Commission on Global Governance，Our Global Neighbourhood［R］. Oxford：Oxford University Press，1995，p. 2.

② R·A·W·Rhodes，Governance and Public Administration，see Debating Governance，Edited by Jon Pierre［M］. Oxford University Press，1992，pp. 56 - 60.

③ F Merrien. Governance and modern welfare states［J］. International Social Science Journal，1998,50(155)：57 - 67.

社会生活,单纯依托政府一方的管理显然已经难以准确判断和避免公共场域失序的问题,难以满足公民对公共产品供给的需求。各式各样的公共问题、日渐沉重的福利负担,充分暴露了政府管理自身的缺陷和无力。相反,强调政府、市场和社会多元共治的治理理论和模式可以有效破解上述困境,并以灵活性、专业性、多样性的治理方式充分回应全球治理需求。显然,就治理演变路径来看,治理的方式正在发生变化——越来越依赖于跨越组织、机构和部门界限的公共、私营和非营利行动者的互联互通网络以提供公共服务。①

2. 中国语境下的治理理论及概念界定

全球化的大潮席卷而来,治理作为发达国家学界研究的前沿热点问题,也逐渐引起我国学者的关注。尤其随着我国市场经济的发展,传统的政府管理模式日渐暴露一些弊端,由此加快了学界对治理理论展开研究的脚步。

(1)治理理论的引入

西方治理理论是从20世纪20年代末至21世纪初开始进入我国政治学、行政学研究视野的。前期在翻译治理理论相关著作时,我国学者就尝试立足中国语境对治理的概念进行剖析、理解和运用,并从不同的角度切入,对之进行阐释,由此创造了众多相关的概念范畴,如公共治理、合作治理、多中心治理、政府治理、社会治理等。经济全球化推动市场经济、公民社会飞速发展,为我国传统政府管理带来了前所未有的挑战。推动行政体制改革、转变政府职能,成为解决社会公共问题与化解公共危机的必然选择。政府管理的困境决定了引入新的理论以支撑制度变革的必要性。鉴于我国推进政府治理体制变革的现实需要,绝大多数学者开始研究政府权力行使的范围以及方式、功能的流变。因此,在反思传统国家管理与公共管理理论的基础上,我国学界对"治理"的相关研究形成了具有一定本土性的理论范式。周雪光教授认为,治理理论研究存在两条主要的逻辑线索,分别是中央权威与地方权力间的关系,以及国家与民众间的关系。② 无疑,我国学者更关注后一种逻辑,这实质上反映了学界密切关注市场、社会逐渐从国家分离的发展趋势。多数学者认为,治理变革的核心内容是重新厘定政府职能,厘清政府、市场、社会以及公民的关系。在此基础上,我国

---

① Aaron Wachhaus. Governance Beyond Government [J]. Administration and Society,46 (5):573 - 593.

② 周雪光:《权威体制与有效治理:当代中国国家治理的制度逻辑》,《开放时代》2011年第10期。

学者又进一步从公共产品供给、公共行政变革等角度切入，对治理进行分析。例如，提出公共物品的有效供给要重新界定政府职能范围，推动产品供给的组织模式多样化，并重构行政组织的观念。在界定治理的概念范畴时，我国学者主要围绕政府权力运行的有效性来展开，关注新行政行为的评价标准，通过构建政府服务市场运行的制度来提高行政效率。[①] 显然，以政府权力运行为切入点对治理进行阐述，会导致最终对治理变革的认知都局限于政府角色转型这一相对狭窄的维度，难以观测到治理变革的全貌。故围绕侧重点的差异，学界所提出的整体性治理、合作治理、协商治理等不同的治理理论模型，从不同角度揭示了治理的整体性、平等性、协商性，都具备一定的影响力。

（2）治理的概念界定

基于理论研究侧重点的差异，我国学界对"治理"概念的界定众说纷纭，未能达成基本共识。部分学者在对"治理"相关内容展开研究时并未对其概念直接做出界定，而是从理论层面对其基本内涵、基本特征、构成要素等内容进行归纳。俞可平教授率先在国内提出"治理"与"善治"的概念，其认为"治理"是政府或社会的公共管理组织在一定范围内运用公共权威维持秩序，满足公众需求的活动，是一种公共管理活动和过程，具体包括权威、规则、机制和方式等内容。其目的是在相互差异的制度框架体系下运用权力去引导、规范以及规制公民的各类活动，以最大限度地保障公共利益。[②] 可以看出，无论从公共产品供给还是从公共行政变革的角度来看，对"治理"的探讨都难以忽视其自身的公共属性。故也有学者认为，治理是指在尊重自组织网络治理的基础上，由政府参与其中并发挥"元治理"作用，政府和自治组织通过协商合作形成互动型的治理网络，并共同谋求公共利益最大化的治理形式。[③]

党的十八届三中全会提出，全面深化改革的总目标是完善和发展中国特色社会主义制度，推进国家治理体系和治理能力现代化。自此，学界开始将治理理论与国家治理的发展背景和现实需求结合起来加以阐释。何增科教授认为，国家治理是一个中国化的概念，它是国家与治理的有机统一，是国家政权的所有者、管理者和利益相关者等多元主体在国家的整体范围内，对社会公共事务管理展开合作，其目的是维护公共秩序，增进公共

---

① 孙柏瑛：《当代政府治理变革中的制度设计与选择》，《中国行政管理》2002 年第 2 期。

② 俞可平：《全球治理引论》，《政治学》2002 年第 3 期。

③ 曾正滋：《公共行政中的治理——公共治理的概念厘析》，《重庆社会科学》2006 年第 8 期。

利益。① 从涵盖的范围来看,国家治理包含政府治理,其要求推进行政体制改革,优化政府结构,转变政府职能,健全政府内部合理的职权配置;包含市场治理,要求深化经济体制改革,处理好政府和市场的关系,发挥市场在资源配置中的决定性作用;包含社会治理,要求创新社会治理体制,改进社会治理方式,激发社会组织活力,构建公私合作伙伴关系,并引导公民参与社会治理。②

可见,无论从何种角度切入对"治理"概念进行阐释,尽管存在侧重点和范围的差异,但是总体上都呈现出小政府、合作型治理、善治、自组织网络等共同追求,包含自下而上的公民参与、多中心治理、构建社会合作网络体系、社会资本参与治理等治理思想和理念。③ 故综合来看,笔者认为,治理是指政府、市场、社会、公民等多元主体依托正式制度与非正式制度,运用强制、协商、合作等多样化的方式参与到公共秩序维护、公共产品供给等公共活动当中,以最大限度地促进和保障公共利益的持续互动过程。

(二)治理模式的基本特征

全球治理委员会在研究报告《我们的全球伙伴关系》中进一步阐明治理的特征:(1)治理不是一套静态的规则,也不是一种活动,而是一个过程。(2)治理过程不表现为控制,而应当是协调。(3)治理不仅涉及公共部门,而且关涉私人部门。(4)治理不是一种正式的制度,而是持续性的互动。④

将统治与治理进行对比可以直观地发现,统治是政府依托垄断性、强制性的国家权力对社会进行全面控制的活动,治理则是各类社会主体共同运用公共权威来提供公共产品、维护社会秩序的活动。两者具体存在如下区别:(1)统治的主体是单一的,就是政府或其他国家公共权力主体,而治理的主体是多元的。(2)统治的实现通常是带有强制性的,而治理的实现虽然也需要依靠强制,但是更多是采取协商的方式。(3)统治的权力依据是以强制力保障实施的国家法律,而治理的依据除了法律法规以外,还包含各类非强制性的契约性文件。(4)统治的权力运行向度是自上而下的,而治理则可以是自上而下、自下而上或者是平行的。(5)统治的范围以政府权力所及的场域为边界,而治理的范围则以整个公域为边界,显然后者

---

① 何增科:《国家治理及其现代化探微》,《国家行政学院学报》2014年第4期。

② 许耀桐、刘祺:《当代中国国家治理体系分析》,《理论探索》2014年第1期。

③ 夏建中:《治理理论的特点与社区治理研究》,《黑龙江社会科学》2010年第2期。

④ Commission on Global Governance. Our Global Neighbourhood [M]. Oxford: Oxford University Press, 1995, p2.

比前者的范围要宽泛得多。① 相对于管理模式而言,治理模式克服了管理模式的单向性、强制性、刚性等弱点,其强调人性化的制度安排,倡导社会、公民的主动参与,尝试推行有条件的自治等。治理模式的复合性体现于治理关系的合作性、治理手段的多样性以及治理模式的灵活性。②

总体而言,治理的基本特征体现为:治理主体是一系列来自政府和不限于政府的社会公共机构;治理方式是以协商合作、平等互动为主导;公共权力的运行向度体现为多元的、相互的,而不是单一的或者自上而下的;目标指向上表现为要弥补国家、市场和社会在调控和协调过程中的欠缺和不足。③

二、互联网公域治理的现实图景

恐怕只有用"嵌入"一词,才能形象地呈现和表达出互联网时代公域的发展与治理模式互为表里、相辅相成、难以割裂的关联性。换言之,随着互联网公域的发展,治理模式正逐步嵌入到公域运行过程中,其既体现了互联网时代公域发展的客观规律,也凸显了互联网公域秩序建构、公域自身发展同治理模式兴起在时代背景、演变趋势和基本内容上的内在契合。

(一) 互联网发展理念与治理理念相契合

互联网发展理念是贯穿互联网产生、发展、转型的全过程,有效指导和引领互联网技术研发、平台运营、产品投放、服务供给、产业转型等活动的价值观念。显然,随着互联网自身功能的丰富与应用的拓展,其发展理念也经历了一个不断衍化变迁的过程。例如,在发展前期,互联网更倾向于通过一种信息通讯技术的应用,拓宽信息传播的范围,提升联通互动的效率,故互联、高效是该阶段推进互联网发展的核心观念。随着互联网技术不断更替并开始广泛融入人类政治、社会生活当中,互联网发展理念也逐渐超出技术维度,与人们的政治社会生活诉求相结合,表现为平等、自由、开放、多元、便利、专业、智能、共享等观念。尤其伴随着互联网对传统公域的介入和改造,互联网发展理念也在互联网公域中得以深化,表现为一种网络化逻辑和观念的生成。

网络化逻辑和观念的生成,从根本上决定了网络族群与网民,甚至普通公民将以怎样的主观意识和态度来感知和看待互联网公域的运行现状和发展趋向,并在此基础上思考以何种方式准确把握互联网公域的运行规

---

① 俞可平:《推进国家治理体系和治理能力现代化》,《前线》2014年第1期。
② 汤梅、卜凡:《论现代国家治理体系中的政府权力配置与运作》,《探索》2014年第1期。
③ 俞可平:《治理和善治:一种新的政治分析框》,《南京社会科学》2001年第9期。

律,以及满足互联网公域的发展需要。与此相类似,治理模式在价值理念层面同样表现为多元、服务、合作、共享、高效等。① 同时,治理的兴起与互联网发展具有同步性,其本身也体现了对智能、数据等观念的吸纳。由此可见,治理理念与互联网发展理念,尤其是互联网公域的网络化逻辑与观念存在较大程度的契合,具体表现为:(1)互联网时代公域良性发展的规律与治理所倡导的公域运行的基本规律具有一定的一致性。(2)互联网公域的发展目标与治理的目标导向相吻合。(3)互联网公域发展的现状形成了贯彻治理理念的基础,或者说治理理念随着互联网公域的发展而得到丰富和深化。可以说,互联网公域治理的基本原则与终极目标是要立足于多主体的治理架构,还原互联网的民主属性,以形成自主、自觉、自治的网络舆论平台,并在自律性、自发式的网络环境中推动多种意见的交流与碰撞。② 基于这种理念上的契合性,治理理念不仅可以调动政府、社会组织、互联网平台等多元主体协商互动的积极性,以指引互联网公域秩序的建构,还可以摆脱思想上的桎梏,坚持互联网的去中心思维、人本思维等③,以引领互联网公域的良性发展。

(二)多元治理主体在互联网公域的汇集

互联网发展对传统公域的现实改造,最为显著的特征在于公共权力的迁移或者公共权威的重塑。虚拟公域的生成、公域内部的多重交织、公域的扩展与细分、权力—权利关系的变动等,凸显了互联网公域的发展规律。网民数量暴增,网络族群迁徙及网络平台的兴起,以及群体特征、公共话题、信息资源、话语体系等内部诸多因素的变动,引发了公域的整体流变。政府不再是维持公共秩序、提供公共产品、引导公共话题、掌握公共资源、管理公共事务的唯一主体,而是与互联网行业协会、平台等社会主体,以及网络族群及其"群主"、新兴的信息资源垄断者、网民等多元主体,共同构成了互联网公域的协同治理结构。

第一,本应由政府行使的权力逐渐向市场、社会迁移。与此同时,基于对信息资源、用户软件、公众平台的资源供给,以及对互联网公域秩序的建构,一些由互联网行业协会、平台等社会主体掌握的新型公权力正在公共

---

① 韩兆柱、翟文康:《西方公共治理理论体系的构建及对我国的启示》,《河北大学学报(哲学社会科学版)》2016年第6期。

② 张卓、王瀚东:《中国网络监管到网络治理的转变——从"网络暴力"谈起》,《湘潭大学学报(哲学社会科学版)》2010年第1期。

③ 杜小勇、冯启娜:《"数据治国"的三个关键理念——从互联网思维到未来治理图景》,《人民论坛·学术前沿》2015年第1期。

治理活动中得到广泛应用。一方面,互联网公域的虚拟性、技术性、创新性,以及网民对互联网公域治理的需求,给政府的职能履行带来了巨大的负担,使其不得不尝试与社会主体合作,探索和创新公域秩序维护和公共产品供给的方式,从而持续推动政府权力的迁移。正如有学者提出的,与互联网的自身特点和"善政"的构成要素相契合,有效的互联网治理模式可以划分为放松式、参与型、服务型与弹性化。[①] 另一方面,互联网行业协会、互联网平台等社会主体基于对网络族群和网民的治理而实际行使着公权力,甚至是惩戒性权力等新型权力。第二,互联网公域的发展,尤其是公域内部结构的细分,为社会认同的深刻变迁奠定了基础,而社会认同的变化也进一步对公域结构产生影响。多元的社会认同能够通过群体的情绪反映以及群体效能路径,影响现实或网络集体行动参与。[②] 换言之,社会认同相统一的群体,最终也会对公共事务的决策产生影响。第三,在互联网公域中,占据和垄断着知识和信息的主体往往形成了某种话语权,从而足以影响公共政策的制定和实施。并且,这些主体并不局限于组织,也有可能是个人。第四,公民(网民)个人向往的平等和自由在互联网公域当中得到满足,权利体系的丰富性、权利行使的有效性以及权利行使渠道的多样性,使公民能够监督公共权力行使,从而参与到公共事务治理当中。可见,在互联网公域当中,多元主体基于公共秩序的构建、公共产品的供给、公共关系的维护等需求,参与到公共事务的共治和自治当中。

(三) 多样性治理方式在互联网公域的生成

显然,无论是政府权力向社会迁移而产生的共治,还是互联网行业协会、平台等社会主体基于自身公权力行使而形成的自治;无论是网民或者网络族群主动参与公共议题讨论,还是政府与社会公权力主体主动向网民开放公共事务参与的渠道,多元主体对互联网公域的治理必然依赖于特定的治理方式才能实现。换言之,互联网公域治理以寻求治理方式的有效适用为主要纽带,探索与公域治理结构相匹配的治理方式是实现多元主体协同共治的重要前提。

总体而言,民主协商、平等合作、智能高效、刚柔并济等,构成了互联网公域治理方式的外在特征和内在价值,也彰显了治理方式的多样性。其

---

① 段忠贤:《网络社会的兴起:善政的机会与挑战》,《电子政务》2012 年第 10 期。

② 薛婷、陈浩、乐国安、姚琦:《社会认同对集体行动的作用:群体情绪与效能路径》,《心理学报》2013 年第 8 期。

一,民主协商、平等合作成为互联网公域的重要治理方式。① 一是从政府内部维度看,政府各部门通过合作的方式强化职能的联动,以有效应对网络犯罪、公共舆论危机等综合性互联网问题。二是从政府外部维度看,政府权力向社会迁移需要通过协商合作的方式加以有效推进。政府要通过发挥互联网社会组织、平台所具备的专业性、技术性等优势,化解网络公共风险、防止公共问题扩散,以及推动公共产品供给,其在大多数情况下会选择平等合作的形式与社会主体厘定各自的权力(权利)义务关系。三是多元化、便利化的参与渠道决定了公民参与的可行性,网络舆论对公共权力行使的监督提升了政府行政的透明度②,也使公民参与协商的重要性愈发凸显。尤其是针对事关公民权利的公共决策,公民参与协商的方式更加多样化。其二,智能高效是互联网公域治理方式的重要特征。网络族群及虚拟公域的生成,迫使政府公共权威在向虚拟公域迁移的同时,加快大数据、人工智能等互联网信息技术的应用,通过完善政府门户网站,推动智慧政府构建,从而保证公民能够获取更多政府信息,为公民提供更为全面便捷的服务。③ 同时,政府门户网站、客户端、公共服务在互联网平台的植入等数字化、智能化渠道的构建也满足了网民对治理高效性的需求,尤其是对快速应对突发性事件的需求。其三,“刚柔并济、软硬兼施”也是互联网公域治理方式多样性的重要表现。互联网公域治理倡导以人为本、开放多元、权利平等和公平正义等价值理念;互联网技术更替快,发展规律多变;互联网社会主体承担科技创新、产业创新的重要使命等多重因素,共同决定了仅仅依靠以命令、强制为特征的监管方式,难以有效回应互联网公域治理的需求。大量以行政指导、行政约谈等为代表的非强制性治理方式被广泛应用到互联网公域秩序建构、公共产品供给等公共事业建设当中。同时,政府与社会资本合作、公共服务外包等合作治理方式,也凸显了互联网公域治理的柔性化特征。当然,基于对公域整体性风险防控的需要,互联网行业协会、平台等社会主体在各自治理的公域范围内,也开始频繁使用禁言、禁号、注销甚至惩戒等强制性措施。可见,在柔性化治理方式发展的同时,刚性的治理方式也并非由此消亡,而是以另一种形式得到强化,从而形成软硬兼施的多样性治理格局。

---

① 田丽:《推动建立新型互联网治理体系》,《人民日报》2016年1月6日第7版。
② 顾丽梅:《网络参与与政府治理创新之思考》,《中国行政管理》2010年第7期。
③ 于施洋、杨道玲:《大数据背景下创新政府互联网治理》,《光明日报》2013年3月23日第6版。

（四）复合性治理规则在互联网公域的适用

互联网公域治理规则是指多元治理主体维持互联网公域秩序、公共服务和产品供给、网络公共舆论引导等公共事务治理所依据的行为规范。互联网公域治理方式的多样性，往往依托于治理规则为之提供合法性依据，由此也使治理规则呈现出复合性的特征。互联网公域治理规则的复合性不仅体现为治理规则的多样性，还展现为多样性的治理规则相互交织，拥有各自适用的情形和场域。

第一，遵从依法行政原则的基本要求，政府在互联网公共风险防控、公共问题监管等公共事务中应用的行政处罚、行政强制等损益性行政行为必然要通过适用法律、行政法规、地方性法规、部门规章、地方政府规章等规范性文件来获取行为的合法性。第二，国家层面为鼓励互联网技术的开发和应用、引导互联网行业自治、提倡互联网产业转型等，制定了决定、纲要、指南等具有指导性、号召性、激励性的政策文件。第三，互联网行业协会、互联网企业、互联网平台通过出台和适用行业公约、行业标准、管理章程、平台管理规约、企业联合倡议以及企业内部管理规定等规范性文件，共同维护互联网公域的秩序稳定和良性发展。第四，不同的虚拟社群、网络族群出于自我管理的需要，形成了多元化的交往规则。① 第五，不同的价值观交汇，在不同的互联网公域范畴当中形成了交往伦理规则②，甚至从互联网公域自治层面来看，这些伦理规则的约束力并不亚于法律法规，因为违背这些规则的网民有可能被驱逐出网络族群或平台场域。可见，多样性的治理规则在互联网公域治理中发挥着重要作用，由此共同构筑起多元化的互联网公域治理规范体系。

三、互联网公域治理兴起的动因

互联网公域的治理图景凸显了治理模式在公域的嵌入，标志着互联网公域治理的全面兴起。这应归因于主客观因素的共同影响。从主观层面看，伴随着互联网公域的发展而出现的诸多公共秩序问题，暴露了传统政府管理模式存在的弊端；从客观层面看，互联网时代公域发展的基本规律，揭示了其与治理的内在契合，并为治理模式的兴起提供了重要基础。就自身发展需要而言，治理的嵌入必然推动互联网公域的良性发展。

---

① 黄少华著：《网络社会学的基本议题》，杭州：浙江大学出版社 2014 年版，第 81 页。

② 谭天、曾丽芸：《伦理应该成为互联网治理的基石》，《新闻与传播研究》2016 年增刊。

(一) 传统政府管理模式难以应对互联网公域问题

显然,当公共秩序的建构模式与社会发展的客观规律出现脱节甚至背离时,必然要求对既有的管理模式进行改造。互联网公域的发展并未同步改变传统以政府为主导的管理模式,导致公域秩序混乱、公共产品供给不足、公权力行使缺乏有效规制等问题。换言之,传统政府管理模式难以应对互联网公域问题,是互联网公域治理兴起的主观缘由。

从外在表现来看,互联网公域发展的速度与传统政府管理模式转型的速度并不成正比,互联网公域的整体性扩张并未引起政府管理的足够警惕,抑或者说政府已经感知到公域问题的频发和公域需求的变动却难以招架,从而导致互联网公域内部的深层矛盾不断演化。一般认为,传统的政府管理模式区别于我国发展早期的国家管理模式,是由以国家(政府)为单一主体,以管理结构封闭、管理方式机械、管理效率低下为主要特征的国家管理模式的转型升级。以政府为主导的公共管理模式相对于国家管理模式,开始强调管理的市场化、参与度以及灵活性,从而向第三部门开放了公域事务管理的场域①,让其开始参与公共产品的供给,以提高政府服务效率,由此出现了多元主体参与公共管理的雏形。虽然随着我国市场经济的发展,以及政治体制改革与市场经济体制改革的不断推进,以政府为主导的公共管理改革(或称公共行政改革)逐渐兴起并向纵深发展,如更多的非营利性组织参与到公共管理活动中,公民参与的权利也逐渐凸显等,但是相较于互联网公域发展的基本规律而言,其仍然暴露出诸多不适应性。一是网络安全、网络犯罪、网络暴力等互联网公域问题频发,暴露了政府管理模式在虚拟公域秩序建构中的缺位和失位。二是网络公共舆论导向偶尔失控,表明政府在舆论引导层面的话语权大大减弱。三是公民对互联网工作生活便利性、高效性的需求得不到相应的满足,反映了政府在公共产品,尤其是技术性产品供给上的不足。这本质上揭示了政府管理改革的进程难以适应互联网公域整体结构日新月异的变化,面临滞后性困境。

从内在机理上看,许多学者早期都将互联网公域当成一种理想化的社会,认为其"自由而不混乱,有管理而无政府,有共识而无特权"。② 事实上,在互联网公域中,社会公共问题呈碎片化分布、公民需求呈现多样化和个性化、公共风险突发性增强,这给既有以单向管理、线下治理和政府主导

---

① 参见滕世华:《公共治理视野中公共物品供给》,《中国行政管理》2004 年第 7 期。
② [美]劳伦斯·莱斯格著:《代码》,李旭译,北京:中信出版社 2004 年版,第 4 页。

为主要特征的监管模式带来了巨大挑战。①（1）传统封闭、单向、强制的政府管理观念与互联网公域开放、互动、平等、协商的观念存在冲突，无法为互联网公域的良性发展提供基本的价值引领。互联网思维强调扁平化、交互式、快捷性，必然推动政府管理理念的创新，以引领政府管理模式的整体转变。（2）传统垂直式、单一化的政府管理结构已不能适应扁平化、分散化的互联网节点分布。互联网公域中，虚拟公域的生成、社会结构的转型等因素导致单纯依靠政府管理难以应对繁杂琐碎、专业新颖的公共问题，无法满足日趋多元的利益诉求。故需要重塑互联网治理的内在逻辑，通过统筹政府职能部门、社会组织和公民对公共问题展开多元化治理，才契合互联网发展的内在规律。②（3）传统政府管理手段较为单一，以行政监管为主，以行政指导、行政协议为辅的管理方式表明，政府在与市场、社会的关系中依然处于支配性地位。单一、刚性的监管方式使政府与互联网社会主体处于相互抗衡的状态。政府以维护社会公共秩序为首要目标，容易僭越互联网社会自治的范畴，忽视互联网行业协会、平台等社会主体的技术性优势和话语优势，与社会主体、公民的地位呈现不平等性。同时，以政府为主导的管理方式忽视了其自身与社会组织、公民在互联网公共领域的沟通协商，未能遵循公民权利扩张的基本规律，仍然采用"命令—服从""违法—制裁"的规制手段，容易引起政府权力与市场、社会的直接对抗和冲突。（4）传统政府管理方式的刚性、单一性，使互联网公域治理规则也相应地呈现出强制性、单调性的特征。其往往仅注重发挥传统以国家强制力保障实施的硬法的作用，从而忽略了多元化治理规则的应用，导致规则体系的滞后性日渐凸显，难以满足互联网公域的治理需求。

（二）互联网公域发展为治理展开提供必要基础

毋庸置疑，治理必须要依托于一定的客观环境和生长土壤才得以兴起，互联网公域的发展恰好为治理的进一步展开提供了必要基础。

从主观逻辑理念的发展来看，早期互联网发展所设想的技术逻辑随着技术本身的广泛普及和向社会的逐步渗透，呈现出超出技术范畴原本所指向的实验科研、便利交流等应用式场景的趋势。也就是说，在互联网公域逐渐发展的过程中，技术的社会化过程逐步受到社会逻辑、商业逻辑和政治逻辑的共同影响。③而技术逻辑的演变，主观上体现了人们对待互联网

① 王仕勇、张成琳：《利用互联网推进社会治理精准化》，《重庆社会科学》2018年第8期。
② 张化冰：《中国互联网治理的困局与逻辑重构》，《学术研究》2017年第12期。
③ 周煜：《技术逻辑之殇——论互联网治理之缘起》，《新闻界》2009年第2期。

技术应用的不同态度。当人们开始跳出技术逻辑的框架,思考技术应用引发的政府转型、社会变迁等趋势,以及技术应用对生产关系、社会互动关系、权力—权利关系、社会秩序等方面产生的冲击时,便自然而然开启了对既有政府管理模式的反思,并对怎样维护互联网公域秩序、提供公共产品和推进互联网发展展开深入探讨,由此萌发了引入公共治理模式的主观愿望。换言之,在技术逻辑、商业逻辑、政治逻辑的共同作用下,互联网公域发展促使政府、社会、公民对公权力的运转形式、制度规范的框架体系等内容进行反思,为治理理念的生成、治理模式的兴起奠定了思想基础,形成了互联网治理的逻辑脉络。

从客观发展规律来看,互联网技术变革推动了传统公域的发展,对传统公域的诸多方面已经或正在进行全面的改造,使公域呈现出一种全新的图景。互联网公域发展不仅推动着治理理念的转型,更为治理模式的嵌入提供了客观基础。(1)互联网发展对传统公域的解构,突出了引入治理模式的迫切性。互联网技术已然变革了传统纸质媒介时代的社会交流方式、社会组织与网络舆论的生成方式、政府和社会的整体结构等,在促进社会互动关系演变的同时,也极大地削弱了个人对公共权威的依附关系,使传统科层式、单核式的金字塔型权力结构逐渐瓦解。互联网公域秩序的建构、公共产品的供给,迫切需要发挥多元主体的功用,整合新的权力结构,架构新的规则体系等,从而反映了对构建多元共治的治理模式之需求。(2)互联网发展对传统公域的重构,决定了治理变革的必然性。互联网发展对传统公域的解构,为公域的秩序稳定和良性发展带来了冲击和压力,其对公域治理变革与治理能力的提升提供了重要契机。一是虚拟公域的生成拓宽了传统公域的空间,其与现实社会相对独立而又联系密切。在虚拟公域秩序建构、公共舆论引导、公共产品供给等公共事务中,政府并不占据主导地位,基于技术垄断掌握着大量信息资源、用户资源的互联网行业协会、平台等社会主体反而占据着得天独厚的优势,这为政府与社会主体共同参与虚拟公域治理奠定了基础。二是在互联网公域中,借助于互联网信息媒介,公民对公共事务的参与权、对公权力行使的监督权、对公共议题的表决权等权利行使的渠道愈发多元化,这为动员多元主体广泛参与互联网公域问题治理搭建了桥梁。三是互联网公域的良性运转不仅要有国家强制力保障实施的硬法规范作为支撑,还需要以互联网行业规范、行业标准、行业公约以及平台管理规则、管理倡议等软法规范作为保障,从而凸显了软法规范的价值功能,并对软法规范的正确适用提出要求。四是互联网的发展变革了传统生产关系,强化了市场对资源的配置,凸显了社会自身存在的重要性，使政府与市场、社会的地位日趋平等，进而推动了以往政府与社会"命令—服从"的单向关系逐渐向平等协商的互动关系转型。由此可见，互联网公域发展为治理的引入和展开提供了必要基础，治理模式充分回应了现代政治从精英型政治向大众化政治转变的需求，为公民积极参与互联网公域治理提供了理论支撑，也回应了互联网公域复杂性对传统政府管理模式构成的挑战。互联网时代公域发展形成的权力结构、权利体系、规则体系与治理模式的基本内涵存在高度契合性。例如，都主张由科层制式的"命令—服务"型关系转向相对平等的关系；都主张从单一的公权力主体转向多元化的公权力主体；都强调协商、合作、服务的重要性等。因此，对理论模型进行研判可以发现，治理理论相对更容易在互联网公域秩序建构与服务供给中付诸实践并取得显著的成效。互联网公域治理极有可能走在其他治理领域的前列，成为国家治理体系与治理能力建设的重要着力点和突破口。①

（三）治理模式选择为互联网公域发展释放空间

互联网公域发展是一个可持续的过程。随着网络信息技术的不断更替和普及应用，互联网公域必然呈现出不同于当下的另一番景象。当然，其前提在于，要形成一套良善的治理规则。治理模式的引入，能够为互联网技术的研发、应用和推广提供一个开放、包容的环境，能够充分回应互联网公域发展的现实需要，推动互联网公域的良性发展，并为之释放充足的空间。

在互联网公域治理中，只有内部的权力结构与治理结构相互呼应，才能够影响传统经济社会结构的发展演变。② 倘若没有形成与之相对应的治理模式，互联网公域发展必然陷入停滞不前的困境或者出现畸形化的现象。传统政府管理模式在互联网公域秩序建构与服务供给中的适用是基于虚拟与现实对立、政府与市场治理对立、全球与本土治理对立等二元对立的逻辑而展开的。显然，这种立足于二元对立逻辑而形成的管理模式，与互联网公域发展所追求和倡导的多元共治的内涵和目标相违背。③ 随着互联网技术的日新月异，互联网公域问题解决的滞后性日渐突出，传统政府管理模式存在专门立法相对滞后的问题，且政府干预过度；行政监管

---

① 熊光清：《互联网的发展与治理变革》，《哈尔滨工业大学学报（社会科学版）》2018年第5期。

② 张晓：《网络空间权力分析》，《电子政务》2018年第5期。

③ 顾洁：《新制度主义理论下的互联网治理模式与理论框架重塑》，《新媒体》2016年第1期。

"九龙治水"的现象严重,如职能交叉、权责不一、效率低下;政府内外部信息交流不畅。这些问题需要通过将治理模式引入互联网公域加以解决。从互联网管理向互联网治理转变,意味着从政府主导的管理方式转变为政府、市场、社会参与合作的多元治理模式。[①] 此时,互联网行业协会、平台等社会主体可以充分利用其专业性、灵活性、主导性,发挥其在互联网公域秩序建构中的独特优势;公民可以借助多样性的网络渠道,参与到互联网公共决策制定当中,形成对政府、社会公权力行使的有效监督等,从而推动互联网公域的良性发展。

如果说解决传统政府管理模式面临的问题是减轻互联网公域发展面临的阻力,那么建构开放型、创新型互联网治理模式便是推动互联网公域发展的动力。对互联网治理的现状进行分析可以发现:第一,互联网多元化治理的核心内容是推动政府转变职能,简政放权,实现政府权力向市场、社会的迁移,充分尊重社会、市场的自主经营权、创新创业权。政府对互联网技术创新、互联网技术投放、互联网技术应用开发等创新行为持包容审慎的态度,采取事中事后监管的方式。就互联网技术研发、推广的需求而言,这从本质上为互联网企业、技术研发机构等主体的创新释放了充足的空间。同时,互联网公域治理模式可以弥补传统政府管理模式在互联网信息技术保护上的滞后和不足。通过创新监管方式、及时更新技术认定标准、加大侵权惩处力度等手段,为互联网企业、技术研发机构等主体的技术产权提供基本保障,从而为其提供一个安全稳定的创新环境,提高其参与技术创新的信心和动力。第二,在互联网公域发展过程中,生产生活资料向虚拟公域的转移、虚拟与现实的交互、政府与社会的交织、公共权力(权利)义务体系的重构、公共舆论的传播与影响等都具有双重属性。当治理模式能够为其发展提供正确的价值引导和统筹规划时,便能推动互联网公域整体进入良性发展的轨道。以互联网公共舆论的传播为例,网络公共舆论发展在有效监督政府、培育社会道德风气的同时,也面临着信息内容纷繁复杂、良莠不齐等问题。网络水军、网络推手以及网络公关公司借助互联网公共舆论博取公众眼球、谋取利益的事件时有发生,以网络谣言博出名、依靠网络谣言牟利的行为屡禁不止,使互联网公域的正能量未能得到传播,各行动者如一盘散沙。[②] 此外,互联网"草根力量"在公共领域中以

---

① 张志安、吴涛:《国家治理视角下的互联网治理》,《新疆师范大学学报(哲学社会科学版)》2015年第5期。

② 梁莹:《网络世界的合作治理:服务型政府的选择——以南京市的调查为例》,《公共管理学报》2013年第10期。

维护其利益为目的,运用互联网技术广泛发起抗争性集体行动。草根运动在互联网公共领域的兴起,是社会转型时期贫富分化的体现,也是互联网公域权力重新分配的表征。草根运动以借助公共舆论批评监督、网络参与政府决策等形式存在,在促进国家、市场、社会三者关系优化的同时,也可能给公域秩序稳定带来极大的难题。① 面对这些问题,只有通过引入治理理论,建构互联网公域治理模式,坚持引导与规制并举、现实治理与虚拟治理并重的基本原则,才能充分发挥互联网公共舆论引导的正面作用,才能引领不同群体、不同阶层的网民正确使用网络技术和平台表达合理的诉求,才能指引互联网公共舆论的传播、影响和监督,使之成为互联网公域治理体系的建设性力量而非颠覆性力量。

第三节 互联网公域治理与行政法的逻辑关系

互联网公域治理在破解传统政府管理模式存在的问题,推进互联网公域良性发展的同时,也面临着治理失败的风险。故互联网公域治理的实现,需要充分发挥法治的保障和引领作用。在互联网公域治理中,治理观念的塑造、公共权力机制的构建、治理行为形式的拓展、规则体系的扩容等必然要求公法,尤其是行政法对之加以关注,并进行相应的调整。可见,互联网公域治理与行政法存在一定的逻辑关系。行政法是主要调整公域治理活动的法,公域治理的范畴决定了行政法调整的范围,公域治理的整体变迁推动行政法的发展。互联网公域治理是公域治理的一种发展形态,其随着互联网技术的升级改造和广泛应用而处于持续变化革新的状态,从而成为行政法需要予以关注的新领域。应对互联网公域发展的趋势,需要同步推进行政法发展,以提升互联网公域治理能力,构建互联网公域治理体系,支撑和保障互联网公域治理的有序展开。

一、行政法：关于公域治理的法

（一）公域治理主要仰仗于行政法的调整

法治是国家治理的基本方式②,公域治理是国家治理的重要组成部分。故在一个奉行法治的国家,公域治理必须在法治的框架下运行,才能

---

① 谢金林：《网络空间草根政治运动及其公共治理》,《公共管理学报》2011 年第 8 期。

② 张文显：《法治与国家治理现代化》,《中国法学》2014 年第 4 期。

有效避免陷入治理失灵的困境。公域治理模式区别于传统政府管理模式，其运行已经逐步摆脱以单一性的政府权力为核心的基本形态，转向主要依赖于多元公权力主体的协商共治来加以推进。这就要求通过法律制度体系完善为其良性运行提供重要依据、基本保障、关键动能和发展进路。用法律设定公共权力内、外部边界和运作方式，理顺和明确政府与市场、社会的关系，保障、规范和引导公民正确行使参与权、表达权、建议权等权利，以监督公共权力的规范运行。显然，公域治理之核心就是实现公域治理关系的法治化、规范化、理性化，而实现公域治理的规范化、法治化应该以规范体系的建构为路径依归。公法，尤其是行政法，是公域治理权力运行的合法依据，不断崛起的公域治理模式要求确立一种因认同而遵从的行政法治理逻辑。[①] 可见，公域治理的基本形态主要依赖行政法加以建构，公域治理关系主要仰仗于行政法的调整。具体表现为，通过行政法确立公域治理的利益基础和价值目标，运用行政法调整公域治理关系，以及依靠行政法保障公域治理的动态运行。

　　第一，依托行政法确立公域治理的利益基础和价值目标。传统政府管理模式将公共利益最大化与私人利益最大化当成两种截然不同的追求，将公域与私域、公益与私益完全对立起来，从而导致行政法总是在单纯的保护公益或者保护私益两种不同的价值追求之间流转，以单一的利益结构作为行政法的利益基础。随着治理在公域范畴的引入，公域与私域的边界逐渐打开、公益与私益相互交融，推动了行政法利益基础的重构。正如有学者提出的，行政法只有植根于可靠的利益基础才不会成为无本之木，而行政法面临的问题并不是在公益或私益的保护之间作出非此即彼的选择[②]，而是如何直面公域治理兴起所呈现的公益、私益交融的现实图景，对自身的利益基础作出相应的调校。行政法的利益基础从传统政府管理模式下普遍存在的公益与私益冲突的基本形态，转变为公共治理模式下公益与私益水乳交融、辩证统一的表现形式，为最大程度地保障私益提供制度化支撑。同时，公域治理的利益基础决定了其自身的价值追求，即注重公益与私益的相互平衡，在保障公共利益的基础上，以实现公民利益最大化为目标指向。由此，以公、私益平衡交融为基础的行政法必然要反思和确立公域治理的价值理念。一是兼顾监督公权力行使与保障公权力运行的价值需求，厘定政府在公域秩序建构与公共产品供给中的权力边界；二是平衡

---

① 罗豪才、宋功德：《行政法的治理逻辑》，《中国法学》2011 年第 2 期。
② 罗豪才、宋功德：《行政法的治理逻辑》，《中国法学》2011 年第 2 期。

权力行使与权利保障之间的价值取向，明确两者具有同等重要性；三是挖掘市场、社会自治与自律的内在价值，在公域治理中发挥市场主体、社会组织的功用；四是既重视公民的人身权、财产权等消极权利的价值，又关注其言论自由权、公共政策参与权等积极权利的功能。

第二，运用行政法调整公域治理关系。在公域治理中，政府依法行使行政权，对公域事务进行管理，由此形成的与行政相对人之间的行政法律关系；政府内部基于职能分工、权力调适形成的内部行政关系；行政相对人认为行政行为侵权提起行政复议、行政诉讼形成的行政监督救济关系等，长期以来都属于行政法关注和调整的主要社会关系。除此之外，公域治理的公权力行使主体还包含基层自治组织、高校、行业协会，甚至企业等社会主体，它们在行使公权力时也会对公民的权利义务产生影响。这种公权力行使的活动也要进行相应的规范，应将之纳入行政法调整的范畴。与之相对应，由社会主体行使公权力产生侵权纠纷形成的权利义务关系，以及社会主体与行政机关基于协商互动、合作分工而产生的权力分配关系等，也属于行政法的调整范畴。可见，公域治理关系大多仰仗于行政法的调整。

第三，行政法有效保障公域治理的动态运行。公域治理不是一种静止的状态，而是一种持续的互动，集中呈现为一段动态运行的过程。公域治理既包括公共秩序维护、公共产品供给等环节中由政府主导型管理模式逐步向多元协同型治理模式转变的过程，也包括公域治理体系持续整合新的治理元素以适应治理需求的过程。在这个动态过程中，政府与政府之间展开合作，政府与市场、社会协商互动，公民对公域治理事务的参与等，都呈现出双向度的"权力—权力"或者"权力—权利"之交互形态。这种交互形态涉及政府内部的职权分配调适，政府与市场、社会的协商互动，社会公权力主体与公民的权力（权利）义务关系的塑造，公民对公共决策的参与等，需要构建相应的行政程序制度对之加以确认和调整，以提升公权力运作、权利与义务交互等过程的合法性与有效性。

（二）公域治理范畴决定行政法调整范围

公域治理是一种在政府、社会和公民等多元主体广泛参与的基础上形成的治理模式。公域治理的范围区别于传统政府管理的范围，其将社会主体行使公权力的范围、公民参与公共事务的范围也同步纳入治理范围当中。公域治理范畴需要由公法，尤其是行政法加以界定，否则可能出现公权力或者公民权利行使逾越其自身范畴，造成公权力侵权或者权利滥用的风险。由此，公域治理范畴的广度和深度也从客观上决定了行政法的调整范围的广度和深度。在公域治理模式下，社会主体、公民以平等互动的地位与行政机关分担公域治理任务,这就需要行政法将之同步纳入行政法调整范围。

公域治理范畴决定行政法的调整范围。反之,行政法只调整公域治理关系,而不调整私域治理关系。具体而言,行政法只调整公域治理中与公共行政以及公众参与相关的内容。除了公域以外,私域当中也普遍存在治理的客观需求和实践样本。其中,最为典型的当属私人企业治理,也称为公司治理。在私域治理中,也存在特定的组织机构、治理行为、治理规则以及一套稳定的治理体系,如私人企业也存在股东会、董事会、监事会等相关行政机构,存在公司章程、内部管理规定等规范文件等。虽然私域治理中的行政与公域治理中的行政在名称和内容上有些类似,但是其法律性质与法律地位却是不同的,分属于两种不同的学科范畴。行政法与行政法学只以公共行政为调整和研究对象。[1] 究其原因,在于私域原则上是排除公权力介入的场域,私域治理是私人主体为了追求私人利益的满足而对内部事务的处理,其不具备公共性,不涉及公共利益,在法律规范层面集中体现为"法无禁止即自由"以及"契约优先"的基本要求。

(三)公域治理整体变革推动行政法发展

总体来看,对公域治理整体流变的考察主要涵盖两个阶段:一是从传统政府管理模式向治理模式转型的过程;二是公域治理模式持续变换调适的过程。无论处于哪一阶段,公域治理变迁都必然推动行政法的发展。

"从治理的视角来看,公法的变迁实际上是国家治理技术转型的结果。"[2]在公域秩序建构、公共产品供给等环节中,传统政府管理向公共治理模式转型,必然撼动传统行政法的理论基础与制度体系。以传统政府管理为调整对象,行政法作为严格限制政府权力的法,以"控权之法"的形象存在,其基本宗旨是限制和控制政府权力,以最大程度保障个人自由。[3]在依法治国理论的影响下,传统行政法以依法行政原则为首要的基本原则,强调"法无规定不可为,法有规定不可违",其核心的价值取向是通过立法机关制定具有强制性的法律规范,对行政权进行有效控制,行政权的行使要有法律依据才具备相应的合法性。以此为基础,传统行政法紧紧围绕行政行为的合法性建构来展开,追求权力来源的合法性、权力行使行为方式的合法性与合理性以及监督权力行使的有效性等,并由此形成了行政主

---

① 参见王名扬著:《法国行政法》,北京:中国政法大学出版社1988年版,第1—3页。

② 汪祥盛:《公法的变迁与治理的转型》,《广西大学学报(哲学社会科学版)》2013年第5期。

③ 石佑启著:《公共行政与行政法学范式转换》,北京:北京大学出版社2003年版,第42页。

体理论、行政行为理论、行政程序理论、行政监督救济理论等。同时，这些
理论模型始终将行政主体与行政相对人设置成相互对立的关系，且行政机
关在这种单向度的关系中始终处于优越的地位。随着治理模式在公域范
围内的广泛应用，公域事务的复杂化、公权力行使主体的多元化、行为方式
的多样性、治理过程的双向性等逐渐对既有的行政法理论和制度体系产生
冲击。正如有学者提出的，"从世界范围看，在公私合作因子全面导入现代
行政法之后，相关行政法律制度必然要随之作出变革，以便及时回应私人
履行行政任务可能引发的责任性、合法性和确定性价值失落的难题"①。
公域治理的兴起对传统政府管理模式发起的挑战，必然要通过推动行政法
发展加以回应。

在互联网信息技术高速发展的今天，创新驱动发展使公域治理呈现出
持续演变的趋势。治理理念、治理主体、治理方式、治理过程等内容的转换
更替，可能使公域治理呈现出不同于当下的另外一番景象。平等、自由的
观念愈发凸显；行业协会、平台等社会主体逐渐充实到治理主体的范畴当
中；协商合作成为治理方式的主基调；多元主体在治理过程中的互动更加
频繁，等等。总之，动态发展也将会是行政法应对公域治理变迁的常态。

二、互联网公域治理：公域治理的新形态

观察传统政府管理向公域治理转变，以及公域治理持续变换调校的动
态过程，不能忽视互联网发展在其中所起到的作用。换言之，互联网的发
展本身便是推动公域治理变革的关键性因素，尤其是在当下推动公域治理
持续变革的整体进程中，其发挥着无可替代的作用。互联网公域治理是互
联网时代公域治理的一种新的表现形态，其存在着区别于公域治理的基本
表征。梳理和剖析互联网公域治理的特征，能够进一步反映互联网时代行
政法发展的现实需求。

（一）互联网发展推动公域治理整体变革

从时间节点来看，20 世纪 90 年代以来，互联网信息技术迅猛发展并
向全球各个国家接入和普及。与此同时，世界银行首次面向世界提出治理
概念，标志着全球治理的兴起。可见，互联网的发展与公域治理变革的过
程具有同步性。通过观察公共治理模式在公域兴起的过程，可以捕捉到互
联网发展演变的缩影。

从发展规律来看，伴随着互联网技术的日新月异以及"网络强国""数

---

① 章志远：《迈向公私合作型行政法》，《法学研究》2019 年第 2 期。

字中国"等国家战略的深入实施,互联网走进了千家万户,网络用户、网络政府、网络社会、网络市场、网络文化飞速发展。互联网已经覆盖到政府、社会运行与私人生活的方方面面,切切实实地介入到公域的全方位改造当中,一个全新的互联网公域正在生成。互联网发展在推动公域发展的同时,也加速了公域治理变革的进程。在互联网公域发展中,网络犯罪、网络风险、网络谣言、网络垄断等问题的频发,使传统政府管理模式的不适应性暴露无遗,即单纯依靠政府难以化解网络公共危机,无法有效维护互联网公域秩序,也无法实现精准的公共产品投放。故互联网公域现存问题的解决需各方合力共举。[①]

(1) 在治理主体层面,互联网公域治理塑造了互联网行业协会、企业、平台、网民等多元主体参与共治的格局。正如习近平总书记指出的,网络安全为人民,网络安全靠人民,维护网络安全是全社会共同责任,需要政府、企业、社会组织、广大网民共同参与,共筑网络安全防线。由互联网发展引发的问题与风险往往同步嵌入公域当中,衍化成公共问题和系统性风险,互联网技术安全、违法犯罪、道德伦理等方面的问题易于从局部向整体扩散,从虚拟向现实延伸,从而衍变为典型的社会问题,破坏安全、自由、平等的公域秩序。传统以单一主体为主要特征的政府管理模式在应对日益复杂、严峻的互联网公域问题时出现失灵,催生了发挥互联网行业协会、企业等社会、市场主体的专业性、灵活性、主导性等优势,向政府、市场、社会等多元主体协同治理模式转型的内在需求。(2) 在治理方式层面,互联网公域治理突出了政府与社会资本合作、政府公共服务外包、政府指导、广泛的公众参与,以及依托互联网信息技术应用形成各类治理方式的必要性。实现多元主体的协同共治,必然要以特定的治理方式作为纽带。针对互联网公域问题,倘若政府依旧奉行以罚代管的观念,采用"命令与服从""强制与制裁"的规制方式,容易引起政府与市场、社会的直接对抗和冲突,反而达不到预设的监管功效。同时,单一化、强制性的监管方式在应对互联网问题时有可能将互联网技术自身的更新也扼杀在摇篮之中,造成对互联网发展的阻碍。故只有综合应用合作、协商、指导、参与等柔性化治理方式,并及时推进治理方式电子化、数字化改造,才能激发市场主体、社会组织及网民在互联网问题治理中的积极性,高效准确地回应互联网公域治理需求。(3) 在治理规则层面,互联网公域治理体现了综合运用正式制度规范与非正式制度规范为治理提供依据的必要性。以柔性、专业性、灵活性为

主要特征的非正式制度(或称为软法规范)在互联网公域治理中发挥着不可或缺的作用,其既能够充分缓解立法活动程序严、周期长、成本高与互联网的高速发展所构成的潜在矛盾[①],又能够发挥社会主体的自我规制作用,展现其在化解互联网公共风险中的特定优势。

(二)互联网公域治理区别于公域治理之表征

互联网发展推动公域治理变革,由此形成的互联网公域治理也表现出区别于一般公域治理的基本特征。

1. 从治理主体来看,公共治理在行政活动中的兴起,最为显著的特征是社会公权力主体参与到公共行政实践当中,帮助政府分担纷繁复杂的行政事务,有效回应人们对负担过重、过度官僚化的政府是否有能力负担起繁重公共任务的质疑[②],解决政府在应对日益频发的社会问题,以及日益严峻的公共产品供给任务时所引发的管理失灵问题。由此,推动政府向市场、社会的分权,将生产经营权交还给企业,把政府不该管、管不了、管不好的事务转移给各类社会组织来承担。[③] 然而,以往对于还权于社会,推动社会公共行政发展,更多指向于将行政权归还于社团组织、基层组织、公共事业单位等社会公益性主体,甚至仅仅将第三部门限定为法律法规授权、行政机关委托的组织。随着互联网公域的发展,互联网企业基于对互联网平台的管理、庞大用户资源的掌控、公共产品投放的调配等公共事务的介入,事实上治理着特定的公域。也就是说,多数互联网平台通过对网民或网络族群行为的规范,实际行使着公权力,从而拓展了治理主体的范畴。此外,在互联网公域治理中,公民的角色定位也有所变化,表现为从被动接受管理方案向主动参与治理决策转变,通过网络传播、舆论监督等,迅速提升个体在公共治理中的话语权。

2. 从治理方式来看,互联网公域治理依托于互联网信息技术的发展,实现了治理行为方式与电子化、数字化手段的紧密融合,如电子化行政行为作为一种新型行政行为方式,改变了传统行政行为的实施路径与表现形式。[④] 电子化治理方式的生成与发展,本质上内生于互联网公域发展背景下,政府、社会组织等治理主体强化与网民沟通互动,以及提升沟通效率的

---

① 罗豪才、周强：《法治政府建设之中的软法治理》,《江海学刊》2016 年第 1 期。

② Lester salamon, The Rise of the Third Sector [M]. Foreign Affairs, 1994, pp. 7 - 8.

③ 石佑启著：《论公共行政与行政法学范式转换》,北京：北京大学出版社 2003 年版,第 54 页。

④ 杨桦：《电子化行政行为的合法性探析》,《武汉大学学报(哲学社会科学版)》2011 年第 3 期。

现实需要。对电子化、数字化治理行为的内涵进行分析,不难发现其与传统治理行为在法律性质上并不存在太多的实质差别,两者之间的差异更多体现在表现形式、技术媒介与运转流程上。

3. 从治理规则来看,互联网公域治理与一般的公域治理相似,主张正式制度(硬法)与非正式制度(软法)共同组成互联网公域治理的规则体系。互联网公域作为一种特殊的社会形态,将人虚化为账号,行为表现为言论,影响力来自于信息交换,这些特点决定了互联网公域治理相较于一般的公域治理更依赖于软法之治。[①] 此外,在网络族群中生成的网络交往伦理,也在互联网公域治理中发挥着极为重要的作用。换言之,互联网技术的更替和革新提升了公共信息流动和加工的效率,激活了传统价值观念、伦理道德的内部因子,从而推动了新的价值追求和伦理精神的演变和发展,如自由精神、平等精神、民主精神以及由此产生的平等意识、权利意识、参与意识等。正是这些价值理念和伦理精神,极大地丰富了人们的道德生活,提升了人文境界,影响着人们在互联网公域中的交往行为。[②]

三、行政法发展:面向互联网公域治理的必然选择

基于公域治理与行政法的内在关联,公域治理变革推动着行政法的发展。实践中,互联网公域治理呈现为持续变革的状态,这必然要求推动行政法发展以保障互联网时代公域治理目标的实现。因此,要通过审视互联网公域治理与行政法的内在契合,检视既有行政法存在的不足,探索行政法发展的进路。

(一)互联网公域治理呈现为持续变革的状态

需要明确的是,互联网公域治理的过程包含了对互联网时代公域治理持续变革状态的直观呈现。无论是从传统政府管理迈向公域治理的过程,还是互联网发展对公域治理自身的深化,互联网公域治理变革都影响着行政法发展的进程。

一方面,互联网信息技术的日新月异使得公域始终处于动态发展的过程中。正如卡斯特所描述的,以互联网信息技术为中心的革命,正在迅速重塑着社会发展的物质基础,并普遍渗透到人类活动的各个领域当中,从

---

① 秦前红、李少文:《网络公共空间治理的法治原理》,《现代法学》2014年第6期。
② 杨怀中:《"网络社会"的伦理分析及对策》,《武汉理工大学学报(社会科学版)》2001年第1期。

而带来了技术、社会和历史的整体变迁。① 随着互联网信息技术的不断创新发展，信息的传播呈现出广泛、即时、跨域、互动等特点。互联网将不同的产业信息连接起来，并搭建起了政府与公民、公民与公民之间交流的平台，促进更多的社会主体、公民参与到公共决策中来。② 互联网技术在不断更替之中满足社会发展的需求，也推动了政府与社会、虚拟与真实、国家与公民等关系的变换调校，使公域始终处于发展进行时态，且不断提出新的治理需求。

另一方面，回应互联网公域发展产生的治理需求，互联网公域治理也随之不断发展演变。一是政府在互联网平台经济治理中面临划分监管机构职能、认定监管对象合法性、选择监管规制工具等困难，推动其持续创新治理模式，实现治理功能转型。③ 二是根据互联网平台占据资源的多少，政府也在调整着自身的治理形式，如微信的广泛应用推动着政府与微信平台建立合作关系，推行政府微信平台建设。三是随着互联网平台所占据用户资源总量的上升，治理平台从单纯的私域向公域发展，互联网平台自身也从私人治理主体向公共治理主体转型。四是基于对信息、用户、技术的垄断，互联网企业在治理中的话语权愈发凸显。④ 五是借助网络舆论效应，公民从治理的知情者逐渐向参与者甚至决策者发展。

（二）依行政法发展保障互联网公域治理实现

作为公域治理的新形态，互联网公域治理也存在治理失败的风险，其很可能陷入政府越权或者不作为、社会主体治理合法性不足、社会公权力侵权、治理责任模糊化、公共舆论危机等治理陷阱当中。故要发挥互联网公域治理功用，促进公域治理目标的实现，必然要充分发挥法治的保障和引领作用。回应互联网公域治理面临的现实问题，要求同步推进行政法范式转换，依行政法发展逐步确立互联网公域治理价值观念、明确互联网公域治理主体结构、设定互联网公域治理行为方式、拓展互联网公域治理规则体系、规范互联网公域治理过程、健全互联网公域治理纠纷的救济机制等，最终实现互联网公域治理与行政法治的良性互动。

---

① ［美］曼纽尔·卡斯特著：《网络社会的崛起》，夏铸九等泽，北京：社会科学文献出版社2006年版，第1页。
② 李洁、杨木生：《"互联网＋"下的网络空间治理研究》，《出版广角》2016年第23期。
③ 魏小雨：《政府主体在互联网平台经济治理中的功能转型》，《电子政务》2019年第3期。
④ 参见金春枝、李伦：《网络话语权：数字鸿沟的重要指标》，《湖南社会科学》2016年第6期。

1. 依行政法发展确立互联网公域治理的价值理念。互联网公域治理的价值目标是实现互联网公域的"善治"。善治是对治理的扬弃，目的是实现互联网公域的良好治理，其为治理的推进提供了价值引领和客观标准，指导着治理结构、治理方式、治理规则等内容的整体建构。互联网公域的善治理念主要遵循两种生成逻辑：一是强调公域治理的价值理念，善治指的是公共利益最大化的治理过程和治理活动。① 在公域治理中，要通过公共利益统筹政府、市场、社会、公民多元主体的利益关系，在维持公共秩序和满足公共需求的基础上，促进多元主体利益的协同发展。二是挖掘互联网发展自身所包含的价值理念，体现平等、自由、民主、效能等价值内涵。同时，善治本身包含了法治的基本特征。② 这就意味着，互联网公域治理的价值理念只有置于法治的框架才能得以实现。因此，公法，尤其是行政法，必须将善治理念贯穿到互联网公域治理的行动结构当中。

2. 依行政法发展明确互联网公域治理主体结构。互联网公域治理关键在于通过推进政府、社会组织、公民等多元主体合作共治，解决传统公共行政的"政府失灵"与新公共管理的"市场失灵"③，从而形成一种多元化的治理主体结构。互联网公域治理主体结构的良性运行，取决于多元治理主体之间妥善、正当和明晰的职权分配，这就要求通过推动行政法发展促进治理结构的法定化，从而形成相互制衡、分工合作的主体间权利义务关系。

3. 依行政法发展设定互联网公域治理方式。互联网公域治理塑造了多样化、灵活性、专业化、柔和性的治理方式，这些治理方式在推进多元治理主体协同共治的同时，也存在被滥用或者形式化的风险。通过推动行政法发展，明确各类治理行为的基本类型，对各种类型的治理方式予以规范，能够有效防止政府及社会公权力的行使走向机构膨胀、权力扩张、有权无责、权力寻租、公权私用的对立面④，保证治理行为的合法性、合理性和有效性。

4. 依行政法发展拓展互联网公域治理规则体系。在互联网公域治理中，除了要适用传统以国家强制力为保障的硬法规范，主要还依赖于虽没

---

① 俞可平：《法治与善治》，《西南政法大学学报》2016年第1期。
② 俞可平教授认为，善治包含了合法性、透明性、责任性、法治、回应性、有效性等基本要素。参见俞可平著：《论国家治理现代化》，北京：社会科学文献出版社2014年版，25—30页。
③ 何翔舟：《公共治理理论的发展及其中国定位》，《学术月刊》2014年第8期。
④ 参见石佑启：《论有限有为政府的法治维度及其实现路径》，《南京社会科学》2013年第11期。

有法律强制力，但具备实际约束力的软法规范的实施。① 互联网行业协会章程、各类标准、互联网平台管理规定等软法规范，可以弥补硬法在调整互联网公域问题上的失灵，但同时也面临治理正当性欠缺、规范体系不健全等问题。故通过正视软法治理兴起的现实图景，拓展行政法规范体系，并进一步完善软法制定的程序、划分软法的层级等，可以促进互联网公域软法治理功效的发挥。

5. 依行政法发展规范互联网公域治理过程。平等协商、合作互动形塑了互联网公域治理的动态过程。政府和互联网行业协会、平台等社会主体及公民等都期望在利益博弈的过程中获得有效的治理成果，满足自身的利益诉求。互联网公域治理中的利益博弈过程，需要程序制度加以确认和保障。这就意味着，要通过推动行政程序法和运行机制建构，破解基于程序规则欠缺而造成的互联公域治理过程无序化困境。

6. 依行政法发展健全互联网公域治理纠纷的救济机制。互联网公域治理在推进多元治理主体协商互动的同时，也会产生纠纷，且纠纷的类型，特别是公共行政纠纷的类型更为复杂多样，从而造成了行政纠纷的救济难题。只有通过推动行政救济制度完善，破解公私合作纠纷、社会公权力侵权等一系列新型的纠纷救济问题，才能切实保障多元主体的利益，营造稳定的互联网公域秩序。

（三）互联网公域治理与行政法的契合及共进

不难发现，互联网公域治理与行政法之间存在发展目标上的契合。换言之，互联网公域治理的目标是实现善治，而善治与法治息息相关，都推崇法律至上和法律的有效实施。② 故互联网公域治理的实现路径，关键在于法治。法治是一种良法之治，良法是善治的前提。③ 推动行政法发展的目标，便是建构良善的行政法理论和制度体系。由此，推动行政法发展的进程也必然影响到互联网公域治理迈向互联网公域善治的进度。反之，回应互联网公域治理的法治需求，也是推动行政法发展的基本路径。

以往，行政法以控权理论作为根基，行政法的作用主要表现在确立行政机关行使权力的范围、明确权力行使的原则和规制权力运行的过程，以

---

① See Francis Snyder：Soft Law and Institutional Practice in the European Community. See Steve Martin, The Construction of Europe：Essays in Honor of Emile Noel ［M］. Kluwer Academic Publishers，1994，p. 198.

② 罗豪才、宋功德：《公域之治的转型——对公共治理与公法互动关系的一种透视》，《中国法学》2005 年第 5 期。

③ 王利明：《法治：良法与善治》，《中国人民大学学报》2015 年第 2 期。

及对行政行为造成的侵权给予补偿等三个方面。① 基于互联网公域治理与行政法的内在契合,互联网公域治理从根本上奠定了当下行政法发展的基本脉络:沿着互联网时代公域治理变革的轨迹,检视传统以控权论为基础理论建构起来的行政法学体系,转变传统政府管理模式下行政法学研究的基本范式,进一步充实既有行政法的基本原则、健全行政组织法的调整对象、完善行政行为的规范类型、推进行政程序法的双向构建、弥补行政救济法的不足等,实现行政法学研究范式与行政法制度体系的回应型变迁。

---

① 〔美〕伯纳德·施瓦茨著:《行政法》,徐炳译,北京:群众出版社 1986 年版,第 1 页。

第二章 互联网公域治理变革
与行政法发展之需求

通过对与互联网公域治理相关的规范性文件、数据统计资料进行收集、梳理、分析，形成对其自身发展趋势的实证考察，能够清晰呈现出互联网公域治理变革的动态演变过程。总体而言，互联网公域治理变革主要体现为价值理念、治理主体、治理规范体系、治理行为方式、治理过程等重要方面的变革。基于互联网公域治理与行政法内在的关联性，互联网公域治理变革必然对行政法发展产生新的需求，从而要求从价值理念、功能导向、发展面向等维度，对行政法的基础理论和制度体系加以完善甚至重构，引领和推动行政法的整体发展。

第一节 互联网公域治理变革的现状考察

任何理论模式的搭建和呈现都需要以实证分析素材作为支撑，才能确保其研究结论的准确性。互联网公域治理变革涉及的相关规范性文件、数据资料可以直观反映出互联网公域治理变革的逻辑脉络，为深入揭示行政法发展的现实需求奠定基础。

一、互联网公域治理规范的变革逻辑

治理规则是公域治理的依据和载体。互联网公域治理的关键，就是要根据治理目标和治理诉求，建立一整套与之相契合的规则体系，以及建立在这套规则体系上的实践逻辑。[①] 故通过对与互联网公域治理相关的规范性文件进行分析，可以大致观测到互联网公域治理变革的规律和现状。立足于互联网公域治理的基本内涵，为尽可能涵盖各类治理规则，以保证

---

① 喻国明：《互联网治理应遵循的重要规则与操作关键》，《新闻与传播研究》2016 年 S1 期。

分析的全面性,笔者尝试从以下几个层面出发,对现有的规范文本展开
梳理。

(一) 公共政策变迁

互联网公域治理仰仗于技术创新与体制创新的进路,谋求对全球信息
资源及其利益进行整合、调适、配置。长期以来,我国互联网公共政策的变
迁,体现了中央层面在不同时期对互联网发展问题的关注、发展重点的规
划以及发展方向的引导。这对于社会利益权威性分配工具的公共政策而
言,必然是一项持续性重大挑战。[①] 因此,中央与各地方政府制定出台公
共政策的阶段性发展,能够较为直观地反映互联网公域治理中的国家、政
府转型的基本规律。

早在我国互联网的接入时期(1994—1999 年),中央层面便已就计算
机、互联网等相关问题出台了一些政策性文件,相关文件的重心主要集中
于互联网安全技术监管层面,如 1996 年公安部制定出台《关于加强信息网
络国际联网信息安全管理的通知》。为了迅速借助信息技术发展提升经济
发展速度,1997 年,党的十五大报告提出,要改造和提高传统产业,发展新
兴产业和高技术产业,推进国民经济信息化。在进一步推进改革开放,确
立市场经济地位的背景下,推动信息技术成为了发展的优先项,得到了相
应的重视和扶持。在收取初装费、三个"倒一九"等政策的扶持下[②],我国
电信业得以逐渐发展壮大,这为互联网发展打下了坚实基础。虽然尚未接
触到具体的互联网业务,但是政府部门仍然根据监管惯性,对互联网技术
安全问题提出了较为宽泛和严格的监管要求,如 1996 年《邮电部关于通过
中国公用计算机互联网利用国际互联网络信息资源从事国内计算机信息
服务业务经营审批有关问题的通知》;1998 年,国务院办公厅发布《关于解
决计算机 2000 年问题的通知》;1998 年,公安部、信息产业部、文化部等部
委联合制定出台《关于规范"网吧"经营行为加强安全管理的通知》;1999
年,人事部制定出台《关于加强人事部门在国际互联网上所建站点及网页
管理防止发生失泄密事件的通知》,等等。这表明,信息安全问题从互联网
发展初期便是互联网公共政策关注的重点问题。进入 21 世纪,随着互联
网信息技术的升级变革,互联网行业得以迅猛发展,逐渐与人际交往、信息
传播等人们的实际生活需要相互融合,进入迅速普及推广阶段。党的十六

---

① 黄璜:《互联网+、国家治理与公共政策》,《电子政务》2015 年第 7 期。
② 如 1997 年邮电部制定出台《关于增加计算机互联网(CHINANET)业务收费方式(试行)的通知》。

大报告提出,要大力推进信息化建设,信息化是实现工业化和现代化的必然选择,要坚持以信息化带动工业化,以工业化促进信息化,优先发展信息产业,并在经济和社会领域广泛应用信息技术。在支持互联网技术发展,推广互联网技术应用的同时,公共政策的目标导向也从强调对互联网信息安全的监管向兼顾扶持信息化产业发展,以及规范互联网应用的方向转型,且随着网民数量的增加及互联网行业的发展,这种趋向愈发显现。2001年,中央提出了互联网管理的十六字方针——"积极发展、加强管理、趋利避害、为我所用",第一次明确了互联网发展与监管之间的关系。① 例如,《国民经济和社会发展第十一个五年规划纲要》提出,要积极推进信息化建设,包含加快制造业信息化、深度开发信息资源、完善信息基础设施,以及强化信息安全保障等内容。伴随网络社交、网络文化、网络游戏、网络视频传播、网络购物等相关应用的推广,尤其是智能手机的普及,互联网产业发展问题越来越受到公共政策的关注。2010年,国务院新闻办公室对外发表《中国互联网状况》白皮书,首次对外阐明互联网监管的基本原则,即依法管理互联网,政府发挥主导作用,倡导行业自律和公众监督,合理运用技术手段遏制违法信息传播等,并指出要进一步提高互联网技术应用,加强网络文化产品创作生产,以及强化互联网法制建设等。可见,在这一时期,互联网管理进入了引导和规范互联网产业发展的阶段。党的十八大报告指出,要推进下一代信息基础设施建设,发展现代信息技术产业体系,健全信息安全保障体系,推进信息网络技术广泛运用,以及加强网络社会管理,推进网络规范有序运行。也就是说,在推进互联网产业化进程的同时,互联网安全监管问题始终是推进互联网发展的重中之重。在党的十八届三中全会作出的《中共中央关于全面深化改革若干重大问题的决定》中,将改革互联网管理体制作为全面深化改革,推进国家治理体系与治理能力现代化的重要内容。由此,我国正式开启了互联网治理的新局面。在十二届全国人大三次会议的政府工作报告中,李克强总理首次提出"互联网+"行动计划。这为推动经济转型升级,利用互联网技术、平台的应用实现信息技术与制造业、金融业等产业的融合发展,创新互联网发展模式指明了方向,从而加快了互联网技术变革和互联网产业发展的步伐,推动了共享经济的兴起。与此同时,"互联网+"发展引发的网络公共空间安全问题,为既有的互联网治理模式带来巨大的挑战,受到中央政策的高度关注。党

---

① 2001年7月11日,中共中央在中南海怀仁堂举办法制讲座,由江泽民同志在讲话中提出此方针。

的十九大报告提出,要推动互联网、大数据、人工智能和实体经济深度融合,在中高端消费、创新引领、绿色低碳、共享经济、现代供应链等领域培育新增长点、形成新动能。同时,要加强互联网内容建设,建立网络综合治理体系,营造清朗的网络空间。党的十九届四中全会提出,要加强和创新互联网内容建设,落实互联网企业信息管理主体责任,全面提高网络治理能力,这为新时代新时期推进互联网治理提供了基本遵循。

从公共政策的内容来看,不难发现,正式加入国际互联网以后,我国互联网公共政策的发展大体经历了重点规制互联网接入的安全问题、主要规范互联网技术应用问题,以及侧重关注引导产业发展问题三个阶段。[①] 无论处于哪一阶段,互联网安全问题始终都是国家公共政策关注的重要内容。尤其是伴随着互联网突发性公共事件增多,我国互联网公共政策的议题也大多围绕如何解决公共问题展开,显现出回应型的政策制定特征。为促进互联网公共政策目标的实现,中央层面又积极出台新的政策文件推动互联网管理体制的改革等。国家的机构改革和职能调整对于公共政策的制定与实施具有关键性的影响。[②] 从正式接入互联网至今,我国分别在1998年、2003年、2008年、2013年、2018年进行了行政体制改革。在对应的阶段当中,互联网公共政策的制定与实施主体也有所差异。1993年,国务院成立了国家经济信息化联席会议,对信息化建设工作予以统一领导和协调;1996年,以联席会议的职能为基础,成立了"国务院信息化工作领导小组",并于1999年将之更名为"国家信息化工作领导小组",具体监管工作和内容则由邮电部(1998年与电子部合并为信息产业部)、公安部、电子部等部委负责。2003年,为应对日益繁重的网络安全问题,中央进一步成立了网络与信息安全协调小组。同时,中宣部也开始从新闻、出版等方面对互联网内容进行监管,从而形成"统一协调、多头监管"的局面,这在一定程度上造成了监管的分散化。虽然2011年,中央持续改革互联网管理体制,成立国家互联网信息办公室,以较高行政级别统筹互联网管理事务,但是各职能部门监管重叠的问题依然严峻。[③] 随着"网络强国"战略的实施,2014年,中央网络安全和信息化领导小组成立,由习近平总书记担任组

---

① 孙宇、冯丽烁:《1994—2014年中国互联网治理政策的变迁逻辑》,《情报杂志》2017年第1期。

② 黄萃、任弢、李江、赵培强、苏竣:《责任与利益:基于政策文献量化分析的中国科技创新政策府际合作关系演进研究》,《管理世界》2015年第12期。

③ 魏娜、范梓腾、孟庆国:《中国互联网信息服务治理机构网络关系演化与变迁——基于政策文献的量化考察》,《公共管理学报》2019年第2期。

长,从而将互联网信息管理体制提升到前所未有的高度。可见,互联网公共政策制定和实施主体的职权呈现集中化与政府职能优化的趋势,然而政出多门、多头监管的问题仍然存在。[①]

此外,中央制定的公共政策往往要落实到地方,通过地方政策的进一步细化或重新规划才能实现其政策目标,这充分表明了公共政策的层级性。同时,任何一项公共政策都具有多样性,综合性的改革政策尤为明显,其往往由于承载着多项任务,从而需要多部门的合作与配套政策的供给才能保证政策目标的实现。[②] 因此,长期以来,互联网公共政策的贯彻执行,往往由各职能部门和各地方配套跟进、同步展开。

(二) 法律法规等规范性文件的变化

"善法良策"是社会实现善治的前提,是社会实现公平正义和谐的保障。公共政策与法律总体而言不会是相去甚远或者相反的,而是有着共同的目标、精神和作用。从某种意义上讲,政策是一种广泛的政治社会现象,法律则是公共政策的重要体现,甚至可以说是公共政策的一种类型。[③] 因此,互联网法律法规等规范性文件的制定出台,大体遵循公共政策变迁的基本逻辑,同时也凸显着其自身的发展规律。

1. 安全问题始终是互联网法律法规等规范性文件调整的核心问题。此外,随着"创新驱动"战略、"网络强国"战略等国家战略的深入实施,以及互联网与传统产业、社会生活的深度融合,互联网法律法规等规范性文件也逐渐指向营造有利于互联网发展的制度环境。(1)在互联网接入初期,国务院与国家部委就互联网安全问题先后出台了行政法规、部门规章等规范性文件,如1994年制定实施了第一部涉及互联网监管的行政法规——《计算机信息系统安全保护条例》。此后,又于1996年出台了《计算机信息网络国际联网管理暂行规定》;1997年由公安部出台了《计算机信息网络国际联网安全保护管理办法》;1998年由国务院信息化领导小组出台了《计算机信息网络国际联网管理暂行规定实施办法》等。可见,在互联网发展前期,行政法规、部门规章等规范性文件的出台,重点围绕互联网安全问题展开。(2)进入2000年后,互联网开始融入政治、经济、社会、文化等方

---

① 党的十八届三中全会通过《中共中央推进全面深化改革若干问题的决定》,提出完善互联网管理领导体制:全会决定提出坚持"积极利用、科学发展、依法管理、确保安全"的方针,加大依法管理网络力度,完善互联网管理领导体制。目的是整合相关机构职能,形成从技术到内容、从日常安全到打击犯罪的互联网管理合力,确保网络正确运用和安全。

② 贺东航、孔繁斌:《公共政策执行的中国经验》,《中国社会科学》2011年第5期。

③ 肖金明:《为全面法治重构政策与法律关系》,《中国行政管理》2013年第5期。

方面面。与之相对应,国务院进一步制定实施了《互联网信息服务管理办法》,这标志着我国互联网监管从前期的接入渠道监管向应用监管转型,并开启了互联网监管体系化建构的阶段。① 之后,针对互联网文化、互联网视听节目、互联网出版等具体应用的监管,国家又陆续出台了《互联网文化管理暂行规定》《互联网等信息网络传播视听节目管理办法》《互联网出版管理暂行规定》等部门规章,并专门针对提供网络服务的营业场所管理的事项,制定出台了《互联网上网服务营业场所管理条例》。2008 年后,互联网与产业经济的结合愈发紧密,相关的行政立法在强化互联网安全问题监管的同时,也开始兼顾互联网产业的发展问题。② 2014 年以后,中央全面推进"网络强国"战略的实施,互联网产业的发展活力全面迸发,互联网对人们社会生活的广泛融入、对生产生活方式的全面改变,以及对公共舆论环境的改造等,都对法律法规等规范性文件产生了冲击,推动了《移动互联网应用程序信息服务管理规定》《互联网上网服务营业场所管理条例》《中华人民共和国网络安全法》《中华人民共和国电子商务法》等一系列法律法规等规范文件的陆续出台。总体来看,在互联网安全监管方面,法律法规始终保持严格审慎的态度,尤其涉及数据问题,更是强调建立安全的制度屏障;在互联网新兴行业发展方面,法律法规则采取包容审慎的态度,承认和支持互联网金融、互联网营销等新业态的发展。

2. 法律法规等规范性文件中出现政府与社会组织、企业、公民合作等内容的频率上升。换言之,在互联网发展进程中,单一性的政府管理模式向多元合作治理模式转型的趋势在法律法规中得到体现。在政府内部维度,法律法规等规范文件参与制定的主体从相对单一迈向多元化。尤其随着互联网融入社会生活多个领域,不同职能部门依托于自身权限展开合作,联合发文的数量呈上升趋势。③ 同时,与互联网管理体制改革相对应,法律、行政法规、部门规章等规范性文件也尝试设定多个职能部门合作的监管模式,如 2006 年由中宣部、公安部、文化部等部门联合发布的《互联网

---

① 王融:《中国互联网监管的历史发展、特征和重点趋势》,《信息安全与通信保密》2017 年第 1 期。

② 如 2010 年文化部出台的《网络游戏管理暂行办法》规定,为加强网络游戏管理,规范网络游戏经营秩序,维护网络游戏行业的健康发展,制定本办法;2011 年,工信部制定出台《规范互联网信息服务市场秩序若干规定》,从总体上对互联网信息服务提供者的法律义务和责任作出规定;2011 年,商务部出台《关于规范网络购物促销行为的通知》,对网络购物中的促销行为进一步予以规范,等等。

③ 参见孙宇、苏兰芳:《"互联网+"政策主体合作治理探析——基于政策文本的阐释》,《未来与发展》2017 年第 12 期。

站管理协调工作方案》设定了党政各部门进行互联网网站管理职能协调的工作机制等。在政府外部维度,互联网法律规范体系中有关政府与社会合作、社会自治的关系和作用的相关规定也逐渐呈现出来,并得到进一步强化。由于早期便是由中国科学院的项目团队来代表中国接洽国际互联网接入事宜的,故专业化的社会主体参与互联网管理早在 1994 年便有所体现;1997 年,《电子出版物管理规定》清晰地对行业社会团体自律管理的内容作出规定;2000 年,《全国人民代表大会常务委员会关于维护互联网安全的决定》则明确提出,要动员全社会的力量,依靠全社会的共同努力,保障互联网的运行安全与信息安全。尽管我国早期在法律、行政法规等规范性文件的制定中已经意识到社会组织、企业在维护互联网发展安全中的重要作用,但是互联网市场、社会的发展状况仍不成熟,并且传统政府管理模式的桎梏导致互联网安全问题的监管在该时期仍以政府管理为中心。2010 年前后,随着互联网企业话语权的提升,单纯依靠政府管理的模式开始遭到公众的质疑。[①] 党的十八大以来,尤其是随着党的十八届三中全会明确提出,全面深化改革的总目标是要推进国家治理体系与治理能力现代化,中央愈发重视互联网的治理转型问题,开始强化多元主体协同共治在互联网公域秩序建构与整体发展中的作用,这在后续的法律法规等规范性文件中有非常明显的体现。[②]

3. 随着"互联网＋"的重要性日渐凸显,以及互联网管理体制和观念的转变,互联网法律法规中部分强制性的处罚措施逐渐被淡化,一些强制程度较低的行为方式开始出现并得到广泛适用。除了沿用以往政府监管所惯用的行政处罚、行政强制等行政行为对互联网行业协会、企业的违法行为进行规制外,还引入了"自我审查""约谈"等强制程度较低的监管方式,以兼顾网络安全监管和包容企业创新试错的双重治理目标。例如,2015 年出台的《互联网新闻信息服务单位约谈工作规定》对互联网新闻信息服务单位的"约谈"机制作出规定;2018 年出台的《微博客信息服务管理规定》对微博客服务提供者的"自我审查"义务作出规定;2019 年新出台的《网络信息内容生态治理规定》将"会商通报"纳入到监督管理措施中,等等。

（三）行业规范的发展

互联网行业章程、行业协会标准、行业协会公约等社会组织制定的规

---

① 如 2013 年《信息网络传播权保护条例》便对网络服务提供者的权利和义务作出较为细致的规定。

② 如 2016 年《国家网络空间安全战略》规定,要建立政府、行业与企业的网络安全信息有序共享机制,充分发挥企业在保护关键信息基础设施中的重要作用。

范性文件基于其专业性、自治性、灵活性等优势,在互联网治理中发挥着极其重要的作用。早在 2001 年 5 月 25 日,国内从事互联网行业的网络运营商、服务提供商、设备制造商以及科研机构等主体便共同发起成立了中国互联网协会,这是由从事互联网行业及互联网相关行业的企事业单位自愿发起成立的非营利性社会组织。成立之后,该组织又陆续出台了一系列规范性文件。例如,2001 年出台了《中国互联网行业自律公约》;2003 年出台了《中国互联网协会反垃圾邮件规范》;2004 年出台了《互联网站禁止传播淫秽、色情等不良信息自律规范》;2011 年出台了《互联网终端软件服务行业自律公约》,等等。这些行业规范为推动互联网行业的整体自律,实现互联网行业的健康发展作出了突出贡献。但总体而言,中国互联网协会仍带有一定的官方色彩,其出台的公约、标准等自律规则也带有明显的政策属性,从而难以体现互联网社会组织治理的自发性。随着互联网逐渐向各行各业延伸和发展,行业协会章程、倡议、公约等社会自治规则在价值属性与适用空间上出现了一定程度的转型。

1. 各类"互联网+"行业协会的广泛兴起,推动了相应社会规则体系的拓展和分类。随着"互联网+"的推广,互联网金融、互联网医药、互联网教育等互联网行业协会也得到迅猛发展,随之出台的行业规则也成为了推进行业自律的重要文件,如 2015 年成立的中国互联网金融协会陆续出台了《中国互联网金融协会会员自律公约》《互联网金融行业健康发展倡议书》等行业自律性规范文件等。这总体上使行业规范基于互联网行业协会类型的拓展而进一步呈现出更为细致的分类。

2. 政府对推动行业自律性规则形成的作用有所削弱,行业规范形成的社会自发性显著增强。一方面,互联网产业的发展和变革使多数互联网企业开始意识到共建安全、健康的互联网行业发展环境的重要性,以及随着行业协会脱钩改革的推进,互联网各行业组建行业协会的自主性、积极性增强,由企业共同制定出来的行业规范在实践中也更能够得到遵守;另一方面,不依托于行业协会的构建,由诸多互联网企业达成共识而形成的互联网行业公约也不在少数。例如,2015 年,由阿里巴巴、百度、新浪、腾讯等互联网公司共同发出了《关于"清朗网络空间,文明网络行为"的联合倡议》,呼吁全体互联网企业要秉承良知底线,坚持自律,为构建清朗网络空间作出贡献。

3. 互联网行业标准、公约、倡议等行业规则逐渐呈现向区域性、地方性发展的趋势。基于互联网对新兴产业发展的推动作用,在同一区域、地区范围内,互联网行业的良性发展本身决定了区域、地区相关产业转型发展的水平。由此,一是区域性、地方性互联网行业协会的高速发展,推动了相对应的地域性行业章程、公约的制定出台,为各地方互联网行业的自律提供了具有地域特色的具体依据;二是跨区域互联网行业标准的有效对接,也实现了区域互联网产业的协调发展。

(四) 互联网企业、平台管理规则的转变

从互联网开始转入应用阶段后,基于法律法规等规范性文件设定的义务条款要求,大多数互联网企业(或称为网络服务提供商)都开始制定自身的运营规则,如公司章程、平台管理规则、社区公约等,以强化对公司自身运营和产品投放的合法合规性审核。随着互联网与社会生产生活的广泛融合,以及平台经济的快速发展,互联网平台面向广大用户所制定的平台管理规则,基于其自身管理优势而发挥着关键性作用。显然,从互联网企业、平台管理规则的发展,可以清晰地看到企业、平台在互联网治理中地位、功能、形态的整体转型。

1. 从"对内"管理规则向"对外"管理规则转变。在 Web1.0 的门户网站时代,网民只是单纯作为信息接收者,信息投放权仅集中于网站运营商一方,故互联网企业制定管理规则更多体现为对企业内部行为的规制。Web2.0、Web3.0 时代的到来,使网民也成为信息投放者、产品供给者、舆论生产者甚至平台共建者,从而推动企业、平台制定出台的管理规则不仅要强调对企业、平台自身运营的审查义务,还要强化对平台用户行为的有效监控,进而一定程度上产生了对外部的效力。

2. 从"趋利性"规则向"公益性"规则发展。早期出于自身发展的需要,互联网企业制定的管理规则带有明显的趋利性,其主要任务在于推动技术革新和企业营利。这种纯粹的趋利性在互联网企业面临政府监管、平台开放运营、社会责任、公共风险等多重因素的影响时,必然出现一定程度的转变,产生兼顾和照顾公共利益的需求。由此,近些年来,绝大多数互联网企业制定出台的管理规则,也逐渐实现从单纯讲究自身利益的趋利性向愈发强调公益性的方向发展。

3. 从倡议型规则向惩罚型规则发展。随着微信、淘宝等各大互联网平台用户、受众数量的爆发式增长,互联网企业、平台应对政府监管考核和公共风险防控的压力骤增,早期以倡议型为主要特征的管理规则难以充分满足平台日常管理的需求,从而推动了带有一定惩罚性的管理规则陆续出台,并得到大部分互联网企业、平台的广泛适用。

4. 从侧重义务的规则向兼顾权利保障的规则发展。无论从企业私益还是公共利益出发,注重内部管理都是企业各类管理规则的基本特征。然而,对互联网行业而言,用户数量、用户体验才是企业、平台价值评估的核心标准和生存发展的决定因素,如果只注重管理,势必造成用户流失。因此,随着互联网行业竞争形势的日益严峻,多数企业、平台的管理规则在规定用户守法守规义务的同时,也逐渐将用户的参与权、救济权等权利纳入其中。①

二、互联网公域治理变革的数据分析

学界习惯于从应然和实然两个层面出发,对法律制定的目的和实施效果进行研究。如果说对互联网公域治理规范体系的发展趋势展开分析,是从规则制定的本意出发,宏观把握互联网公域治理变革的逻辑脉络,那么对互联网公域治理变革相关数据的梳理分析,则试图通过微观的实证考察,进一步揭示互联网公域治理变革的演进规律。显然,从数据统计分析的角度切入,能够直观反映互联网公域治理中主体、方式、规则等具体内容的演变趋势。

(一) 关于互联网公域治理主体拓展的数据分析

从传统政府管理公共治理转型,最显著的特征就在于从单一性的政府管理模式,向政府、市场、社会多元主体协作治理,按照一定的规则发挥各自功用的模式转型。② 对互联网公域治理主体的变革进行数据分析,能够准确反映这一过程。

1. 互联网行业协会、基金会等社会组织的数量递增。互联网社会组织是指依法在民政部门登记注册,在网络安全和信息化领域开展自治工作的行业协会、基金会及社会服务机构等社会主体。随着互联网产业、行业的发展问题日益严峻,互联网社会组织在互联网公域治理中的作用也日渐凸显。国家公共政策和法律法规等规范性文件对社会组织参与互联网安全问题进行监管,对强化行业自律等内容提出具体要求,推动了互联网社会组织的迅猛发展。依托民政部政府信息网站提供的渠道,以"互联网组织""互联网协会"等为关键词查询,从1995年到2000年,我国在民政部门登记的互联网社会组织为数量为0,即互联网社会组织属于尚未起步的状态。2001年,中国互联网协会成立,标志着国内第一家互联网社会组织诞生。之后的一段时间内,尽管互联网进入广泛应用阶段,但是互联网社会组织依然呈现出缓慢递增的趋势。截至2005年12月,互联网行业协会的

① 石佑启、陈可翔:《互联网公共领域的软法治理》,《行政法学研究》2018年第4期。
② 郭道久:《协作治理是适合中国现实需求的治理模式》,《政治学研究》2016年第1期。

总数上升为 41 个,而全国性的互联网组织仍只有 1 家。2010 年以后,互联网产业经济飞速发展,推动了互联网社会组织数量的快速上升。截至 2011 年 12 月,互联网行业协会的总数为 84 家;到 2013 年 12 月,总数上升为 125 家。根据国家网信办的权威统计,截至 2015 年,全国共成立了互联网社会组织 546 家。① 其中,互联网行业协会的总数为 151 家,此外还包括其他以互联网安全和信息化建设为主要业务的基金会、非营利性单位等社会团体。近几年来,随着"网络强国"战略的深入实施,以及共享经济的发展,使互联网社会组织的地位和作用愈发受到重视,互联网社会组织迈入了高速发展期。截至 2019 年 11 月,互联网社会组织的总数已上升至 669 家,互联网行业协会共计 248 家。② 显然,互联网社会组织的兴起充分说明,互联网公域的安全和发展问题依靠单一性的政府管理模式已难以取得成效,互联网企业、网民迫切需要形成一定的组织形态,充分发挥社会组织本身的自治、自律功用,以强化对互联网公域环境的整体改造。

2. 互联网公域中具有一定影响力的大型企业、平台的数量逐渐增多,且民营企业所占比例呈上升趋势。一般情况下,我们所探讨的互联网企业是以互联网技术为核心竞争力,或者以互联网产品开发运营为主营业务的企业③,由此区别于那些以互联网为管理和运营工具的普通企业。互联网平台往往是互联网企业的外在表现形式或者技术产品。"互联网＋"对人类社会生产生活方式的深度改造,推动了互联网企业的蓬勃发展。工信部的数据统计分析结果显示,2018 年,我国互联网企业业务收入达到了 9562 亿元。④ 这表明,互联网企业已经成为一个庞大的社会群体,催生了互联网产业经济的新形态。其中,具有影响力的大型互联网企业(主要包含互联网上市企业和互联网独角兽企业⑤)数量的持续上升,是互联网企业产值增长的主要原因。截至 2018 年 12 月,我国的互联网上市公司共计 120 家(包含在境内外上市的企业),网络独角兽企业达到 113 家,且这些企业

---

① 《国家网信办统计:全国现有 546 家网络社会组织》,中华人民共和国国家互联网信息办公室网站:http://www. cac. gov. cn/2015-08/27/c_1116395325. htm,最后访问时间:2021 年 11 月 10 日。

② 相关统计数据均来源于中华人民共和国民政部门户网站的在线服务查询渠道:http://sgs. mca. gov. cn/article/fw/cxfw/shzzcx/,最后访问时间:2021 年 11 月 10 日。

③ 金定海、顾海伦:《论互联网企业的定义与再定义问题》,《现代传播(中国传媒大学学报)》2016 年第 5 期。

④ 《2018 年我国互联网企业完成业务收入 9562 亿元》,中国产业经济信息网:http://www. cinic. org. cn/xw/tjsj/470900. html,最后访问时间:2021 年 11 月 10 日。

⑤ 互联网独角兽企业主要指的是最近一次融资时,企业估值超过 10 亿美金的未上市互联网企业。

的业务类型均一直引领着我国互联网产业的发展业态和技术转型趋势。[①]大多数互联网企业的发展,与其搭建的互联网平台所占据的用户资源和信息资源息息相关。可以说,大型的互联网企业一般都拥有相对成熟的互联网平台。因此,无论是在经济层面还是技术层面,大型互联网企业都在互联网治理中占据一定的话语权。同时,工业和信息化部网络安全产业发展中心发布的《2019 年中国互联网企业 100 强发展报告》显示,阿里巴巴、腾讯、百度、京东等民营企业占据着互联网百强企业的榜首。[②] 这从本质上决定着,除了互联网社会组织以外,互联网企业的自我管理和良性发展也逐渐成为了互联网多元治理体系中的重要一环。

(二) 关于互联网公域治理方式变革的数据分析

互联网公域治理变革必然以治理方式变革为主要纽带。通过数据梳理与分析可以发现,从我国接入互联网至今,互联网公域治理方式的变革大体围绕两条逻辑主线展开:一是涉及政社合作、政企合作的频率逐渐提高,且政府与社会主体在治理方式的选取上愈发重视强制程度的选择和调适;二是电子化、数字化与政府行政过程的结合更加紧密,"互联网＋政务"广泛应用。

1. 政社合作、政企合作逐渐成为互联网治理的重要方式,且政府对非强制性治理方式的应用越来越广泛;相反,社会主体在各自的自治场域内开始频繁使用带有惩戒性的强制手段。在互联网发展早期,我国的公共政策、法律法规等规范性文件便对互联网社会组织、企业的自律义务有所规定。随着互联网技术应用的普及,公共任务的拓展对社会主体参与互联网公共事务合作治理的要求更加迫切。在互联网公域治理实践中,政社、政企合作(统称公私合作)方式日渐得到政府的关注和运用。以政府信息网站建设为例,在中国政府采购网上将"网站""技术"等作为搜索关键词,搜索到相关的政府招标信息 2013—2015 年有 550 条左右,2016—2018 年有 700 余条,2019—2021 年有近 530 条,其中包含各地区、各部门的网站测评升级优化、手机 APP 开发运行、微信公众号运营等项目。[③] 可见,政府在部分网络公共事务治理,尤其是在服务类事项中大量采用公私合作形式,以

---

① 参见 2019 年 2 月中国互联网络信息中心(CNNIC)发布的第 43 次《中国互联网络发展状况统计报告》第 65—67 页。

② 《2019 年中国互联网企业 100 强榜单揭晓》,中华人民共和国工业和信息部网站:http://www.miit.gov.cn/n1146290/n1146402/n1146445/c7260802/content.html,最后访问时间:2019年 11 月 11 日。

③ 相关数据来源于中国政府采购网:http://search.ccgp.gov.cn/bxsearch 的高级检索渠道,最后访问时间:2021 年 12 月 8 日。

弥补自身的技术性欠缺。同时,相关数据显示,互联网社会组织、平台在网络公共秩序建构中的自我规制作用更加凸显,社会组织、平台频繁使用禁言、封停、注销、删除等方式对用户的违法违规行为进行惩罚,平台治理的强制性明显增强。例如,2018 年,QQ 针对平台以文字、语音等方式发送带有"性挑逗"信息的现象,已封停群号 280 个、管理员账号 600 余个;微信共查封涉及低俗色情暴力的账号超 18 万个,删除含有低俗色情暴力的文章31 万篇,辟谣文章 10.5 万篇等。① 又如,2020 年 6 月,抖音官方发布的《抖音对违规账号及内容的处罚通告》称,抖音平台于 2020 年 5 月累计清理视频 79281 条、音频 36353 个,永久封禁帐号 250241 个。不难发现,互联网平台经济的发展,突出了互联网行业自律、企业自治的重要性,互联网平台对用户内容审查和资质审核的强化,对用户违法违规行为的自查自纠、积极整改,成为互联网公域问题治理的主要方式。

互联网平台对违规行为的惩戒,体现了社会主体自治行为强制程度的提高。尤其是查封号的方式,可能由于账号对用户的重要经济价值,有时在惩罚程度和效果上并不亚于传统的行政处罚。相反,政府对互联网公共问题予以规制的强制程度则有所减弱,指导、约谈等非强制性的行政方式在实践中得到广泛应用。经过数据统计,2020 年,全国网信系统和交通部门、市场监管部门等就个人信息安全、出行安全、低俗色情、网络促销、网络谣言等违规事由约谈了 4282 家网站②,以及滴滴出行、百度、新浪、斗鱼、淘宝等数十家网络平台;2018 年,相关部门指导腾讯查封了 9.9 万个违法违规账号③。除此之外,其他行政机关也都尝试对存在违法违规现象的互联网企业、平台采取约谈、指导等相对柔性化的监管方式。

2."互联网+政务"改革持续深化,电子化、数字化行政方式在各个领域获得广泛适用,推动着政务服务方式的转型升级,从而通过技术创新和应用,提升了政府综合服务的效能。党的十九大报告提出,要增强改革创新本领,保持锐意进取的精神风貌,善于结合实际,创造性推动工作,善于运用互联网技术和信息化手段开展工作。党的十九届四中全会要求,进一步加强数字政府建设,强化对数据的有序共享,并依法保障个人信息安全。

---

① 参见《2018 年微信封禁低俗类账号 18 万个》,腾讯网: https://cq. qq. com/a/20181112/004813. htm,最后访问时间: 2021 年 12 月 13 日。

② 参见《国家网信办: 2020 年全国网信系统停更网站 1994 家》,光明网: https://m. gmw. cn/baijia/2021-01/31/1302083230. html,最后访问时间: 2021 年 12 月 13 日。

③ 相关统计数据来源于国家网信办以及北京、上海、广州等地方网信办官方网站发布的新闻数据汇总。

电子政务的推广是政府职能转变的重要手段和方式。[①] 截至 2020 年 12
月,我国各级政府共建有政府门户网站和部门网站共计 14444 个。其中,
国务院部门及其内设垂直管理机构共有网站 894 个,省级及以下行政单位
共有网站 13549 个;各级政府网站开通栏目 29.8 万个,信息公开类栏目数
量最多,共有 21.5 万个。[②] 全国各地区各部门探索建立"一网通""一网办"
等一体化政务平台,在疫情期间推出返岗就业、在线招聘、网上办税等高频
办事服务 700 余项。[③] 从关注和参与互联网政务服务的受众范围来看,截
至 2019 年 6 月,我国在线政务服务用户人数达到 5.09 亿,占网民总数的
59.6%。自国家政务服务平台于 2018 年 5 月试运行以来,累计访问量达
到 2.22 亿次。与此同时,政务新媒体得到长足的发展。其中,微信城市政
务服务的累计用户达到 6.2 亿人次,新浪平台认证的政务机构微博有 13.9
万个等。[④] 这些数据充分说明,互联网的发展推动了,甚至可以说倒逼着
以"互联网+政务"为代表的治理方式变革,使政府服务和监管能够契合互
联网公域,尤其是虚拟公域中网民对构建合法化、便捷化、效能化、智能化
政府的需求。

三、互联网公域治理变革的趋势评析

对互联网公域治理规范的演变规律及相关数据的梳理与分析,可以较
为清晰地呈现出互联网公域治理变革的基本轮廓和发展趋势。任何事物
的良性发展总是立足于解决现实问题,并朝着更稳定的运行状态演进。互
联网公域治理的变革趋势也应当是立足当下、展望未来,以反复的调适转
型来回应互联网公域发展产生的治理需求。正如有学者提出的,未来的互
联网治理一定是多方协同、生态化的治理。[⑤]

(一)互联网公域治理变革的现存问题

1. 虽然在互联网发展的不同阶段,公共政策、法律法规等规范性文件
都做出了一定程度的调适,但是总体而言,规范性文件的制定、修改和完善
相对于互联网技术更替和应用的发展速度而言,仍显现出了明显的滞后

---

① 张锐昕、杨国栋:《政务与政府职能转变的逻辑关联》,《甘肃社会科学》2012 年第 2 期。
② 参见中国互联网络信息中心(CNNIC)发布的第 47 次《中国互联网络发展状况统计报告》
第 61—64 页。
③ 参见中国互联网络信息中心(CNNIC)发布的第 48 次《中国互联网络发展状况统计报告》
第 21 页。
④ 参见 2019 年 8 月中国互联网络信息中心(CNNIC)发布的第 44 次《中国互联网络发展状
况统计报告》第 53—62 页。
⑤ 高红冰:《平台经济崛起改变互联网治理模式》,《前线》2016 年第 2 期。

性。换言之,公共政策、法律法规的滞后性与互联网的飞速发展之间的冲突,或者规范体系在实践中执行不到位,使得互联网公共问题无法得到及时解决,都导致了我国互联网公共政策、法律法规的制定和执行难以跳出"突发公共问题—规范制定"或者"规范制定—突发公共问题—规范修改"的逻辑怪圈。故如何弥补规范体系的滞后性,为治理提供充分的依据,是推进互联网公域治理顺利展开所面临的重要问题。

2. 互联网社会组织、企业、平台等社会主体制定的规范性文件在发挥其价值功用的同时,也存在正当性欠缺、价值偏好突出、与法律法规衔接不畅、载体形态纷繁复杂且随意性强①、制定程序不公正、实施效果不佳等诸多问题。通过积极解决这些问题,保证互联网行业章程、标准、公约,以及企业和平台制定的管理规则等规范性文件自身的合法合理、制定程序公正等,能够为互联网公域治理提供有力的法治保障。

3. 从政府内部维度来看,尽管经历了数次机构改革调整,互联网公域治理中政出多门、职能交叉的现象依然存在,参与互联网监管的行政机关仍然呈现"繁多而松散"的状态;②从政府外部维度来看,虽然社会组织、平台在互联网治理中的作用日趋凸显,但是政府、社会组织、平台依然没有形成清晰的功能分域、分工定位。例如,政府通过约谈、指导等形式,仍可以轻而易举地介入到社会组织、平台自治的范围中,这证明其彼此间的界限尚未明晰;企业、平台则一般只有在政府约谈或者责令整改之后,才会采取一系列的内部"封号禁号"措施,从而表现出参与治理活动的被动性,等等。这些问题都需要进一步寻求解决的对策和方案。

(二)互联网公域治理的变革趋势预判

立足于互联网技术及其应用的飞速发展,以及当下互联网公域治理变革出现的现实问题,互联网公域治理变革必然进一步演化,并呈现出相应的规律。

1. 互联网安全问题始终是公共政策、法律法规等规范性文件主要关注和调整的问题。十八大以来,习近平总书记就互联网安全问题发表了一系列重要讲话,提出了关于互联网安全治理的新思想、新论断,这为新时代互联网安全治理提供了根本遵循。互联网安全问题始终要依靠公共政策、法律法规等文件的制定和实施来加以破解。2016 年 11 月通过的《国家安

---

① 罗豪才、宋功德:《认真对待软法——公域软法的一般理论及其中国实践》,《中国法学》2006 年第 2 期。

② 孙宇、苏兰芳:《"互联网+"政策主体合作治理探析——基于政策文本的阐释》,《未来与发展》2017 年第 12 期。

全法》规定,要维护网络空间主权和国家安全,要推广安全可信的网络产品和服务;2019 年年底通过的《网络信息内容生态治理规定》将营造良好网络生态,维护国家安全和公共利益作为主要立法目的;2021 年 8 月通过的《个人信息保护法》将保护个人信息权益作为最主要的立法目的。可见,随着互联网技术的不断更替,政策与法律作为推动和保障互联网安全的重要基石,其作用必然持续加强,为持续完善互联网安全制度体系,强化互联网安全监管奠定基础。

2. 公共政策、法律法规等规范性文件要持续为互联网技术创新、产业创新等释放充足的空间。公域治理规范体系既能够依托权利义务关系的调整对互联网规则和秩序产生直接影响,也能够通过教育引导和技术创新等方式来实现对互联网规则和秩序的间接影响。① 故如何防止规范体系过多地强调技术性控制而束缚互联网的技术、产业创新②,这是在推动“互联网＋政务”改革的大背景下,需要公共政策和法律法规持续深入探索解决的问题。

3. 要尝试进一步厘清政府与社会组织、企业等多元主体在互联网公域问题中的合作治理关系。互联网与购物、出行、社交、金融等社会生产生活方式的紧密融合,加快了互联网产业发展的进程,也奠定了互联网社会组织、企业、平台等社会主体在互联网公域治理中的重要地位。因此,与互联网平台经济、产业经济的发展相适应,要致力于推动政府、社会、市场在互联网公域治理中的功能分域和多元主体在治理中的职权分配明晰化,并进一步明确其各自的责任边界。这在很大程度上也仰仗于社会组织章程、平台管理规则的合法有效,以及其与法律法规之间的衔接适用。

4. 互联网公域治理变革要强调塑造“以人为本”的价值理念。“网络强国”战略、“互联网＋”行动计划、“大数据”战略等国家战略的深入实施,“互联网＋政务服务”“互联网＋贸易”等技术应用形式的创新,最终都指向满足人们日益增长的利益需求。换言之,更好地造福国家和人民,是推动互联网发展的价值目标。故互联网公域治理变革要紧紧围绕“以人为本”的价值理念展开,如依托技术应用来创新公共服务的供给模式,保障公民参与网络互动、获得网络安全保障和纠纷救济的权利等。

---

① 于雯雯:《法学视域下的中国互联网治理研究综述》,《法律适用》2015 年第 1 期。
② 张志安、卢家银、曹洵:《网络空间法治化的成效、挑战与应对》,《新疆师范大学学报(哲学社会科学版)》2016 年第 5 期。

第二节　互联网公域治理变革的主要内涵

从互联网公域治理规范的演变规律及互联网公域治理的相关数据中，我们可以对互联网公域治理变革的整体进程产生一种直观的感受和认知，可以在一定程度上揭示互联网公域治理的现存问题，并预判互联网公域治理的未来趋势。这些最终都指向于呈现一个互联网公域治理变革的现实图景，以进一步提炼和归纳互联网公域治理变革的主要内涵。传统观点认为，治理变革主要表现为治理主体的多元化、治理客体的扩展、治理机制与手段的变革等。[①] 国家发展和治理的具体实践表明，治理理论只有立足于本土化的语境之下，才能实现理想的重塑。[②] 同样，治理也只有立足于其兴起背后的动因与客体自身的特点，才能达致理想的状态。故互联网公域治理变革以互联网时代公域的发展为现实基础，其既要承担互联网公域安全保障和秩序建构的重要任务，也要回应互联网公域中公共产品和服务供给的实际需要，以有效弥补传统政府管理模式存在的不足，以及治理变革过程中暴露出来的欠缺。总体而言，互联网公域治理变革的主要内涵表现为理念、规则、主体、方式、过程等方面的整体变革。

一、互联网公域治理理念的革新

法国作家雨果曾言："一种观念的形成是连枪炮都挡不住的。"当价值理念与现实行动紧密结合，理念本身便成为了行动的重要驱动力。治理理念作为一种阐释现代社会的政治秩序与结构变化，以及分析现代公共行政权力基本框架，揭示公共政策体系特征的分析逻辑和思想体系，是与传统的"国家统治"和"政府控制"观念相区别，甚至完全对立起来的。[③] 互联网公域治理理念的革新，既表现为共性层面的治理理念生成，也体现为对互联网自身所特有的价值理念的吸收和转化。

（一）公域利益与私人利益相统一的价值导向

公域治理变革的基本立场指向于立足公益与私益相互交融、辩证统一的利益基础，在治理的整体过程中，促进公共利益与私人利益的最大化，这

---

① 滕世华：《公共治理理论及其引发的变革》，《国家行政学院学报》2003 年第 1 期。

② 吴家庆、王毅：《中国与西方治理理论之比较》，《湖南师范大学学报》2007 年第 2 期。

③ 聂平平：《公共治理：背景、理念及其理论边界》，《江西行政学院学报》2005 年第 4 期。

是其与传统政府管理模式的根本差异。在互联网公域治理中,互联网社会组织、互联网平台、网民等社会主体的地位日渐提高,公民的网络参与权、知情权、言论权、监督权等权利的日渐凸显,更加突出了保障私人利益的重要性。由此,公域利益保护与公民权利保障相统一,构成了推动互联网公域治理变革的价值导向,形塑了互联网公域治理理念变革的主线索。

互联网公域治理变革是关于公域治理整体性变革的动因和形态,故应当遵循公域治理变革的基本脉络与逻辑。公域治理是促进公共利益实现的路径依归,其既延续了传统政府管理模式所倡导的公共秩序价值观,又尝试在治理过程中理顺公益与私益的辩证关系,强化对公民尊严和权利的保护,促进公权力主体与利益相关者在利益分配问题上达成共识。① 维持互联网公域秩序,保障互联网公域安全,促进互联网发展,共同营造良好的互联网环境,最大程度地满足多元主体对互联网发展的需求,是互联网公域治理理念革新的基本指向。过去,以政府为主导的管理模式将互联网公域的秩序问题、安全问题无限放大化,忽视了人的权利在互联网公域中的实现,导致强制、监管成为互联网公域运转的主基调,而服务、效率、创新等利益需求则鲜少为人所提及。通过塑造互联网公域治理理念,能够正确理解公益与私益的相互依存性,能够以资源配置、利益分配的最优化统筹互联网公域整体的安全、发展与互联网企业技术创新、产品投放,以及网民发表舆论、获取服务之间的关系。同时,强调公益保护与私益保障相统一,将以往被忽视的公民权利纳入互联网公域治理理应关注的范畴之中,使自由、平等、民主、效能、创新等网络化逻辑得到应有的重视,推动公共权力运行模式朝着服务型、高效型、合作型的方向转变。

(二)服务本位与效能意识的强化

在传统政府管理模式下,互联网公域只是政府权力运行的客体,是政府权力规制和监管的对象。通过自上而下的权力行使,实现对互联网公域问题的有效规制,以及对互联网公域秩序的维护,是互联网政府管理体制设定的主要目标。尽管在政府行使权力的过程中,也不乏对民主参与、舆论监督的逐渐强化,但是就互联网监管的性质而言,其仍难以摆脱"上令下行""命令与服从"的权力中心主义。也就是说,互联网公域的政府管理模式始终以行政权行使为中心,以管理为本位。这在实际上生硬地割裂了互联网公域中政府与社会、政府与市场的互动关系,忽视了虚拟公域生成、网络化逻辑转变、互联网生产生活方式改造等语境下,公众对政府紧跟互联

---

① 张成福、李丹婷:《公共利益与公共治理》,《中国人民大学学报》2012 年第 2 期。

网发展步伐,依托信息技术应用提供广泛的公共服务,以及提升公共服务质量的需求。对此,互联网公域治理变革必然要展现出破除政府管理模式下"只重视管制不重视服务""以便利政府行政为导向"等弊端的强烈愿望,推动了"以服务为本位""以满足公民需求为核心"等治理理念的生成。服务型治理理念的革新最为突出的功用在于,通过引导政府树立"以人为本、为民服务"的价值观,持续优化职能和简化服务程序,推进政务服务电子化、信息化、网络化改革的全面铺开,以"互联网＋政务服务"改革促进政府的整体性、开放性、协同性、智慧性治理的实现。①

在互联网时代,塑造以服务为本位的治理理念,不仅要求公权力主体借助互联网技术搭建与公众便捷沟通的桥梁,为公众提供全面广泛的公共服务,还内含了以互联网的高效性提高公共服务效率的需求。美国学者威尔逊曾言:"人们对政府官员是否有信心,唯一的正确标准是看他的效率。"②同样,公民对政府的信任,很大程度也取决于政府能否通过高效的人力与物质资源配置来实现政府职能,服务公众。从这个角度讲,效率意识也是一种效能意识,其要求政府以最小的成本和最短的时间投入实现最优的公共服务和相关产品的供给。互联网技术的升级改造,为政府继续推进网络化、大数据治理,持续提高治理效能提供无限的可能性。同时,效能意识也要求同步提高互联网公域治理中公私合作、风险防控、舆论应对、纠纷救济等公共事务的整体效率。

(三) 去中心化、多元化的合作理念塑造

众所周知,互联网从诞生之日起就自带"去中心化"属性。其实,开发阿帕网的目的和初衷,就是要建立一个即使去掉中心节点,其他节点还能正常相连,继续发挥核心功能的通信系统。③ 随着互联网公域的发展,网络族群、互联网社会组织、互联网平台的兴起,促使网络话语权呈现分散化的状态,加剧了互联网公域的去中心化趋势,也推动了传统权力单核主义的管理理念向权力去中心化的治理理念转型。特别是,区块链技术的兴起和广泛应用,加剧了去中心化的趋势。换个角度而言,去中心化理念的塑造表明,互联网公域治理应当遵循从单一化管理迈向多元化治理的逻辑主

---

① 李春根、李志强:《以"互联网＋政务服务"引领政府治理现代化》,《中国行政管理》2016年第7期。

② 〔美〕威尔逊著:《国会政体:美国政治研究》,熊希龄、德本译,北京:商务印书馆1986年版,第140页。

③ 崔学敬、赵志学:《论互联网思维对当前我国社会治理的启示》,《行政管理改革》2017年第3期。

线,培育多元化的治理理念,以指引多元主体运用多样性的治理方式解决复杂多样的互联公域问题。

去中心化、多元化的公域治理理念,引领了传统公域结构及其内部的权力秩序重构的进程,形成了相对应的离散化、多中心、多元化的互联网公域结构①,推动着网络族群、互联网社会组织、平台从单纯的互联网公域治理客体向治理主体转型。多元化的治理主体随着网络公共资源分配的日益均等化,在治理实践中获得更为平等的地位和待遇,推动平等的治理观在互联网公域治理实践中得到巩固和确立。

同时,多元、平等的治理理念与相互差异的职能分配、治理优势共同促进了互联网协商合作治理理念的生成和深化。在互联网公域治理实践中,政府维护公共秩序、提供公共服务的方式将是掌舵,而不再是划桨②,互联网社会组织、企业、平台等主体基于技术开发、用户资源等优势,逐渐在治理中占据主动权。因此,贯彻协商合作的理念能够促进政府、社会组织、企业、公民在互联网公域的公共安全保障、公共产品供给等公共事业建设中达成稳定的共识,发挥其各自的功能和优势。

(四) 开放、创新的治理理念变革

开放与创新可以说构成了互联网公域治理的一体两面。开放意味着要用发展、包容的态度看待互联网公域治理面临的新问题、新现象,以及治理过程中的新尝试;创新表明不仅要鼓励多元主体参与互联网技术创新、应用创新,还要积极创新治理规则和模式,以有效应对互联网时代公域的多元化治理需求。

无论从互联网的技术特征而言,还是从互联网公域的发展而言,开放性始终被认为是互联网发展的固有特性。③ 互联网公域必须是开放的,封闭会泯灭互联网自身的优势,使互联网公域的发展处于停滞不前甚至倒退的状态。反之,只有秉持互联网的开放性,才能促进互联网发展和壮大。因此,推动互联网公域治理变革,必然要形成开放性的治理理念,包括强调为互联网技术创新营造开放的氛围、为互联网社会主体开放政府权力行使的场域、建设开放的网络舆论环境等。开放是互联网的天然属性,创新是互联网的核心驱动力。④ 与开放性治理理念相对应的,是创新性治理理念

---

① 王国华、骆毅:《论互联网时代社会治理的转型》,《江汉论坛》2015 年第 7 期。

② 〔美〕戴维·奥斯本、〔美〕特德·盖布勒著:《改革政府——企业家精神如何改革着公营部门》,周敦仁等译,上海:上海译文出版社 1996 年版,第 78 页。

③ 王世华、冷春燕:《互联网再认识:关于互联网开放性的探讨》,《新闻界》2013 年第 12 期。

④ 刘叶婷:《互联网思维语境下的政府治理创新》,《领导科学》2014 年第 8 期。

的培育。创新是互联网发展的本质属性,创新理念是互联网发展的核心理念,因为互联网本身便是技术和社会"突破性创新"的产物,其核心内容的突破和普及,都是创新的结果。塑造创新的治理理念,一是要支持政府、互联网社会组织及企业、平台参与互联网技术创新和推广,为市场主体、研发机构的创新性权利提供有效保障;二是要引领和推动治理规则、方式、机制等领域的整体创新,以回应日益复杂多样的互联网公域治理问题和需求。

二、互联网公域治理结构的转型

毋庸置疑,公域治理结构在公域治理中居于首要的地位,甚至被称为公域治理的基本主题。[①] 治理结构转型关涉公共权力、公共权威结构的发展和调适,更与公民在政府、社会组织公共权力行使过程中的权利义务,以及由此产生的利益关系、责任形态息息相关。无论从互联网公域治理变革的规范梳理,还是互联网公域治理变革实践的数据分析中,都能够观察到互联网公域治理结构转型的基本规律。互联网公域发展的客观需要,推动着单一化的政府管理结构向多元主体合作共治的治理结构转型。同时,基于规制与服务的共同需要,既有的政府内部结构也进行着职能和权责的调整。在公权力结构转型的进程中,公民借助于技术、平台和群体的生成和发展,正朝着更为平等的身份地位转换。

(一)单一政府管理结构向多元合作治理结构转型

诚如前所述,在互联网发展早期,政府承担了绝大多数互联网安全监管事务,主导了互联网安全问题监管的总体布局和进程,由此形成了以政府为核心的封闭性管理模式。在互联网政府管理模式下,互联网社会组织、企业等社会主体作为被管理的对象,并未获得太多自主活动的空间,公民作为网络信息的接收者处于相对被动和弱势的地位。随着互联网信息技术的不断更替,尤其是互联网公域的发展,网络犯罪、网络暴力、网络谣言等互联网公域安全问题频发,互联网公共产品供给的不足逐渐暴露了传统政府管理模式的不适应症,暴露了政府管理模式在应对互联网公域日新月异的变化时所面临的滞后性,从而推动了强调多元合作的治理模式之兴起。

互联网公域治理结构转型,事实上就是政府管理范围收缩,将一部分职能逐步交由互联网社会组织、企业、平台,甚至网民自主承担的过程,其必然伴随着政府权力的持续分化与社会组织、企业、平台、公民等权利的扩

---

① 黄显中、何音:《公共治理的基本机构:模型的架构与应用》,《上海行政学院学报》2010 年第 2 期。

张。在治理模式转型的过程中,政府对互联网公域秩序问题的监管权力逐渐向市场、社会迁移,赋予了互联网社会组织、企业充分的自治、自律空间,形成了政府部门和非政府部门、众多公共行动主体彼此合作,在相互依存的环境中共享公共权力,合作管理公共事务的网络化治理模式。① 例如,更多的互联网社会组织、平台参与到互联网行业规范管理、公共场域秩序建构、公共服务供给等公共事务中,其中不乏对社会公权力的运用。同时,网络族群的兴起、社会认同的变迁,以及信息资源的垄断,使互联网公域内部结构进一步细分,推动了影响和参与公共决策与公共管理的主体类型愈发多元化。

多元主体对互联网公共事务的协同共治,目的是通过灵活多变的集体行动组合,探寻互联网公域问题的解决途径,从而避免政府在互联网公共问题治理中的"单打独斗"。正如朱迪·弗里曼所描述的:"行政是一项以大量不同主体之间的相互依赖为特征的工作。"②政府、互联网社会组织、企业、平台、公民要共同参与到互联网公域事务的治理当中,形成稳定的"政府—社会"互动结构,前提条件是要保证互联网社会主体的自我管理、自我约束达到了相对成熟的程度,形成了稳定的自治和共治结构。由此,才能跳脱政府管理模式单向的"中心—边缘"结构,激发非政府主体对互联网公共事务治理的参与热情;才能发挥社会组织、平台,甚至网络族群的自治功能,运用其专业性、高效性优势来弥补政府在互联网公域风险治理中的盲目性、滞后性。可见,互联网公域治理结构转型应当是一个持续演变的动态过程,其随着互联网技术的更替及由此产生的政府与社会关系的调适而不断发展。当然,在现阶段和可预见的未来,政府始终是互联网公域治理结构中不可或缺的重要组成部分,其能够为社会提供强有力的公共服务,并为互联网公共秩序建构、治理风险防控提供强有力的支撑。

(二) 政府内部职能优化及其对应的权力结构调整

政府职能是政府依法对社会各领域进行管理的职责和功能,是政府全部管理工作的"灵魂",其揭示了政府管理的方向、限度和内容。③ 在互联网公域治理变革中,政府职能也必然不是一成不变的,而是立足于互联

---

① 参见陈振明:《公共管理学——一种不同于传统行政学的研究途径》,北京:中国人民大学出版社 2003 年版,第 86 页。

② [美]朱迪·弗里曼著:《合作治理与新行政法》,毕洪海、陈标冲译,北京:商务出版社 2010 年版,第 195 页。

③ 石佑启著:《论公共行政与行政法学的范式转换》,北京:北京大学出版社 2003 年版,第 77 页。

网公域发展的客观需要而不断进行相应的调整,以达到最优的状态。政府的职能优化的核心内容是要明确政府"该管什么""不应该管什么",以及"如何将该管的事情管好"等问题,厘清政府的职能边界。这事实上涉及两个维度的内容,一是处理好政府与市场、社会之间的功能分域问题;二是完善政府内部的职能体系和结构,更好地发挥政府作用的问题。因此,互联网公域治理结构的转型,不单纯呈现为政府、互联网社会组织、平台等主体分工合作的逻辑脉络,也包含了政府内部通过推进行政体制改革,整合治理资源,以更好地完成行政任务的过程。总体而言,政府在互联网公域治理结构中主要承担着网络安全问题监管、网络公共危机处理、网络公共服务供给等行政任务。故在自身所承担的公共责任范围内,如何防止政府不作为、乱作为,保证政府以最佳配置扮演好其自身在互联网公域治理中的角色,是持续推进政府内部职能结构调整的主要动因和目标导向。

此外,基于职能分配与权力结构的内在关联性,政府职能优化目标的有效实现,很大程度上取决于是否围绕其职能的调整,同步推进权力结构的调适,形成合理的权力结构。基于开放互通的内在属性,互联网破除了传统公域中政府内部交流的壁垒,拓宽和改造了政府之间合作的渠道。互联网公域治理变革中政府职能的优化,必然要求推动中央与地方、政府各个职能部门之间,以及区域内各地方政府之间权力结构的调整。显然,推动纵向上各层级、横向上各地方政府间的合作,有助于在内部建立起合作治理的网络化结构,有助于有效缓解传统科层制和地方割据引起的对互联网公域治理需求的回应性不足、信息交流不畅、效率较低等问题,有助于契合互联网公域互联互通的现实基础,进一步明晰政府内部在互联网公域治理中的职能划分与权责关系。总体而言,互联网公域治理中,政府权力结构的调整主要围绕两条进路展开:一是纵向上,中央主动向地方分权,强化与地方政府协商互动,搭建央地共享联通的治理平台;二是横向上,各地方政府通过权力让渡,构建跨区域互联网治理机制,减少政府各职能部门的职权冲突,促进互联网治理中政府职权的相对集中,防止监管过程中的多头执法、政出多门。

(三)网络舆论有效监督促进公民主体地位提升

在人类社会的发展进程中,舆论是一种恒久存在的客观现象。舆论的生成是绝大多数公民言论的汇集和延伸,其受到社会多重因素的左右和影响。有学者提出:"利益相关、价值共振、情感共鸣是网络舆论生成的根本原因。"①除此之外,互联网信息传播技术的发展、虚拟公域的开放、互联网互动平台的成熟、网络族群的兴起等,都为网络舆论的生成提供了客观条件。舆论是一个相对中立的辞藻,其本身并不夹带过多的政治色彩。然而,互联网发展对公域的宏观改造,推动人们开始重新审视和思考传统公域中的诸多概念范畴,多元化、智能化、专业化等网络化逻辑促进了自由、公正、平等、民主、效能等互联网思维的生成,这从根本上改变了舆论的中立属性,使网络舆论自身区别于网络谣言、网络暴力而带有某种正当性。网络舆论的兴起作为互联网公共领域拓展的重要表征,往往延续和强化了公共领域的价值功能——对公共权威的监督。通过网络舆论的监督,促使政府重新审视其行为的程序和结果,并作出相应的修正。同时,网络舆论拓宽了政府与社会的沟通渠道和方式,让公民广泛参与到公共决策当中,全面反映其正当的利益诉求,甚至推翻既定的规则和决定,使公民个人向往的平等和自由在互联网公域秩序建构和服务供给中得到满足。由此可见,除了互联网行业组织、企业、平台等社会主体的角色转变外,网络舆论对公共权力行使的有效监督,也使得公民的地位日趋提升,推动公民从被动参与公共事务管理向主动参与互联网公共事务治理的方向发展,使之成为名副其实的治理主体,继而促进了互联网公域治理结构的转型。

三、互联网公域治理方式的拓展

多元化的互联网公域治理结构,只有依托于多样性治理方式的应用才能得以有效运转。政府与社会作为公域范畴的两大重要组成部分,有各自的行动资源与逻辑,也有各自的行动范围和边界。公域治理活动所塑造的多元治理结构,将协商民主、合作互动提升为一种治理的新常态。故在互联网公域治理变革的进程中,无论是立足于政府权力向社会迁移而产生的共治,还是互联网社会所倡导的自律、自治,多元主体在治理公共事务方面都主张拥有更多的手段与方法②,以合作、柔性、智能的治理方式弥补传统管理方式存在的不足,从而呈现出治理方式持续丰富的发展规律。

(一)双向度治理方式的应用

在互联网发展早期的政府管理体制下,政府以完成互联网安全监管任务,防控互联网公共风险为导向,政府对维护互联网公域秩序的整体安排

---

① 黄永林、喻发胜、王晓红:《中国社会转型期网络舆论的生成原因》,《华中师范大学学报(人文社会科学版)》2010 年第 3 期。

② 任维德:《公共治理:内涵、基础、途径》,《内蒙古大学学报(人文社会科学版)》2004 年第 1 期。

具有绝对的主导权,互联网具体监管部门往往单方面地表达监管思路并作出公共决策。互联网社会组织、企业、平台及公民只是被动地接受与服从监管行为,遵循相应的程序和接受相关结果。故公权力运行主要呈现出单向度的、封闭式的特征。显然,互联网时代公民社会的兴起和第三部门的发展,使这种单向度的政府管理方式逐渐面临重重困难。① 互联网公域治理结构的转型表明,互联网社会组织、平台、公民已经不再是单纯的被监管对象或者纯粹的命令服从者,而是借助平台场域,利用技术、用户、生产资源等优势以及舆论影响,逐渐成为参与治理的重要主体,从而使政府与社会的地位趋向平等,推动了"命令—服从"的单向关系逐渐向平等协商的互动关系转型。由此,协商合作的治理方式在互联网公域治理中得到普遍应用,以架构起平等主体共治的桥梁。(1)政府内部强化了不同权力部门的联动,信息共享、联合发文、专项整治等职权的整合,使各监管部门缓解了职能交叉重叠、政出多门的困境;(2)政府通过公私合作、公共服务外包等方式,发挥互联网社会组织、平台在网络安全监管、网络服务供给等公共事务中的作用,加强对互联网的社会控制,让掌握技术优势的平台对互联网进行精准而又彻底的管理和审查。② 公民借助于强大的网络技术和平台,通过网络舆论、网络听证等方式,加强与政府、社会组织的沟通互动等。双向度、合作型治理方式的应用,从本质上改造了传统高权行政在互联网公域中所形成的单向度权力运行状态,形成了"权力—权力"或"权力—权利"彼此互动的格局。

(二) 柔性化治理方式的推广

传统互联网管理模式呈现出政府权力单向运行的基本特征,也暴露了其内在的强制属性。毋庸置疑,以"强制与制裁"为核心的监管方式可以有效应对互联网公域安全问题,防控互联网公共风险,在互联网公域治理中发挥着必不可少的作用。然而,片面强调强制性行政行为的作用也会走向另外一种极端——将互联网公域技术的创新和应用扼杀在摇篮之中。同时,网络舆论是网民表达公共诉求的重要途径,其往往夹带着某种严重的对立和不满情绪。③ 故倘若过多使用强制性管理方式,很可能进一步引起政府与社会主体、公民的直接对抗和冲突,产生反面的效果。为此,在倡导

---

① 孙健:《网络化治理:公共事务管理的新模式》,《学术界》2011 年第 2 期。

② [美]马克·波斯特著:《第二媒介时代》,范静哗译,南京:南京大学出版社 2001 年版,第 93、94 页。

③ 熊光清:《网络社会的兴起与治理变革:中国的问题与出路》,《学习与探索》2017 年第 9 期。

以人为本、开放多元、权利平等的互联网公域治理理念的引导下,近些年来,政府开始提倡在部分互联网公共事务治理中采用相对柔性化的方式,以避免出现"以罚代管"而最终却未能解决实际问题,以及监管错位而越过社会自治范畴,过多干预互联网企业、平台自治与网民内部事务等情形。

政府、互联网社会组织、平台等多元主体平等合作、协商共治的过程,在一定程度上也体现了政府放松管制,开始探索使用柔性化治理手段的意图。除此之外,以更好地完成监管和服务目标为指引,政府也积极促进了更多具有弹性的、有效的治理方式在互联网公域治理中的运用,如行政指导、行政奖励、行政约谈等,以尽可能弱化传统管制模式的"权力—命令"色彩。[①] 且随着互联网公域中权利义务关系、生产生活关系的持续调适,柔性化治理方式的应用也将得到更全面的推广。当然,需要明确的是,柔性化治理方式的适用,并不意味着对强制性监管方式的摒弃。一方面,对互联网公域风险的防控,始终需要强硬的监管手段作为兜底;另一方面,部分柔性化手段的应用,实质上是一种规制的强化,其通过合作、指导等形式来发挥互联网社会主体在部分监管活动中的强势地位,从而实现规制的有效性。

(三) 智能化治理方式的普及

通过数据分析可以发现,从提出国家信息化建设到"网络强国"战略的实施,再到全面实施"互联网＋"行动计划,我国"互联网＋政务服务"得到了长足的发展。各地区各部门的政府门户网站、行政过程的电子化与数字化改造等,推动了互联网公域治理方式的信息化进程,使智能化的治理方式迅速得到普及。智能化治理方式的普及,是连通虚拟公域的客观需要,是政府回应互联网公域发展的必然选择。只有充分利用和融合互联网信息技术高效性、精准性、便捷性、联通性等优势,才能同步优化治理的程序与形式,实现治理活动与公民对获得优质网络服务以及减少行政程序负担等需求的有效对接。智能化治理方式的普及是一个长期的过程,其随着互联网技术的更替和应用而持续深化。从传统机械化的电子行政到互联网政务,再到大数据政府和人工智能政府,直到当下最为前沿的大数据、区块链行政,智能化治理方式的建设是一个难以预估又令人充满憧憬的工程。正如有学者提出的,电子政务的分析框架早已无法涵盖新一代互联网技术

---

① 沈岿著:《平衡论——一种行政法认知模式》,北京:北京大学出版社 1999 年版,第 160—161 页。

在公域治理中应用的深度和广度。^① 然而,无论互联网技术的革新如何影响治理方式的变革,其依然不会偏离最初推动电子化政府建设的实质问题,即政府在面对互联网信息技术所带来的社会挑战时,如何进行政府的再造,促进政府的转型,建立起适应互联网公域需要的、新型的政府治理模式,促进善治以及实现善政。^②

四、互联网公域治理规则体系的扩容

互联网公域治理规则是互联网公域治理的重要依据和基本保障,互联网公域治理的整体变革同步推动着互联网公域治理规则的整体拓展。换言之,互联网治理规则是政府回应、组织赋权、开放协调和实践创新的产物^③,其因回应公域治理的客观需求而处于动态变迁之中,呈现出相应的复合性与多样性特征。与互联网公域规范变革的现实逻辑相对应,互联网公域治理规则体系的拓展主要围绕三个方面展开:(1)法律法规等规范性文件的持续性制定完善;(2)公共政策、互联网行业规范、平台管理规则的广泛适用;(3)网络交往伦理规则在特定公域治理中的兴起和有效应用。

(一) 法律法规等规范性文件的制定完善

互联网时代的公域发展及其治理变革因受互联网技术变革的影响而处于动态变化中,这与法律法规等规范性文件天然的稳定性存在根本冲突。诚如前所述,互联网的飞速发展使法律法规等规范性文件呈现出了明显的滞后性,导致诸多互联网公域问题无法得到及时解决。尽管如此,当出现互联网公域突发事件与新型问题时,这些规范性文件仍然能够通过进入到立存改废的阶段,依托于法定的制定、修改程序,形成新的权利义务规定,以对新兴的挑战作出回应,从而推动失稳、失序的互联网公域秩序,或者失衡的互联网公域利益结构恢复到稳定、均衡的理想状态。由此,从总体发展规律及现实需要判断,在互联网公域治理变革当中,法律、行政法规、部门规章等规范性文件,必然处于持续完善发展的状态中。

互联网与人类生产生活的高度融合,对国家经济、政治、社会、文化都产生了重大影响。同时,信息大爆炸、去中心化、泛娱乐化以及数字鸿沟等现象的出现,在一定程度上造成了互联网公域的不稳定性,导致互联网公域风险的加剧。党的十八大以来,党中央和国务院高度关注互联网安全问

---

①　黄璜:《互联网＋、国家治理与公共政策》,《电子政务》2015 年第 7 期。

②　张成福:《信息时代政府治理:理解电子化政府的实质意涵》,《中国行政管理》2003 年第 1 期。

③　唐惠敏、范和生:《网络规则的建构与软法治理》,《学习与实践》2017 年第 3 期。

题,根据互联网安全的新形势提出了一系列具体要求,并出台了《网络安全法》《电子商务法》《个人信息保护法》等重要的互联网法律法规。党的十九大报告指出,要全面加强互联网内容建设,建立网络综合治理体系,营造清朗的网络空间。可见,进入新时代,网络安全作为国家经济社会发展的重要保障,已经成为国家安全非传统领域竞争的热点问题。[①] 因此,在新的时代背景下,推进互联网公域安全建设,必然对持续完善现有的法律法规等规范性文件,构建完备的法律规范体系提出新的要求,推动法律法规进一步明确网络安全治理的价值目标和指导思想,以及进一步厘清政府各职能部门、社会组织、企业、平台在网络安全监管与网络风险防控中的功能分域。

此外,无论是对互联网公域安全问题的治理,还是对网络谣言、网络资源垄断、网络黄色信息传播等负面现象的规制,必然都会涉及监管部门对行政处罚、行政强制、行政约谈等行政行为的适用。立足合法行政、合理行政原则的基本要求,一方面,要求法律法规等规范性文件要坚持职权法定的原则,依法对相关行政行为的性质、程序、效力等问题作出规定;另一方面,要形成明确的行政裁量基准,保证政府监管遵循比例原则的要求,实现最优的成本收益比。

(二) 软法在互联网公域治理中的广泛适用

相对于法律法规等以国家强制力保障实施的规范性文件而言,软法是指不能或者无需运用国家强制力保证实施的法规范。[②] 在互联网公域治理中,政府颁布的纲要、指南等具有指导性、激励性的公共政策;法律、行政法规等规范中不具有强制约束力的规定;行业协会制定的章程、标准、公约;互联网平台制定实施的管理章程等规范性文件,都可以纳入软法的范畴。毋庸置疑,互联网公域治理的有效展开,不仅要有国家强制力保障实施的硬法作为基本保障,还要有软法规范作为重要支撑,由此凸显了软法规范在互联网公域治理中的价值功能。一般认为,单纯的硬法规制存在滞后性、管理属性限制、忽视自我规制作用、刚性过剩等诸多不足,导致其在互联网公共问题治理中出现失灵,从而推动了软法治理的兴起。软法治理依托于软法自身的灵活性、柔性化、自治性等优势,能够有效弥补硬法规制之不足,从而充分发挥互联网社会组织、平台等主体在互联网公域治理中

---

① 孙会岩:《习近平网络安全思想论析》,《党的文献》2018年第1期。
② 罗豪才、宋功德著:《软法亦法——公共治理呼唤软法之治》,北京:法律出版社2009年版,第3页。

的功用。虚拟公域的生成发展、互联网公域内部的结构变化等,凸显了互联网社会主体在公域治理中的重要性,也从本质上拓宽了软法适用的范围,提升了软法的效力,奠定了软法得到广泛适用的基础。互联网软法治理虽然没有国家强制力予以保障,但是不代表其自身没有拘束力。互联网公域软法治理的实现方式有自觉遵守、舆论谴责、警示约谈及内部惩戒等。尤其是随着互联网平台的发展及其与社会生产生活方式的紧密结合,适用软法进行惩戒对公民的影响有时并不亚于硬法。当然,软法治理在广泛适用的同时,也存在一定的不足。故互联网公域治理对软法适用的偏爱,必然要求强化对软法治理的监督,通过补强软法治理的正当性、完善软法规范体系、健全软法制定程序等路径,进一步发挥互联网软法治理的功用。[1]

(三)网络交往伦理规则适用提升治理有效性

"网络安全为人民,网络安全靠人民",这充分体现了公民,尤其是网民在互联网公域治理中的重要作用。正如社会秩序的建构与维护需要仰仗于全民守法一样,互联网公域安全的保障不仅需要政府、社会主体的协同推进,还需要网民自觉遵守法律法规和积极参与风险防控,实现政府、社会主体、网民各自力量和作用的有机整合。[2] 在开放性互联网公域治理结构中,网民的言论与行为往往依托于互联网平台媒介在网络族群内部,甚至更广泛的范围产生影响,其不仅受国家法律、平台规则的调整,还受到网络交往伦理规则的束缚。不难发现,互联网公域的发展使传统的人际交往伦理面临一种全新的境遇。[3] 网络交往伦理既表现为现实社会道德规范的辐射和延伸,也包含伴随互联网发展所生成的新兴价值观念和伦理精神;既可能产生于网民对传统道德标准的坚守,也可能产生于网络族群自身对交往规则的确立和遵守,从而呈现出多元性、相对性、不确定性等特殊属性。换言之,网络交往伦理自身可能存在虚拟和现实两套具有差异性的标准。众所周知,现代法律规范的建构需要接受自然法规则的检验,但这很往往只是对法的理想和应然状态的价值要求。在实际生活中,法律与道德依然拥有不同的作用场域。因此,作为互联网公域治理规则体系的重要组成部分,契合于社会道德标准的网络交往伦理规则的适用,有助于提升互联网公域治理的有效性。近些年来,互联网自身价值的渲染,以及政府、社会组织对互联网文化价值的培育,极大地推动了网络交往伦理规则对道德

---

① 石佑启、陈可翔:《互联网公共领域的软法治理》,《行政法学研究》2018 年第 4 期。

② 李振谊:《大数据与中国网民自觉维护网络安全的动力机制建构》,《郑州大学学报(哲学社会科学版)》2018 年第 1 期。

③ 黄少华、魏淑娟:《论网络交往伦理》,《科学技术与辩证法》2003 年第 2 期。

元素的吸收和传播。此外,作为全面推进互联网公域安全治理,保证国家安全的重要内容[1],维护网络意识形态安全也必然要求网络交往伦理规则的构建和适用不偏离正确的意识形态要求,并全面推动符合社会主义核心价值观的意识形态的贯彻实施。

第三节　互联网公域治理变革对行政法发展的需求

基于互联网公域治理与行政法发展的内在契合,互联网公域治理变革必然持续对行政法的发展提出新要求。立足于互联网公域治理理念、结构、方式、规则等方面的变革,当前迫切需要重新审视行政法的价值功能、推进公私合作型行政法建构、倡导行政法对社会美德的吸收与融合,以及提倡行政法创新、效能意识的培育等,从而明确在互联网公域治理变革语境下行政法发展的基本方向。

一、呼唤审视及反思行政法价值功能

行政法的价值功能属于行政法的理论基础问题,是行政法赖以存在和发展的根本性问题,其实质是要回答行政法是一个什么样的部门法,它存在的目的、价值、功能和作用是什么。[2] 互联网公域治理变革对传统互联网政府管理的理念、结构、方式等方面的现实改造与全面发展,必然要求重新审视以政府管理模式为根基所建立起来的行政法价值导向与功能定位,以及行政法学的基础理论。

以传统政府管理模式为调整对象,行政法主要存在两种较为有代表性和影响力的理论——行政管理理论与行政控权理论。在我国的行政法学研究谱系中,行政管理理论主要在计划经济时代开始兴起并占据主流地位,其认为行政法的价值功能主要是以维护公共利益和社会秩序为导向,从而保障行政权的有效行使和提高行政效率。以"管理论"为基础所构建的行政法,主要优势在于推动行政机关"集中力量办大事",通过加强政府管理力度,集中力量提升经济水平,维持生产秩序;弊端在于过分强调"命令与服从"关系,导致行政机关与行政相对人处于极度不平等的地位,行政

权处于优越地位,容易造成对公民权利的侵犯。行政法控权理论兴起于西方国家的行政法学界,并于 20 世纪 90 年代开始成为我国行政法学的主导性理论。"控权论"认为,行政法的主要功能是要限制和控制政府权力,保障公民的权利和自由。"控权论"的提出,标志着行政法从义务本位向权利本位转向,权力的有限性与权利的最大化成为行政法追求的价值目标。但总体而言,其仍立足于政府管理的逻辑思维,将政府与公民设想为一种对立的状态,控权的目的也在于消极地保护公民的权利。互联网公域治理变革强调"以人为本"的价值理念,追求公益与私益相互统一,从本质上将公民权利保障提升到了前所未有的地位,凸显了服务型政府建构的重要价值。同时,互联网公域治理变革打破了政府对互联网公域事务的垄断,强化了其与互联网社会组织、企业、平台和公民的平等合作、协商互动,从而实现对单向度、强制性、低效性的政府管理方式的改造。显然,多元化、双向度、柔性化、智能化的互联网公域治理模式对政府角色进行了重新定位,政府既可能是管理者,也可能是服务者、监督者、辅助者,甚至可能是守夜人。[①] 因此,单纯强调行政法的"管理"功能,会使政府权力犹如脱缰的野马,不受束缚地侵入到互联网社会主体自治或者公民自律的范畴;而单纯强调行政法的"控权"功能,则难以发挥政府提供公共服务的作用。此外,互联网公域治理变革使政府与互联网社会主体、公民的关系从对立转向合作,从不对等转向平等,撼动了传统行政法价值功能界定的根基。可见,其迫切呼唤重新审视传统行政法的"管理"属性和"控权"属性,并立足多元主体的角色定位和合作关系调整,统筹"保权"与"控权"的辩证关系。

毋庸置疑,互联网公域治理变革对传统行政法价值功能的省思,必然会改变人们考察和认知行政法基本内容的视角,从而推动以不同认知为基础建立起来的行政法理论之变迁。虽然从目标指向来看,"管理论"与"控权论"是两种对立的理论,但是事实上,两者对行政法的认知都以行政权为视角。以行政权为视角所建构起来的行政法理论和制度体系主要围绕行政权的来源、行政权行使的合法性,以及对行政权行使的监督而展开,并进一步以行政权行使的载体——行政行为的合法性作为行政法学研究和行政法调整的"阿基米德基点",从而形成由行政主体论、行政行为论、行政监督救济论组合而成的行政法框架体系。互联网公域治理变革提升了互联网行业协会、企业、平台、公民在决策、监管、服务中的地位和作用。在传统行政权行使的范围之外,还拓展了社会主体、公民主动参与公共事务的范

---

① 罗豪才等著:《行政法平衡理论讲演录》,北京:北京大学出版社 2011 年版,第 5 页。

围;在单向度的行政处罚、强制之外,还强化了政府与社会的沟通、协商。这意味着,传统以"行政活动的法律形式"为核心而建构起来的行政法理论和制度体系,在社会利益冲突复杂化与行政活动方式多元化的趋势下,出现了法律事实认知与解释功能上的明显弱化。① 由此,如何将多元化的治理主体、多样性的治理方式、双向度的治理过程纳入行政法的调整范畴内,并在反思行政法价值功能的基础上,提升行政法学分析问题和行政法调整问题的全面性,成为互联网公域治理变革语境下,行政法理论基础亟待回应的现实课题。

二、要求推进公私合作型行政法建构

从哲学层面上看,行政法是存在于社会运行机制当中的社会现象,故任何社会环境的变化与社会机制的变化都会引起行政法的发展和变化。② 不难发现,在互联网公域治理变革的过程中,一种政府与互联网社会组织、企业、平台及公民协商互动、协同共治的公私合作治理新形态正在生成,由政府全面垄断互联网监管任务的管理模式因无法应对日渐复杂的互联网公域安全问题,无法承担日益繁重的互联网公共服务任务而逐渐失灵。由此,传统建立在公私分立的利益基础之上,以行政机关主导的管理结构,以及主要以强制性行政行为方式为调整对象的行政法正面临着全面挑战,迫切要求其对自身发展模式进行重新定位。行政法学应研究体现当代管制特征的复杂公私安排③,通过重构和完善既有的行政主体理论、行政行为理论和行政救济理论,推进公私合作型的行政法建构。

1. 互联网公域治理变革要求培育建构公私合作型行政法的思维模式。在互联网公域治理变革的进程中,无论是面向政府内部的上下级互动、区域府际合作、部门相对集中,还是面向政府外部的职能部门与互联网社会组织、企业、平台及公民的合作,政府与市场、社会的关系应当如何定位?公益与私益的关系应当如何协调?公权力有限行使与有所作为的限度应如何把握?这些基础问题的解答,都要求塑造一种新的思维模式,以引领合作型行政法构建。(1)要培育公益与私益相融合、公法与私法相衔接的价值观念,在承认公益与私益并不必然对立的基础上,不拘泥于公、私

① 鲁鹏宇:《论行政法学的阿基米德支点——以德国行政法律关系论为核心的考察》,《当代法学》2009 年第 5 期。

② 关保英:《新时代背景下行政法功能重构》,《社会科学研究》2018 年第 5 期。

③ [美]朱迪·弗里曼:《合作治理与新行政法》,毕洪海等译,北京:商务印书馆 2010 年版,第 191 页。

法的区分,全面考察行政法的重要现象,并探究有关行政的特有法理;①(2)将关注的重心从"行政"转向"治理"②,重点考察多元主体在治理活动中的职权分配与互动过程;(3)破除传统以行政权控制为最终目标的价值导向,树立以互联网公域治理任务有效完成为核心的价值导向,指导具体行政法规范体系的革新。

2. 互联网公域治理变革要求明确公私合作型行政法调整的具体范围。公域治理主要仰仗于行政法的调整,故互联网公域治理中社会公权力行使范围及公民参与公共事务范围的拓展,必然要求进一步将公私合作的新内容纳入行政法调整的框架体系下。区别于传统行政法侧重于考察行政机关与行政相对人权利义务关系的视角,互联网公域治理语境下的合作型行政法要将视野拓展到互联网社会组织、企业、平台等其他治理主体的权利(权力)义务变动,并对治理网络中不同主体之间的协商与合作加以调整③,以此缓解人们对互联网社会主体行使公权力、政府规避自身的监管责任等各领域合作治理实践的正当性、有限性和有效性问题的本能担忧。

3. 互联网公域治理变革要求探索公私合作型行政法建构的有效路径。针对公域治理变革产生的合作行政形式对传统行政法产生的冲击,有学者提出,要通过推动行政法体系从以行政行为为基点,向以法律关系为基点转移来予以回应。④ 有学者则认为,合作型行政法的建构,并非要逃逸传统行政法学理论体系的束缚,而应当是对传统行政法学理论的补强和完善。⑤ 结合互联网公域发展的语境,笔者赞同结合行政法律关系理论来全面审视公私合作治理实践的整体进程,但目前在传统行政法原有的理论框架下通过吸收"行政关系论"的优势来回应现实问题更具备可操作性。因此,一是要完善现有的行政主体理论,对行政主体的"权力"属性,以及涵盖的具体范围予以重新厘定,并拓展行政组织法的调整范畴;二是要补强传统行政行为理论,对互联网公域治理中的"契约式"行为、柔性化的高权行为、给付性行政行为以及社会主体行使公权力的行为等给予关注;三是要健全行政救济理论,对互联网公域治理遭遇的愈发复杂多样的纠纷以及责任认定模糊性问题,应破除"公私分立""公权力不可处分"等理论的框

---

① [日]盐野宏著:《行政法》,杨建顺译,北京:法律出版社1999年版,第38页。

② 胡敏洁:《合作行政与现代行政法发展的新方向——读〈合作治理与新行政法〉》,《行政法学研究》2012年第2期。

③ 王瑞雪:《治理语境下的多元行政法》,《行政法学研究》2014年第4期。

④ 参见赵宏:《合作行政与行政法的体系变革》,《行政法论丛》,2014年第17卷。

⑤ 章志远:《迈向公私合作型行政法》,《法学研究》2019年第2期。

栿,通过构建诉讼、复议、仲裁、调解等多元衔接协调的救济制度予以解决。

三、谋求行政法与网络伦理关系协调

习近平总书记在第二届世界互联网大会开幕式的讲话中提出:"要加强网络伦理、网络文明建设,发挥道德教化引导作用,用人类文明优秀成果滋养网络空间。"作为互联网公域治理规则体系的重要组成部分,网络交往伦理规则的正面性、积极性、进步性与道德规范性对形成稳定、和谐、良善的互联网公域秩序起到关键作用。更有学者深刻地指出,"伦理应该成为互联网治理的基石"①。法律、技术与伦理构成了互联网公域治理的三个基本要素②,且技术运用需要在伦理和法律的共同调整下才不会偏离正确的轨道。促进互联网公域治理目标的实现,是行政法与网络伦理建设共同的价值目标。故协调好行政法与网络伦理的内在关系,推进行政法与网络伦理的同步建设,是有效回应互联网公域治理变革的必然要求。

1. 促进行政法与网络伦理的相辅相成、衔接适用。与传统公域相同,在互联网公域中,并非所有公共问题都需要行政法予以调整。单纯的公共伦理失范问题,如网络舆论暴力、网络低俗话题、网络人肉搜索等问题,一般情况下并不纳入行政法的调整范围,而属于网络伦理调整的范畴,行政法不得随意介入,如行政机关不能依据行政处罚法对不涉及违法的网络舆论行为作出处罚。互联网公域治理变革要求行政法进一步明确自身调整的范畴,而不是片面地强调调整范围的扩张,从而导致行政法适用的泛化。当然,需要明确的是,并非所有网络伦理问题都严格排除行政法的调整。现实中,当网络伦理问题在公域范围内传播扩散而对公共秩序或者私人权益造成损害时,便属于公权力主体应当依法监管的范畴,如网络谣言引发社会稳定问题等。可见,在互联网公域治理中,行政法与网络伦理规则调整的范围存在一定的重叠性,它们以不同的作用场域、规范标准和调整方式,共同保证互联网公域的良性运转。因此,应当着力促进行政法与网络伦理在治理实践中的衔接适用,减少彼此间的相互冲突。

2. 要推动行政法对有正面价值的网络伦理予以吸收融合。网络伦理规则的作用机理在于,所有互联网参与主体出于共同的价值认同而推进自我管理和自觉守法。网络伦理规则建构的基本标准,是要形成与社会传统道德、文化,以及互联网人文精神相契合的价值规范,以创造健康、积极、清

---

① 谭天、曾丽芸:《伦理应该成为互联网治理的基石》,《新闻与传播研究》2016 年第 S1 期。
② 刘思瑞:《法律、技术、伦理:三管齐下治理互联网》,《管理观察》2019 年第 6 期。

朗、有序的互联网公域空间,这是网络伦理的一致同意原则和自律性原则之重要体现。① 众所周知,良善的法律是实现善治的基本前提。显然,在互联网公域治理中,当法律能够体现网络伦理的某种价值要求时,其自身也会更容易得到人们的认同和遵从。故作为调整互联网公域治理的主要法律规范,行政法本身也要体现对网络伦理的充分关注,以及对有正面价值的网络伦理的有效吸收,如对平等沟通、民主协商、诚实信用等交往伦理的吸收。立足于此,才能充分回应互联网公域治理的现实需求,使行政法规范更容易为互联网社会组织、企业、平台等多元主体所接受。

3. 行政法要有效应对网络伦理失范问题,承担起推动网络伦理建设的重要任务。互联网公域治理的去中心化、虚拟性等特征,一定程度上造成了网络交往伦理规则建构的多元化与不确定性,同时也造成了网络交往伦理对传统道德和人际情感吸收的弱化。换言之,互联网公域在为人类展现了美好的"数字化、智能化生活前景"的同时,也囿于公域结构的变动、社会规范的脱节和经济利益的驱动,导致观念、规范和行为上的伦理困境。② 因网络伦理失范而形成的互联网公域治理困境,要求行政法通过推进网络伦理建设予以妥善应对。由此,行政法要将网络伦理建设纳入政府的法定职能范围内,授权行政机关从源头上对虚假新闻、垃圾信息、低俗文化进行有效的控制拦截,防止社会不良影响的扩大。同时,要通过设定行政指导、行政约谈、行政处罚等行政行为的具体适用条件,对各大互联网平台中出现的严重网络伦理失范问题进行及时监管。此外,要通过行政指导,提倡互联网社会组织、企业、平台共同参与到网络伦理的建设和传播当中,加强社会主义核心价值观等共识性价值观念在互联网公域治理规则中的融入。要弘扬正确的价值观念,实现网络伦理与社会普适性道德标准的对接,并使其最终为行政法规范体系所吸收。

四、提倡行政法效能、创新意识的培育

如果说注重公益保护与私益保障相统一构成了推进互联网公域治理变革的价值基础,那么重视效能与创新则成为实现互联网公域治理的有效进路。与此相对应,行政法也应当着力培育效能和创新意识,从而为互联网公域治理提供价值引领和制度支撑。

---

① 史云峰:《网络伦理学初探》,《郑州大学学报(哲学社会科学版)》2002 年第 2 期。

② 陈万求:《网络伦理难题和网络道德建设》,《自然辩证法研究》2002 年第 4 期。

（一）培育行政法的效能意识

互联网公域治理变革顺应互联网时代传统公域变迁的基本规律，提倡公民权利保障的有效性、权力结构的均衡性以及治理方式的多样性，以弥补传统互联网管理体制过分重视行政监管而暴露出来的欠缺，推动以管理为本位的权力单向运行模式向以服务为本位的权力与权利双向互动模式转型，以回应日渐复杂多样的互联网公共问题。信息技术的日新月异及技术应用的日益广泛，使互联网公域治理变革朝着职能优化、合作分工、注重服务的方向演进，同时对效能的需求也愈发迫切。（1）在互联网公域安全问题监管层面，一是要持续发挥互联网社会组织、企业、平台的技术优势和资源优势，解决政府监管的滞后性、盲目性问题；二是要提升政府自身在应对互联网安全风险、公共舆情等问题时的高效性、精准性。（2）在互联网公共服务供给层面，应在保证提高政府和社会主体服务质量的同时，不断尝试减少人力、时间等成本投入。这都体现了效能性对构建服务型、应急型治理结构，推进互联网公域治理目标实现的重要价值。提高互联网公域治理的效能，必然要求进一步培育行政法的效能意识。通过培育效能意识，从法律规范层面为公权力主体履行监管、服务、指导等职能的具体制度机制构建及过程提供基本遵循，以引领和保障多元主体对提升互联网治理效能的探索实践。具体而言，结合互联网公域治理变革的基本面向，培育行政法的效能意识主要包含培育社会主体、公民自治自律优先化和服务供给质量最优化的思维，以及提升行政机关自身监管手段的有效性和监管手段效益最大化的思维。[①]

（二）培育行政法的创新思维

互联网信息技术的迅猛发展，大数据、区块链等新兴技术的推广应用，推动着互联网公域始终朝着更加开放多元的方向迈进，使互联网公域治理始终处于一种持续变革和创新的状态。这与法律自身的滞后性存在较大程度的冲突，尤其是传统行政法秉承"无法律即无行政"的价值理念，贯彻合法行政的基本原则，使政府在应对纷繁多变的互联网公共问题时，常常受到"法律依据匮乏"的限制而陷入"捉襟见肘、难以作为"的困境之中，又或者出现迫于无奈，越权而为的窘迫现状。这本质上呈现为互联网公域治理的创新性与传统行政法强调的合法性之间的内在矛盾。由此，互联网公域治理变革能否顺利推进和有序开展，取决于法治是否为创新预留了充足的空间，取决于行政法是否能够形成创新意识，继而为互联网治理中的"先

---

① 参见沈岿：《论行政法上的效能原则》，《清华法学》2019 年第 4 期。

行先试、体制机制创新"扫除合法性障碍。一是要通过创新意识的培育，充分反思机械化的"无法律即无行政"观念的时代局限性，在公共服务供给、公共服务外包、行政给付过程电子化等涉及政务服务、公私合作、数字行政的领域内，对严格意义的"法无规定不可为"之要求有所放宽；二是要以创新意识的培育，引领政府在互联网公域治理实践中进一步转变职能，简政放权，减少对市场、社会的过度干预，发挥市场在资源配置中的决定性作用和社会的自治作用，积极推行"先行先试、体制机制创新"；三是要将创新思维进一步提升并融入到行政法基础理论中，积极开展对行政绩效、行政效能、行政合作等新行政法理论的研究，以此建构与互联网时代公域治理相适应、相契合的行政法理论和制度体系。

第三章　行政法应对互联网
公域治理变革之困境

　　基于互联网公域治理变革与行政法的内在联系,互联网公域治理变革从宏观层面呼唤重新审视行政法的价值功能,倡导构建公私合作型的行政法。回应这些需求,并不是一蹴而就的过程,其需要我们进一步从中观和微观层面全面剖析推动行政法发展所面临的具体困境,并以此为基础提出与之相适应的推进行政法发展的有效路径。总体而言,传统以管理论或控权论为理论基础建构起来的行政组织法、行政行为法、行政程序法、行政救济法,难以对互联网公域多元化的治理结构、多样性的治理方式、复合性的治理规则、双向度的治理过程,以及复杂化的治理纠纷进行充分有效的调整和规制,由此暴露了行政法在应对互联网公域治理变革时所面临的现实困境。

第一节　行政组织法对互联网公域治理结构转型关注不足

　　互联网公域治理变革推动政府与互联网社会组织、企业、平台及公民等多元主体形成协同共治的治理结构。同时,随着信息技术的不断更替与广泛应用,互联网公域的"去中心化""群体多元化""场域分散化"等发展趋势逐渐显现出来,互联网社会主体、公民在公共事务治理中的话语权日渐提高,公域治理结构也随之朝着均衡化的方向演变。互联网公域治理结构的转型,对外呈现出了一种社会公权力主体兴起,并在治理活动中扮演着重要角色的现实图景。网络舆论监督、网络听证等参与方式的普及,打造出一种更为平等的政民关系,极大程度地提升了公民的主体地位。这些都为对以传统行政主体理论为基础构建起来的行政组织法带来了冲击和挑战,暴露了其对互联网公域治理结构转型关注之不足。

一、社会公权力主体兴起对行政主体范畴的冲击

治理是严格区分于传统政府管理的一种模式,其与管理最本质的区别就是对权威的界定存在差异。换言之,治理也需要公共权威,只是这个权威并非一定是政府,其他的社会组织,甚至是私营组织,都有可能成为权力行使的重要主体,从而出现权威的多元化。[①] 互联网公域治理变革,使社会主体的权威性得到了更深层次的展露和发挥。互联网社会组织、平台等主体在互联网公域治理当中实际行使着公权力,这必然对传统行政主体的范畴界定产生冲击。行政主体范畴界定的欠缺,客观上也导致了行政组织法对社会公权力主体规制的阙如。

(一) 传统行政主体的概念范畴

行政主体概念非我国行政法学者首创,而是舶来品。我国早期的行政法学研究并未使用"行政主体"这一概念,而是大多引用"行政机关"这一概念,并将之应用到对行政管理关系和行政组织关系,乃至整个行政法体系中相关问题的探讨当中。也就是说,早期行政学界普遍认为,行政权的行使主体是国家机关,行政机关是行政关系的一方主体。沈岿教授将之称为"行政机关范式",且认为这种范式绝非只是一种形式上的表述,而是触及更深层次的前提、方法、框架等。[②] 换言之,在"行政机关范式"的认知中,行政只是行政机关履行国家职能、管理国家事务的活动[③],从而将行政机关等同于行政管理主体,将公共行政归为国家的专属职能,并在此基础上架构起行政法学研究的整体框架。然而,事实上,行政法学者在遵循"行政机关范式"的同时,也对其内在缺陷有所认识和反思。[④] 究其原因在于,"行政机关"的概念界定无法涵盖实践中所有行使着管理职能的组织,毕竟实际具有管理者资格的并不限于行政机关,还有法律法规授权的组织,其也能够以自己的名义参加到行政管理活动当中。

为弥补"行政机关"概念存在的欠缺,我国行政法学界于 20 世纪 90 年代初期引入了法国的"行政主体"概念,提出行政主体是依法行使行政职能

---

① 唐庆鹏:《我国网络空间治理中的权威形态:嬗变与重塑》,《宁夏社会科学》2017 年第 5 期。

② 沈岿:《重构行政主体范式的尝试》,《法律科学》2000 年第 6 期。

③ 马克思说:"行政是国家的组织活动。"参见《马克思恩格斯全集》第 1 卷,北京:人民出版社 1965 年版,第 479 页。

④ 例如,姜明安教授早期便曾提出,行政管理的主体只能是行政机关和根据法律或受行政机关委托行使行政职能的组织和个人。参见姜明安著:《行政法概论》,北京:北京大学出版社 1986 年版,第 33 页。

的组织,即享有行使行政职能的权力,并承担由于行使行政职能而产生的义务和法定责任的主体①,并结合中国的本土情况对之进行改造。与之相关的主要观点有"行政主体特指能以自己的名义行使国家行政权,并对行为效果承担责任的组织"②"行政主体是指依法享有国家行政职权、能代表国家独立进行行政管理并独立参加行政诉讼的组织"③等,由此构建起以"权""名""责"为基本要素的行政主体概念。截至目前,学界依然沿用传统行政主体的概念范畴,提出"行政主体系指依法享有独立的行政职权,能代表国家,以自己的名义行使行政职权以及独立参加行政诉讼,并能独立承受行政行为效果与行政诉讼效果的组织"④"行政主体是指行政法律关系中与行政相对人互为权利义务的另一方当事人,是享有行政权,能以自己的名义行使行政权,并能独立承担由此产生的法律责任的组织"⑤。可见,行政主体概念范畴的引入和沿用,将法律法规授权的组织也一并纳入行政法学研究的范畴当中,一定程度上弥补了早期"行政机关"范围与实际状况的不能包容性,对确立行政诉讼的适格被告具有重要意义。同时,由此形成的行政主体理论,也成为我国行政法学理论研究的基石。然而,随着社会的发展,公共问题监管、公共服务供给与公共风险防控等诸多繁杂的公共事务给政府造成了沉重的负担,加剧了"政府失灵"的困境,从而推动政府权力逐渐向市场、社会迁移,使各种非政府主体开始广泛活动在公共治理舞台上,并在社会治理中实际行使着公权力。社会公权力主体的兴起,使政府的权力结构开始从单中心的政府管理模式走向多中心的自主治理模式⑥,这势必对传统行政主体范畴产生冲击。如何在法律层面对行使公共权力、履行公共职能的社会主体进行定位并予以吸收,成为行政主体理论亟待回应的现实问题。

(二)互联网社会主体实际行使着公权力

互联网的发展推动了传统公域的变迁,改造了政府与社会的关系,凸显了社会自治自律的重要作用,形成了政府与社会主体、公民协同共治的治理格局。遵循互联网公域治理变革的逻辑主线,互联网行业协会、企业、平台等社会主体在公域秩序维护、公共舆论引导、公共产品供给、公共文化

---

① 王名扬著:《法国行政法》,北京:中国政法大学出版社 1989 年版,第 39 页。
② 罗豪才主编:《行政法学》,北京:中国政法大学出版社 1996 年版,第 67 页。
③ 应松年主编:《行政法学新论》,北京:中国方正出版社 1998 年版,第 90 页。
④ 胡建淼著:《行政法学》,北京:法律出版社 2015 年版,第 66 页。
⑤ 应松年主编:《行政法与行政诉讼法》,北京:中国政府大学出版社 2017 年版,第 51 页。
⑥ [美]埃莉诺·奥斯特罗姆著:《公共事务的治理之道》,余逊达等译,上海:上海三联书店 2000 年版,第 87 页。

建设、公共风险防控等公共事务治理中扮演着难以替代的角色。在互联网社会主体履行诸多职能的背后,实际上隐含着互联网公域治理权力结构调整,政府权力加速向社会迁移,一种多中心的权力关系与权力结构正逐渐生成的趋势。换言之,互联网社会主体在公域治理中实际行使着一定的公权力。而基于权力来源、权力类型等内容的差异,这种公权力与政府权力本身存在着较大的区别,在互联网公域治理实践中发挥着不可替代的作用。

一方面,互联网社会主体与政府的权力来源存在差异。众所周知,行政机关的权力来源于宪法、法律、法规、规章等规范的设定;与之相比,互联网社会主体的权力来源显得更为多元化。(1)来源于规范性文件的规定和行政机关委托,或直接来源于自治章程和管理规约等规范的授予。一是互联网特定领域的监管部门通过规范性文件要求互联网行业协会制定行业规则,或由特定领域监管部门组织设立的行业协会在日常运营中协助主管部门落实有关政策、决定,以及互联网监管部门直接委托社会组织参与风险评估、信息采集等活动;二是社会组织章程、公约、管理规约等,本质上是互联网行业协会、平台与参与的企业、网民之间形成的一种契约。故事实上,这些规范所授予的权力根源于行业协会成员、网民的权利让渡。(2)来源于互联网社会主体所占据的影响力和话语权。互联网社会主体极有可能是产业技术与知识的掌握者和关键服务的提供者,其影响力和话语权既与社会主体所供给的公共服务质量相关,又受其所占据的信息、技术、用户等资源影响,故该权力本质上源自于网民用户对互联网社会主体的依赖性,且依赖程度越高,对应的权力也越大。① 这本质上是在权利让渡的基础上归纳权力生成的核心要素是基于不对称的控制能力与资源占有。尤其是平台由于拥有大量的技术、用户等资源优势,在治理活动中发挥重要作用。(3)来源于网民对互联网社会主体产生的价值认同。这种社会认同往往产生和作用于网络族群,与个人情感和信念息息相关,其对单核化的权力结构产生冲击,同时动摇了传统公共权力的权威性。

另一方面,互联网社会主体的权力类型更加丰富。基于自治规范自身设定权力的灵活性,以及互联网社会主体内含的对技术和资源的垄断性,相对于政府权力类型而言,互联网社会主体所行使的权力类型更为丰富,其主要表现为:(1)指导倡议权,如通过行业协会章程、平台管理规约等规范文件倡议企业、网民自觉遵守网络公共秩序;(2)警示告诫权,即对违反

---

① 高映红、刘国新:《网络权力与创新网络的治理》,《科技管理研究》2011 年第 11 期。

法律法规或者互联网行业公约、互联网平台管理规定等规范的企业、用户发出警告,告诫其纠正违法、违规行为;(3)惩戒权,即对警告无效或者性质较为恶劣的违法违规企业、用户,采取联合抵制、封号、禁言、冻结等强制性措施;(4)临时管制权,即互联网平台根据公共政策的安排或者突发事件应急等需要,对用户采取临时限制措施的权力;(5)信息筛查权,即及时通讯媒介、信息投放媒介等互联网平台对违反法律法规、公序良俗的信息进行筛查、过滤、屏蔽的权力,等等。

(三)行政主体范畴欠缺诱发的现实问题

无疑,在互联网公域治理实践中,无论是政府权力向社会的转移,还是新型的社会公权力生成,都标志着大多数互联网行业协会、平台等社会主体正在实际行使着公共权力,履行着公共职能。互联网社会公权力主体的兴起,充分暴露了传统行政主体范畴的欠缺。行政主体理论只关注单纯的政府行政,淡漠了社会公共行政;只重视国家法律法规授权的组织形态,冷落了社会自治形成的多元化的社会公权力主体。[①] 如果我们严格将行政主体的范围限定为行政机关和法律法规授权的组织,势必会将互联网社会公权力主体排除在外,这显然是一种不契合实际的做法。传统行政主体理论对社会公权力主体兴起的回应阙如,会导致行政法规范体系对社会公权力主体的定位不清、规制不足,难以有效统筹政府与社会在互联网公域治理当中的功能分域和责任归属。一是对互联网社会主体的法律定位不清,即对其到底属于公法人还是私法人难以给出清晰的判定,从而未能给予其相配套的法律保障。如果作为公法人,那么其一般与公共权力和公共职能的履行相互关联;若界定为私法人,则侧重于赋予脱离权力体系的社会组织以主体资格,两者在调整方法上有明显的差异。[②] 二是容易陷入单纯以私法调整互联网社会主体的活动,从而导致对社会公权力行使规制不足的现实困境。三是未能正确厘清行政机关、法律法规授权的组织和社会公权力主体在互联网公共事务治理中的功能分域和职能分工,导致组织形态和职能分配上的混乱。四是无法在清晰的职权配置基础上厘清政府与互联网社会主体的责任形态,从而造成公民权利救济上的困难。

二、互联网治理主体多元化对行政组织法的挑战

显然,随着互联网信息技术的更新换代与互联网公域的迅猛发展,单

---

① 余凌云:《行政主体理论之变革》,《法学杂志》2010年第8期。
② 张力:《法人制度中的公、私法调整方法辨析——兼对公、私法人区分标准另解》,《东南学术》2016年第6期。

纯依靠行政机关与法律法规授权的组织,早就难以承担日益复杂化、专业化,以及日新月异、复杂多样的互联网公共事务,难以实现互联网公域的整体性治理。政府行政管理职能向社会迁移,已经成为一种必然的趋势。互联网公域治理主体的多元化反映了政府在从事互联网安全监管、公共服务、文化建设、风险防控等公共事务时,对内部职权进行重新分配调整和权力向外部逐步分化的治理转型趋势。在这个过程中,各级政府及其职能部门需要对各自的职能分工、权限范围展开持续的变换调校,在公共安全监管、突发事件应对、网络舆论引导等方面,以及高新技术产业开发、网络公共产品供给等领域探索行政体制改革,进一步整合、转变政府职能,寻找简政放权的有效路径;互联网行业协会、企业、平台等市场主体、社会组织需要借助于自律、自治作用的充分发挥,尽可能帮助政府分担公共决策制定、安全问题监管、社会公共服务供给等方面的公共职能;公民需要更加客观和理性地关注和参与互联网公域问题的治理,通过网络舆论、网络听证、网络征求意见等方式参与到公共治理活动中,培养一种"积极的"性格。[①] 由此,在互联网公域治理主体趋向多元化的同时,政府、社会和公民正在尝试对有关互联网治理的公共议题进行分工,以有效缓解政府与社会的双重失灵,从而逐步形成新型的网状化治理结构。

互联网网状化治理结构的生成和衍化,充分彰显了政府的退缩与社会、市场价值的回归[②],同时也引发了新的问题。(1)中央与各级地方政府及其职能部门内部在互联网公共安全问题监管、公共服务供给等行政活动中,尚未形成清晰的职能分工以及与之相对应的权力配置,从而导致政府在互联网行政监管中的政出多门、职能交叉、机构重叠等现象依然严峻。(2)政府外部与社会公权力主体的功能分域以及治理权限尚不明晰,监管部门与行业协会、企业、平台在互联网公域治理过程中未能形成相辅相成、相互对应的关系。具体表现为:一是各级政府及其职能部门在与互联网社会组织、大型企业等主体展开合作的过程中,就公共政策制定、合作协议签订、公共风险防控、互联网政务信息平台共建等一系列公共事务的合作治理依然存在分工模糊和职能混淆的情形。二是政府职能部门与社会公权力主体在互联网公共问题治理中职权缺位、错位的问题广泛存在,如未明确哪些属于行业协会、企业、平台自主监管、服务给付的范围,以及哪些

---

① 　[美]卡罗尔·佩特曼著:《参与与民主理论》,陈尧译,上海:上海人民出版社 2006 年版,第 44 页。

② 　周志忍主编:《当代国外行政改革比较研究》,北京:国家行政学院出版社 1999 年版,第 4 页。

事项依然需要坚持政府调控等。(3)互联网公域既有的法律规范体系对政府权力与社会公权力行使的规制尚且不足,缺乏相对应的责任条款,从而难以对之形成有力的监督和约束。一是公共政策的积极倡导、法律法规的频繁出台,未能从根本上改变互联网的高速发展与政策体系、法律体系滞后性之间的冲突,政府监管部门在执法过程中的不作为、乱作为现象依然屡禁不止;二是互联网行业协会章程、公约、倡议,互联网平台的管理章程、规则以及公私合作项目协议等规范性文件的约束,仍然难以排除行业协会、平台等社会公权力主体滥用权力的可能。

这些问题都表明,互联网时代公域治理结构的变革尚未引起公法,尤其是行政法的足够重视,以至于对多元主体职能、权力与责任的划分与配置存在混淆、缺位和偏差等问题缺乏有效调整,使多元化的治理结构难以发挥理想的功效。互联网治理主体的多元化,对传统以行政主体理论为根基的行政组织理论和行政组织法产生冲击。受传统行政主体范畴的影响,现有的行政组织法建设更多地围绕政府一方而展开,以行政机关为主要的调整对象,以行政机关的性质、地位、职权、职责和组织体系问题为主要内容。① 因此,与互联网公域治理结构转型的实践现状相对应,传统的行政组织法面临双重困境:(1)政府内部在应对日益繁重的互联网公共事务时,往往通过推进行政体制改革来进行资源整合、职能调整以及权责调适,追求以更完善的机构体系、职权配置来完成相对应的行政任务。一方面,正如有学者提出的,政府职能的内部结构是政府总体职能在系统内部分解的结果,表明了行政权力在政府内部的配置情况。② 政府职能在各行政组织之间的重新分配,必然涉及行政组织机构的重新设置。③ 故政府内部基于实现互联网安全监管、服务供给等公共事务治理的需要而进行的职能优化调整,以及对应的纵向、横向的权力配置,势必对现有的行政组织结构带来挑战。另一方面,推动政府职权调整往往需要借助于行政体制改革这一重要方式,在全面推进依法治国的背景下,要求"重大改革必须于法有据",故推进行政体制改革必然要求行政组织法规范对改革的具体权限、程序等内容作出规定,为改革提供稳定的制度支撑,但显然,既有的行政组织法对此关注不足。(2)囿于传统行政主体理论的局限性,行政体制的组织法建

① 姜明安主编:《行政法与行政诉讼法》,北京:北京大学出版社、高等教育出版社 2016 年版,第 86 页。
② 张永桃主编:《行政管理学》,高等教育出版社 2003 年版,第 60 页。
③ 石佑启、杨治坤、黄新波著:《论行政体制改革与行政法治》,北京:北京大学出版社 2009 年版,第 171 页。

构,以及行政组织法调整对象的外延拓展,在应对互联网社会公权力主体的兴起时都显现出较大的滞后性。第一,未能清晰地划定政府与社会公权力主体的职能边界,使政府常常随意侵入到互联网社会主体的自治范畴当中,如运用行政命令强制将繁重的监管任务分派给互联网平台承担,却很少顾及这些主体所享有的权利和实际困难,造成合作治理的无序化。第二,行政组织法规范对社会公权力调整的阙如,使政府与互联网社会组织、平台等社会公权力主体在责任认定和规制上存在模糊性。例如,实践中有可能出现政府将原本属于自身范围的行政任务交由互联网社会主体承担,从而导致政府责任的推诿或转移。尤其是在公私合作关系当中,政府往往将社会主体推向前台,让社会主体成为互联网公域秩序建构、公共产品供给等职能的实际履行者,导致责任追究途径的模糊性。也就是说,对于公私合作纠纷应当寻求私法救济还是公法救济的问题无法得到明确指引,陷入两难困境,从而使政府与社会公权力主体在互联网公域治理中的责任规制处于缺位状态。可见,在互联网公域治理活动中,将行政法所调整的行政组织只限定为行政机关或法律法规授权组织的传统组织法理论和制度体系,不能为社会公行政的发展提供有效的制度引领和保障,难以充分回应公共治理的实践需求。[①]

此外,公民通过网络舆论监督、网络听证、网上举报、网络征求意见等渠道积极参政议政的权利,在互联网公域治理结构转型中得到了充分的体现。尤其是诸多关乎民生的政策、法律等文件的制定出台,都提供了公民网络参与的渠道,形成了互联网时代特有的"参与式行政"关系,提升了公民的主体地位。在公共行政语境下,参与主体往往可以介入到权力机关与行政主体之间的行政权力配置法律关系中。[②] 在互联网公域治理中,网民同样积极地介入到这种行政权力配置关系当中。他们通过各类网络公开渠道向权力机关或者行政机关提出意见建议,从而影响权力机关的立法和决定,以帮助行政机关合理配置行政权力,使相应的行政职权配置更符合广大民众的愿想。由此,公民在互联网公域治理中的广泛参与,必然要求既有的行政组织法破除封闭的样态,朝着更为民主和开放的方向发展。

因此,如何依据多元共治的治理结构,实现政府、社会公权力主体在互联网公域治理中的职权配置、责任分配,以及公民参与权利的法定化,作为

---

①　石佑启、杨治坤:《中国政府治理的法治路径》,《中国社会科学》2018 年第 1 期。

②　方世荣、邓佑文、谭冰霖著:《"参与式行政"的政府与公众关系》,北京:北京大学出版社 2013 年版,第 217 页。

推进互联网公域治理变革法治化的重要课题,亟待回应。

三、互联网营利主体行使公权力面临正当性质疑

学界普遍认为,公共行政或者公共治理的兴起,是为了弥补市场失灵和政府失灵现象。也就是说,市场的失灵证明了政府干预的必要性,更多的公共监管与公共物品应当由政府来提供。政府作为一种公共权威,能够满足绝大多数公民的利益诉求。然而,随着公民的利益诉求在价值偏好日渐多元化的语境下迅速扩张,政府开始无力应对多元化的公众需要,从而需要对外寻求资源补充和行政帮助,于是催生了所谓第三部门的兴起。第三部门基于与政府的共同目标追求——对公共利益的维护,以及具备民间性、非营利性和公益性等优势,能够有效解决政府和市场失灵所引发的诸多问题,并成为与政府共同实现良好治理的最佳伙伴。[①] 由此,部分学者在研究公共行政或者公共治理等问题时,主要聚焦于非营利社会组织对政府管理缺位的补充,而忽视了私人的营利主体在公共服务供给中的重要作用。事实上,兴起于20世纪中后期的政府民营化改革,以及公私合作模式的广泛适用,充分证明了政府在还权于市场的同时,也在吸收市场私人主体参与到公共事务治理当中,并通过合作协议的形式确立了其具体的参与范围。

正如朱迪·弗里曼所描述的:"私人主体正深深介入到管制、提供服务、政策设计乃至实施当中,其对管制的贡献从'纯粹'的咨询性的作用直至全面承担决策权力。"[②]随着政府权力加速向社会、市场迁移,私人主体在公共治理当中承担了越来越多的公共任务,甚至超出了合作协议内容的限制,成为部分公共事务治理的主导者。显然,互联网公域治理结构的转型,包含了诸多私人主体参与公共事务治理的情形。互联网技术与人们生产生活方式的深度融合、互联网平台的兴起、网络族群的汇集、网民对平台产品的依赖等因素推动着互联网公域的发展,同时也共同奠定了互联网平台能够对网络族群、网民的公共言行进行规制,以及对虚拟场域秩序加以建构的基础。互联网平台所面向网民群体基数之大、所涵盖公共服务范围之广,从本质上决定了其自我治理本身带有显著的公共属性,履行着某种公共职能。具体而言,互联网平台基于公域治理的需要而实际享有着公权

---

① 〔美〕罗伯特·T.戈伦比威斯基、〔美〕杰里·G.史蒂文森主编:《非营利组织管理案例与应用》,北京:中国人民大学出版社2004年版,第30—31页。

② 〔美〕朱迪·弗里曼著:《合作治理与新行政法》,毕洪海、陈标冲译,北京:商务印书馆2010年版,第142页。

力,这种公权力主要来源于平台用户的权利让渡,也可能来源于公私合作协议中政府权力的转移或者行政规范性文件中的行政委托。也就是说,互联网平台自身所享有的技术、资源等优势,使之在绝大多数互联网公域治理中发挥着重要作用,甚至主导作用。

毋庸置疑,互联网平台的自治或参与共治,有效回应了互联网公域治理的现实需求,但同时其也引发了人们对私人主体参与公共事务治理的隐忧。换言之,绝大多数互联网平台以互联网企业的资金投入和技术开发为运营支撑,以互联网企业为载体,因而带有明显的趋利性。互联网平台以自利性为目标追求,却承担着诸多公共职能,故其行使公权力,尤其是惩戒权的正当性难免遭受质疑。现实生活中,互联网平台完全有可能基于私利追求或者某种偏见而任意对行政相对方进行惩戒;[1]或者打着公益的旗号进行满足私益之活动;又或者对合作协议授予、政府委托的事项消极不作为、怠于履行职权,等等。这些问题都暴露了由互联网营利性主体履行公共职能所面临的风险,也揭示了行政组织法在理论和制度上对私人主体参与公共治理活动的合法性、有效性关注不足。这不仅进一步加剧了政府、社会组织、平台在互联网公域治理中的职能分配和权力配置之不清晰,导致互联网平台的公权力行使缺乏有效的限制,难以对互联网平台行使各项权力的情形、类别、尺度等进行有效调整,而且造成实践中对互联网平台涉及公权力侵权问题的责任认定、监督不力,以及引发的纠纷难以得到有效救济。由此,如何解决互联网营利性主体行使公权力的合法性、正当性问题,亟待行政组织法作出全面回应。这不仅关涉如何依托公法填补权力结构和责任机制的欠缺,还关乎如何充分发挥平台治理的优势,避免过犹不及,造成对之规制过度。

第二节　行政行为法对互联网公域治理方式拓展调整缺位

作为推进互联网公域治理目标实现的主要纽带,互联网公域治理方式正伴随着多元化治理结构的转型而趋向丰富。囿于互联网公域中政府与社会关系的调适、网络化逻辑的生成、信息技术的创新发展等多重因素,以及随着互联网公域治理需求的整体扩张,互联网治理方式的拓展主要围绕如何实现多元主体间职能分配、权力配置和权利保障的线索展开,由此塑

---

① 胡斌:《私人规制的行政法治逻辑:理念和路径》,《法制与社会发展》2017 年第 11 期。

造了其多样性、双向度、创新性、柔和化、智能化等基本表征。换言之,互联网公域治理正以诸多更为民主、专业、柔性、便捷、开放的方式弥补传统政府管理方式存在的滞后性、单一性、强制性、低效性、封闭性等不足,这同时也对单纯以"行政机关和法律法规授权的组织基于行政职权和国家行政目标而做出的能直接或间接引起法律效果的法律行为"①为调整对象的行政行为理论和规范体系提出挑战。传统行政行为法的桎梏,使互联网公域治理实践中诸多新型治理方式的应用面临合法性、正当性质疑,陷入调整缺位的困境。

一、强制性行政行为滥用及其对比例原则的僭越

应当明确的是,互联网公域治理指向于在政府、社会和公民等多元主体之间谋求一种权利义务上的均衡性,让政府、社会主体能够在各自的职能范围内发挥治理功用。在政府管理维度,强制性行政行为始终是其推进互联网安全监管,维持互联网公域秩序的重要手段;在社会组织、互联网平台治理维度,基于维持公共秩序稳定的现实需要,其也在实践中大量采用着强制性行为方式。在互联网公域治理实践中,传统行政行为法对强制性行为的规制阙如,造成了其自身的滥用,以及对比例原则的僭越。

(一)互联网公域治理中强制性行政行为的滥用

早期,我国行政法学界受德国学者奥托·迈耶关于行政行为的内涵界定之影响,普遍认为行政行为是指行政主体依托于行政职权实施的,能够产生法律效果的行为,从而将行政事实行为、行政契约行为严格排除在行政行为的范畴之外,将行政行为等同于行政法律行为,单方性和强制性也成为行政行为的基本属性。② 换言之,学界一般认为,行政机关实施行政行为无需事先征得相对人的同意,且行政相对人在一般情况下无权拒绝行政行为的实施,从而要求行政相对人对行政主体单方面命令的绝对服从。③ 行政行为的单方性从本质上也决定了行政行为必然带有一定的强制性,行政行为的强制性则从结果上促进了行政机关单方意志的实现。虽然随着各国公共行政改革的推进,行政行为方式的多样性让理论界和实务界开始反思行政行为的内涵和外延,但是总体而言,运用强制性行政行为开展安全监管、活动,处罚违法现象始终是推进秩序行政的内在需求,始终

① 胡建淼著:《行政法学》,北京:法律出版社 2015 年版,第 124 页。
② 石佑启:《论公共行政变革与行政行为理论的完善》,《中国法学》2005 年第 2 期。
③ 翁岳生著:《行政法与现代法治国家》,台北:三民书局 1979 年版,第 3 页。

是公共行政的主要表现形式。

　　全面审视强制性行政行为在互联网公域治理实践中的适用情形,不难发现其既反映了政府管理模式在互联网公共事务治理中的延伸,也体现了社会主体自觉履行自治职能,积极参与到互联网公域整体性治理中的现实需求。也就是说,在互联网公域治理中,秩序建构行为的强制性并未在治理主体及其权力结构变动之间弱化。相反,其借助法律授权或自我赋权,在一定程度上获得转化、延伸,甚至强化。政府履行互联网安全监管、风险防控职能,对实施网络赌博、网络淫秽物品传播、网络传销、网络造谣等违法行为的企业、个人依法作出行政处罚;撤销对互联网平台凭借伪造资质材料取得从事网络新闻传播、金融、信贷等业务的行政许可;对未能积极应对互联网突发事件的互联网平台依法采取行政强制措施等,通过适用强制性行政行为来维持互联网公域秩序的稳定。互联网社会组织、平台等社会主体根据政府委托、公私合作协议约定、行业协会标准及自治规约规定等,对涉及传播淫秽物品、散布网络谣言、组织网络传销或非法集资等行为组织成员、平台用户作出封号禁号、冻结资金账号、联合抵制、划扣保证金等惩戒措施;对涉嫌违规的推文、视频等作品进行下架处理;对被列入失信名单的主体、问题艺人和主播的平台权限加以限制;对拟进入平台的企业、网民申请进行严格审核,要求其提供高额保证金等,从而以强制性治理方式保障自身场域的基本秩序。其中,互联网社会组织的惩戒权是典型的公行政权;平台权力则更多被界定为一种"准行政权"。

　　毋庸置疑,强制性行政行为的运用有效维护了互联网公域秩序的稳定,但与此同时,其也正面临着被滥用的问题。主要原因在于,依据政府监管的要求,强制性措施的适用要受到依法行政原则之约束,遵循严格的"无法律即无行政""法无规定不可为"的精神,然而现有的行政行为规范体系显然难以为互联网治理中普遍适用的各类强制性行为提供制度支撑。第一,对于政府强制性行政行为而言,尽管政府为监管层出不穷的新型网络问题付出了诸多努力,行政行为法却无法适应互联网发展的节奏,难以为之在新兴领域适用强制性行为提供明确的法律依据及程序规则,导致部分行为面临合法性质疑。第二,无论是运用社会组织的公行政权,还是平台的"准行政权",社会主体适用强制性行政方式收获了显著的治理成效,也诱发了新的权力危机。行政主体理论及行政组织法对社会公权力主体的忽视,同样使其在具体适用中处于行政行为规范调整的真空地带,造成社会组织、互联网平台对组织成员、网络用户"疑似违法违规""被其他用户投诉"或者"监管部门要求处理"的行为进行惩戒缺乏范围和尺度之限制。无论是适用强制手段的事实依据认定,还是规范依据的制定实施,都与相对严格的标准背道而驰。同时,基于平台的技术资源垄断及其对生产生活方式的改造,平台惩戒对用户的影响并不亚于政府的处罚或强制措施。可见,政府与社会主体在互联网公共治理活动中均存在滥用强制性行为的问题,从而导致治理的正当性匮乏。

(二) 强制性行政行为对比例原则的僭越

比例原则在行政法学上又被称作"禁止过度原则""最小侵害原则",其被誉为行政法中的"皇冠原则"。① 陈新民教授认为,比例原则是拘束行政权行使最为有效的原则,其在行政法学中扮演着重要的角色,是行政法中之"帝王条例"。② 总体而言,比例原则是指在有法律依据的基础上,行政主体实施行政行为时,要适当地平衡对行政相对人造成的损害与社会所获得的利益之间的关系,不得实施对相对人的损害超过社会利益获得的行政措施(法益相称性);保证所采取的行政行为方式能够达到所追求的目的(妥当性);在目的确定的情况下,保证所要选择的手段最温和对行政相对人侵害最小(必要性),这三个层面主要源于德国行政法对比例原则理论之阐释——三阶理论。③

缘起于加强对警察权之规范的比例原则,核心内容是保证行政机关在实施强制性行政行为时,只能适用侵害最小的方式,以达到公益与私益相统一的目的。因此,政府和互联网社会主体就网络违法违规问题采取的一系列强制措施,同样要遵循比例原则,即政府适用行政处罚、行政强制,以及社会公权力主体适用封号禁号、冻结账户等强制性行政行为时,应以平衡公益和私益为导向,在全面准确评估行为后果的基础上,选择责任相当、损害最小的方式和基准。然而,在互联网公共治理实践中,囿于行为裁量基准、程序规制的缺位,强制性行政行为的适用大多缺乏合理控制。(1)政府在发现互联网安全问题或者互联网企业的违法违规现象时,大多习惯于"以罚代管"或者"予以关停",而非采取包容审慎的态度。这虽然将互联网公域控制在"零风险"或者"低风险"的安全状态,但是在很大程度上也打击了互联网企业创新的积极性,将互联网公域发展推向了封闭、禁锢的边缘,从而与比例原则强调的妥当性相违背。(2)政府在对互联网企业、平台进

---

① 黄学贤:《行政法中的比例原则研究》,《法律科学(西北政法大学学报)》2001 年第 1 期。
② 陈新民著:《行政法学总论》,台北:三民书局 1991 年版,第 62 页。
③ 参见余凌云:《论行政法上的比例原则》,《法学家》2002 年第 2 期。

行行政处罚、行政强制时,并未考虑合理的相关因素,尤其对于行使强制性行政行为所导致的后果未能进行准确评估,造成典型的裁量瑕疵。[①] 由于大多数互联网企业、平台为网民提供着各式各样的生活服务或者生产方式(谋生途径),又或者掌握着多数网民的信息资源、物质资源等,若政府对互联网企业、平台采取过于严厉的强制措施,容易造成效力外溢,造成对网民权益的损害,这明显违背了比例原则强调的法益相称性。(3)互联网平台对网民的违法违规行为或者违反自治章程、公序良俗等规范的行为采取禁言、封禁号、冻结、划扣保证金等惩罚性措施时,没有对行为的尺度及其对平台用户的危害程度予以考量和把握。在不同情形下,互联网平台对网络用户所采取的强制措施会产生差异化的影响。有些效力只局限于禁言或者禁号,随着其账号解封或者用户转移至其他替代平台,强制性措施也达到相应目的。但对于以互联网平台为重要的社交媒介、生活生产渠道的网络用户而言,平台惩戒的负面影响甚至超过了政府强制性行为的威力,直接对网民的劳动就业机会或其他有形、无形财富权益产生威胁。[②] 此时,互联网社会主体强制性行为的危害性已然超出了其所欲达到的效果,必然超出"对相对人最小损害"的标准,从而与比例原则内含的必要性理念相冲突。

显而易见,在遭遇合法性困境的情形下,政府与互联网社会组织、平台等主体的强制性行为对比例原则的僭越,使之进一步陷入正当性、合理性的质疑当中。笔者认为,对于可能对行政相对方产生直接影响的强制性行政行为,始终应当坚持严格的法律保留原则,秉承"无法律即无行政"的基本要求。故互联网公域治理中强制性行为滥用及其对比例原则僭越的问题,亟待行政行为法从理论和实践两个维度予以有效回应。

二、协商型行政行为尚未跳脱"中心—边缘"结构

从单向度的政府监管方式向双向度甚至多向度的多元主体合作治理方式转型,是互联网公域治理方式拓展的重要表征。政府难以应对互联网公域的急剧扩张和日益繁重的公共事务,以及互联网社会主体权力资源和公民权利意识强化等,共同塑造了政府与社会合作治理的基本格局,产生

---

① 参见[德]哈特穆特·毛雷尔著:《行政法学总论》,高家伟译,北京:法律出版社 2000 年版,第 130 页。

② 例如,网约车司机账户被冻结、封禁,导致其无法正常接单;对抖音直播平台用户账户进行封禁以及相关视频予以下架,造成其直播权限受限及网络作品传播受阻,等等。同时,平台用户账号受限,一般也会对其账户余额支取、套现产生影响。

了协商型行政行为。双向度甚至多向度协商型行政行为的应用,既能够发挥不同主体的技术性、专业性、灵活性等优势,也可以弥补强制性行政行为适用所面临的正当性欠缺。但囿于协商型行政行为的型式化不足,缺乏行政行为规范的有效调整,其具体适用往往难以摆脱"强政府—弱社会"模式下的"中心—边缘"结构,导致互联网治理倡导的多元合作如何在协商型行为适用过程中实现有效整合仍旧存有疑虑,造成多元合作的优势非但没有显现出来,反而因政府权威得到强化而出现"治理失败"的风险。①

(一) 协商型行政行为的型式化建构匮乏

在互联网公域治理当中,协商型行政行为不单纯指一种行为,而是指一类行为。这类行为适用的核心目标是要变革传统官僚结构图景中命令与服从的单向关系。② 一是有助于适当放开对各地区、各部门在自身职权范围内进行互联网管理体制创新性探索的限制,加强政府内部纵向上各层级、横向上各部门的沟通互动;二是有助于政府及其职能部门避免在互联网安全监管、公共服务供给、公共风险防控等领域的运动式、碎片化治理,推动其与互联网社会主体、公民共同搭建常态化的合作治理平台,形成互联网公域内部多元主体合作治理的整体架构;三是有助于减少对互联网社会主体在信息技术创新和应用及管理体制创新方面的微观调控和刚性束缚,给予其充足的自主探索创新的空间,充分发挥其在互联网公共秩序建构、服务供给中的技术、专业优势;四是有助于政府、互联网社会公权力主体通过构建公民共同参与互联网公域治理的常态化渠道,在有可能影响互联网公共产品、公共服务供给的公共决策,或者与互联网监管有关的法律法规、自治章程制定完善的过程中强化公众的参与。

协商型行政行为在当前互联网公域治理实践中得到广泛适用。然而,不可否定的是,协商型行政行为在实践中并未完全收获其理想的成效。政府在公私合作治理中往往难以摆脱管理思维限制,总是在互联网公共事务治理中主动寻求权力扩张③,要么跨过职能范畴的限制,进入互联网社会主体自治的范畴;要么权力滥用,忽视社会的参与和监督,或者随意侵入到互联网企业、平台、网民的权利范畴。这都源于传统行政法对协商合作型行政行为的调整匮乏,导致制度安排难以对新型式的行政行为形成有效规制。行政行为的型式化旨在通过行政行为法理论和规范的建构,将行政主

---

① 何翔舟、金潇:《公共治理理论的发展及其中国定位》,《学术月刊》2014 年第 8 期。
② 参见石佑启:《论法治视野下行政权力的合理配置》,《学术研究》2010 年第 7 期。
③ 杨凤春:《中国网络治理中的政府权力扩张与公民电子信息活动权益的保护》,《国家治理现代化研究》2018 年第 2 辑。

体做出的各类行为归纳划分为特定的类型单元,并对不同类型行为的内涵和外延予以厘清,以及确定其基本的构成要件等。传统行政行为理论更多侧重于对行政机关和法律法规授权的组织做出的单向度、强制性行政行为进行型式化研究,即以行政权的运行为分析视角,对强制性行政行为的基本表征、合法性要求以及违法性后果进行归纳分析,并建立起与之相配套的行政程序制度和监督救济制度,以此实现控制行政权与保障公民权利之功效。显然,协商型行政行为的广泛适用,动摇了传统行政法上行政行为单中心主义的固有格局。① 行政行为法对协商型行政行为的型式化建设不足,将之套入传统的行政行为型式分析框架当中,用"以政府为中心"的思维模式来分析和构造协商型行政行为的基础形态。这从客观上导致互联网公域治理实践中广泛使用的行政协议、行政约谈、执法和解等新型式行政行为的适用条件、基本构成、合法标准、违法结果以及对应的程序规则、救济方式均存在较大模糊性,造成政府在协商过程中依然处于绝对的强势地位,协商型行政行为甚至沦落为政府规避责任、变相强制、加重相对人负担的手段。"从权力转向合同并不意味着政府部门的终结。恰恰相反,它意味着需要建立一种制度和管理能力去迎接我们面临的许多新的挑战。"②故强化对互联网公域治理中协商型行政行为的型式化研究,成为行政行为法发展所面临的现实课题。

(二)协商型行政行为的正当性基础欠缺

奥托·迈耶引入行政行为概念,进而对其强制属性进行界定,目的是立足于法律行为理论框架,明确行政行为的公法属性,使之与私法中民事行为的概念和内涵相对应,并以行政行为为理论轴心,搭建起与行政主体、行政救济等相协调的理论模型,由此构建起行政法学框架体系。这在自由法治国的背景下,凸显了以公权力控制为基本任务,以命令性和强制性为基本表征的公法特性,反映了公民屈服于政府之下的公法形态,以及严格控制行政权行使的公法功能,但其与社会法治国的价值理念背道而驰。③以往,行政行为的合法性是其正当性的主要源泉,行政机关严格遵守权力机关经过民主程序制定出来的法律,严格履行法律授予的职权,不越权、不侵权并有所作为,便能够获得相应的正当性。故在民众只能依赖于政府维持公共秩序、提供公共产品的时代,行政行为的正当性与其自身的合法性

---

① 章志远:《当代中国行政行为法理论发展的新任务》,《学习与探索》2018 年第 2 期。
② [美]菲利普·库珀著:《合同制治——公共管理者面临的挑战与机遇》,竺乾威等译,上海:复旦大学出版社 2007 年版,第 51 页。
③ 参见陈新民著:《公法学札记》,北京:中国政法大学出版社 2001 年版,第 98—99 页。

息息相关,行政行为法的任务更多聚焦于为政府提供一种稳定的、合法化的行为范式。

随着互联网公域的发展,公共权力的"去中心化"和公民权利诉求的多元化使公众不再是被动地服从命令,而是主动要求决策参与、服务供给、信息公开、理由说明等,不再单纯满足于政府借助管制来完成基本的秩序建构任务。由此,行政行为的合法性和正当性开始作为两套独立的标准分开存在。有时即便是合法性的行政行为也会遭遇公众的正当性质疑,因为人们总是站在"没有最好,只有更好""只有更适宜,没有最适宜"的角度来对行政行为作出评估。同时,政府难以适应日渐复杂的互联网公域环境,技术性的安全监管任务与专业化的服务供给要求都在促使其对自身行为的正当性、有效性进行反思。协商型行政行为在互联网公域治理中的广泛应用,试图吸纳互联网多元化主体参与到合作或者讨论中,并通过利益协调,在法律规定的范围内找到最佳的治理方案,从而在互联网企业、平台、公众可以普遍接受的基础上提升治理活动的正当性。换言之,协商型行政行为获取正当性的内核是民主和商谈,即通过促成政府与互联网社会主体,以及公权力主体与公民多层次的沟通、协商、互动来提高政府对互联网治理需求的回应度,以及对网络舆论的把控,以弥补传统互联网政府管理体制的民主性、正当性阙如,维护公民的网络权利。

但存在的问题是,以民主提升行为的正当性是不是意味着对合法化、法治化的摒弃?答案显然是否定的。协商型行政行为的正当性仍需要依托于法治,尤其是行政法治的引领和保障,要通过行政行为法来保证协商互动的有序展开,促进其正当性的实现。然而,囿于行政行为法对协商型行政行为的正当性基础缺乏必要的关注,没有具体规定保障行为效果实现的必要条件,往往导致政府、互联网社会主体、公民在互联网公共治理实践中陷入"有合作无协商""有协商无民主""有参与无效率"等困境当中。

(三)协商型行政行为适用面临主体关系结构失衡

在互联网政府管理体制下,政府行政权的运行呈现出单向、强制、封闭等基本特征,互联网社会主体、网民都只是政府监管的对象,是被行政权所支配的对象,仅仅以行政相对人的身份存在。换言之,依托于强制性、刚性的行为方式适用,政府与互联网社会主体、网民之间形成了以命令与服从、强制与接受为基本表征的"行政主体—行政相对人"关系结构。在传统行政法学体系中,行政行为常常被看作是行政法学体系的阿基米德支点,架构起了包括行政主体、行政监督救济在内的整个行政法教义学的框架结构。行政行为的类型从本质上决定了其对应的行政法律关系结构。由此,以强制性行政行为适用为主导的互联网政府管理模式,决定了传统行政法以调整规制单向度的"行政主体(监管部门)—相对人(互联网社会主体、网民)"的关系结构为核心。

伴随着互联网公域治理方式从单向性、强制型向多向度、协商型转变,互联网社会主体、网民已经不再是单纯的被监管对象或者纯粹的命令服从者,而是借助日新月异的互联网信息技术和日渐丰富的用户资源,以及迅速提高的网络舆论影响力,成为互联网公共事务治理的重要主体,从而使政府、互联网社会主体、网民都在互联网治理活动中找到了各自的角色与定位。此时,政府与社会的地位逐渐趋向平等,政府与互联网社会主体、公民已经跳脱了以往强制性行政行为作用下极不平等的两极关系,加速向平等协商的、更为复杂多样的公共关系演变,进而呈现出政府与互联网社会主体,以及政府、互联网社会主体与公民之间的多重维度、相互交织的关系结构。

然而,平等互动、网状交织型的主体关系结构形成于互联网协商型行政行为得以顺利实施的理想状态,现实是这种关系结构正基于行政行为法自身的局限性而处于内外部整体失衡的状态。一是传统行政行为理论主要聚焦于设计一个静态化的行政行为模型,将监管实践中适用的各类行为模式套入,便可以分析出不同行为各自对应的行政法律关系结构。但其难以对网络公共事务治理中协商互动的行为方式应用呈现出来的动态过程实现有效调整,难以适应实践中政府与互联网社会主体、公民的内部关系结构变动,并对不同主体面向不同行政任务表现出来的权利义务差异加以把握,从而造成多元主体关系的内部失衡。二是既有行政行为法重在调整由强制性行政行为产生的政府与社会两造"对峙"关系[①],从而在政府与互联网社会主体开展协商合作时,对两者以外的利害关系人受到的影响或损害缺乏必要的关注。特别是在数字服务外包、行政约谈等事务中,没有充分听取相关公众、平台用户的意见,无法在行为效力普遍存在外溢问题的语境下,满足保障外部利害关系人权益的需求,导致主体关系的外部失衡。

三、行政行为方式与互联网技术融合的规范不足

政府探索行政行为方式与互联网信息技术相融合,是顺应互联网公域发展趋势和回应互联网公域治理需求的必然选择。两者的相互融合既反

① 参见陈端洪:《对峙——行政诉讼看中国的宪政出路》,《中外法学》1995年第4期。

映了网络信息技术更替对政务施行的影响,也体现了政府行政观念的转变。然而,行政行为形式和载体的创新,并不必然遵循互联网公域治理语境下服务型政府建设的内在逻辑和基本规律,甚至违背行政行为合法性、正当性的基本要求,由此产生了完善行政行为法理论和制度体系的现实需要。

(一) 行政行为方式与互联网技术融合的发展规律

早在 20 世纪 80 年代,我国便开始积极探索推进政府信息化建设。各级政府及其职能部门相继成立了信息管理中心(或称办公室)和信息技术人才队伍,如国务院于 1986 年组建国家经济信息中心(于 1988 年改称国家信息中心)。与互联网的引入同步,国务院于 1993 年着手成立了国家经济信息化联席会议,负责统筹全国的信息化建设工作,逐步明确推进信息化工程实施、信息化产业建设的指导思想,并推动金桥、金卡、金关等政务系统联网建设。1996 年后,依托于国家信息化领导小组及信息产业部、邮电部等部门,我国开始全面推进政府上网工程建设,提出推动各级政府各职能部门建立正式站点,构建电子政府的目标。[1] 2001—2006 年,国家信息化领导小组连续发布了一系列与电子政务建设相关的指导意见[2],并逐步开启政府内外网的分别建设,奠定了电子政务发展的主基调。2008—2013 年,工信部加大了在全国范围内推广电子政务平台建设的力度,要求以强化应用和提高成效为主线,利用电子政务发展促进服务型、责任型政府建设,强调服务于国家战略实施,服务于民生改善,服务于社会管理创新等。故各地区各部门开始着力推进政府间信息共享与业务协同,并适应移动互联网的发展趋势,与微信、微博等移动 APP 展开合作。2014 年至今,"互联网＋"行动计划的实施与行政体制改革的深化,使"互联网＋政务服务"改革成为了推进政府转变职能、简政放权,创新服务方式、优化服务流程,构建智能、高效的服务型政府的重要路径。

从政府内部信息化建设到电子政务应用,再到"互联网＋政务"推广,是政府应对互联网公域发展的必然要求,是以信息技术的创新应用来促进政府与社会互动的有效探索。由此,在这个过程中,政府的行政过程逐渐与信息技术相互融合,形成一种仰仗于技术、平台予以实施的行为方式,有

---

① 汪向东:《我国电子政务的进展、现状及发展趋势》,《电子政务》2009 年第 7 期。

② 例如,《关于我国电子政务建设指导意见》《关于加强信息安全保障工作的意见》《关于加强信息资源开发利用工作的若干意见》《国家信息化发展战略(2006—2020 年)》《关于推进国家电子政务网络建设的意见》《电子政务总体框架》等一系列指导意见。

学者将之称为电子化行政行为①或者自动化行政行为②。同时,随着公民诉求的扩张和政府服务意识的生成,以及政府上网从业务需求向服务需求的转向③,行政行为与信息技术的融合本身便内含了推动服务型政府建设的要求,要遵循基本的服务理念。故伴随互联网信息技术的创新发展,通过促进行政方式的信息化、数字化、网络化转型,对内可以整合各层级各地区各部门的信息资源,减少重复建设,加强行政行为适用标准的统一协调;对外可以提升行政效率,增加行政透明度,拓宽政府提供服务和公民参与决策的网络渠道,强化政府与公民的互动,从而持续推动互联网公域治理变革。④ 此外,大数据、人工智能、区块链等新兴互联网信息技术与行政行为的融合,也使互联网时代的行政行为方式处于不断的变化更替之中,并朝着更为智能化、效能化、人性化的方向发展。

(二) 行政行为方式与互联网技术融合的问题及规范需求

总体而言,行政方式与信息技术的融合及其在互联网公域治理中的推广应用,激活了一种新型公共行政模式,其价值目标是增强政府的工作透明度、改善政府的公共服务、优化政府的行政环境、提升政府服务的质量、增强传统行政行为的协商性,以促进政府与社会的良性互动。应当明确的是,对行政行为与互联网技术相融合的发展规律展开剖析,只是立足于互联网公域治理变革语境下服务型政府建设的总体规划,对行政方式信息化、网络化发展的理想状态进行推演。但在实践中,行政行为形式与载体的创新也面临着与互联网时代服务型政府建构的理念相背离,违反行政行为合法性、正当性要求的风险。(1)强制性行政行为依托于互联网信息技术实施正面临合法性质疑。对于强制性行政行为而言,无论处于何种行为载体当中,都应当遵守严格的合法行政原则,遵守行政行为的合法依据。然而,互联网技术更替快,其与强制性行为相结合容易受制于法的滞后性而陷入合法性危机之中。(2)部分不适合采用电子化、自动化形式的行政行为开拓了线上渠道或者直接转由线上做出。行政机关未能对行政行为方式与互联网技术融合适用的具体情境加以区分,导致为部分不适合借助信息技术手段或者不适合用某种特定技术手段做出的行政行为开发了相应的网络渠道,造成信息技术滥用,这也反映了行政行为经由网络技术手

---

① 杨桦:《电子化行政行为的合法性探析》,《武汉大学学报》2011 年第 3 期。
② 敖双红、雷金晶:《论自动化行政及其法律规制》,《湖南警察学院学报》2017 年第 1 期。
③ 翟云:《改革开放 40 年来中国电子政务发展的理论演化与实践探索:从业务上网到服务上网》,《电子政务》2018 年第 12 期。
④ 汪玉凯:《"互联网+政务":政府治理的历史性变革》,《国家治理》2015 年第 27 期。

段作出的肆意性。(3)部分行政行为虽然以电子化、数字化为载体,但是实际上违背了服务、民主、便捷的理念。随着"互联网＋政务服务"改革的推进,服务、民主、效能已成为行政活动的基本价值理念,协商型、服务型行政适度摒弃严格的"无法律即无行政"原则的前提是,其必须与这些价值理念相契合,以保障自身的正当性。目前,尽管部分行政行为已经实现信息化改造,但是其在具体适用中违背了提升服务质量、加强民主协商的初衷,沦为政府规避责任、减轻自身负担的手段。这表明,在互联网技术广泛融入行政活动的情境下,面向行政任务、行政形式以及公民诉求的扩张,不仅要规制政府乱作为,也要防止其不作为。(4)互联网应用本身面临着技术漏洞、病毒攻击等风险,这会导致行政行为的作出和预想的结果出现偏差,加剧对相对人权益的侵犯。

"政府管理的电子化治理要遵循技术与制度共同演化的思路。"[1]行政方式经由技术改造产生的规范难题,不仅揭示了行政行为法对大数据、人工智能等技术应用所催生的新型式行政行为方式规制之不足,也反映了其对行政行为的不同实施方式如何衔接缺乏关注。面对行政方式与网络技术融合诱发的合法性、正当性问题,行政行为法应结合不同行为的目标、任务和特征,在各自适用的理念、结构、情境等方面作出更为合理的制度设计和安排,实现制度供给与技术应用的有效协同,充分发挥"互联网＋政务"改革的功用。

第三节　行政程序法对互联网公域治理互动过程规制失位

传统法治与现代法治最为显著和重要的区别在于:传统法治主要着眼于控制授予政府权力的范围,现代法治则更关注如何规范政府权力的行使,这也是行政程序法存在的价值和意义。[2]互联网公域治理改变了传统政府管理模式下权力单向度运行的过程,形塑了一种双向度、互动式的治理图景,从而更加凸显了依托行政程序法对治理过程进行规制的必要性。治理过程的交互性标志着在互联网公域治理过程中,政府与社会主体、公共权威与公民正逐步站上相互平等的对话平台,行政法律关系正趋向均衡

---

① 徐军玲:《政府管理的电子化治理:技术与制度共同演化的思路》,《科学决策》2009年第9期。

② 姜明安主编:《行政程序法》,北京:北京大学出版社2007年版,第1页。

化发展,这对传统行政程序法产生了较大的冲击。此外,行政程序法对电子化、数字化、网络化行政行为方式的规制不足,以及对互联网突发事件的应对不及,都暴露了其在互联网公域治理实践中的缺位与失位,揭示了对之予以重塑和修正的现实需要。

一、治理过程交互性与行政程序法规制的必要性

互联网公域治理变革塑造了治理过程交互性的现实图景,凸显了行政程序法对之予以规制的必要性。

(一)互联网公域治理过程的交互性

在传统互联网监管体制下,政府以完成对互联网公域安全的有效监管为核心任务,其在互联网安全监管任务的分配和投入中占据绝对的话语权,社会主体、网民只是参与或者配合任务完成的参与者或者相对人。也就是说,传统政府管理模式表现为由互联网监管部门单方面地表达意志,形成公共政策或作出行政决定,互联网社会主体、企业、平台、网民只能遵守公共政策规定,对行政决定的结果予以接受和服从。此时,公共权力运行呈现出单向度、封闭性的基本形态。

与之相反,互联网公域治理变革是多元主体共同探索治理有效性的过程,其中包含政府有效性和社会有效性两个层面的内容。[①] 这从本质上决定了对传统政府管理模式下公权力单向运行结构加以改造的必然要求,凸显了以"沟通与合作"为基本表征的协商型行政模式改造以"命令与服从"为基本表征的强制性行政模式,以及政府、互联网社会主体、网民分工合作、协商互动的动态过程,从而保证互联网安全监管、公共服务供给、产业体系创新等公共事务得到有效治理。立足互联网公域治理变革的具体实践,各层级、各地区、各部门政府间的合作,是在追求政府治理效益最大化的过程中,破解横亘于政府内部的行政体制障碍,统筹解决互联网公共政策、部门规章等规范性文件"政出多门、内容重复",以及互联网监管部门"机构重叠、职能模糊"等体制机制问题;政府与互联网社会组织、企业、平台等社会主体之间的合作,以及社会主体彼此之间的合作,是在功能分域、平等协商的过程中,充分发挥社会主体在互联网公共安全监管、公共服务供给、信息技术和网络产业创新、网络公共设施建设等领域的专业性、高效性和灵活性等优势,顺应互联网公域变迁的基本规律,以社会自治自律助推互联网公域的良性发展;公民(网民)对互联网公域治理的积极参与,是

---

① 欧阳静:《论基层运动型治理——兼与周雪光等商榷》,《开放时代》2014 年第 6 期。

在网络舆论监督、网络听证等沟通反馈的过程中,实现自身从相对局限的最后知情者的被动地位向互联网公共决策、行政决定的重要参与者的身份转变。尤其是在互联网基础设施建设、互联网城市服务投放等公共服务供给领域,网民的舆论监督、意见反馈成为决策出台、决定作出的重要环节。由此可见,在互联网公域中,以公共权力单向行使为主线条的"中心—边缘"正逐步瓦解,以交互性为特征的治理脉络正逐步清晰地呈现出来。

(二) 行政程序法规制的必要性

在互联网公域治理中,多元主体就公共议题进行平等协商、交流互动的过程,需要程序制度加以体现和确认。同时,程序制度可以提升互联网公域治理过程的合法性和有效性。当前,互联网公域发展为网络空间中政策问题建构权的"去中心化"奠定了基础[①],使政府、互联网社会组织、平台以及公民基于功能定位上的互补性形成了相互促进、分工合作、紧密相依的关系。随着"网络强国"战略、"互联网+"行动计划的深入实施,多元主体在互联网安全问题监管、互联网公共服务供给、互联网新兴产业发展等方面还有广阔的合作空间。然而,与传统互联网政府管理模式相比,互联网公域治理有着差异化、悬殊化的制度要求,制度建构的未尽满足也成为了桎梏多元主体协商合作展开的重要障碍。党的十八大以来,尽管政府、社会组织、互联网平台等主体就网络公共事务治理开展分工合作、决策参与已积累了丰富经验,一定程度上缓解了政府因专业性、灵活性欠缺而导致的安全监管和服务供给乏力,但是总体上尚未形成相配套的程序制度对合作过程加以规范。无论对于政府、社会公权力主体履行强制性监管职能而言,还是对于政府与社会平等协商的过程而言,程序法规范的缺位会导致公权力的行使缺乏有效的调整,从而面临滥用的风险。诸多公共决策或指导性意见因公信力不足而陷入"难获认可、议而不决"的尴尬境况;部分公私合作项目因议定流程缺乏规范性而纠纷不止。当前,互联网公域治理程序的随意性,从本质上折射出互联网公共问题妥善处理正处于以政府为主导的管理版本和政社平等合作的治理版本尚未进行有效整合的情境之中。换言之,互联网政府监管部门仍习惯于将与社会主体的合作归为"单方作出决定的过程",而非协商互动、达成共识性意见的过程,从而使围绕互联网公域治理而展开的诸多合作项目依然难以摆脱政府单方意志及公共权威的干预。由此,保障互联网公域治理过程的顺利推进,使之始终处

---

① 张康之、向玉琼:《网络空间中政策问题建构权的"去中心化"》,《党政视野》2015 年第 3 期。

于双向互动的状态,必然要求塑造与之相契合的行政程序制度。

二、行政法律关系趋向平衡与程序法功能性缺陷

互联网公域治理过程的交互性使得行政法律关系从传统的的失衡状态向平衡状态转变。互联网公域治理中,行政主体与行政相对人之间平衡关系的逐渐确立,对传统以规范公权力行使为核心任务的行政程序法产生冲击,从而急需对行政程序法的功能定位进行重新审视。

(一)互联网公域治理下行政法律关系的平衡转向

互联网公域治理过程的交互性恰恰表明,社会组织、平台、公民获得与政府进行平等交流、协商互动的渠道,使其各自的意志和需求能够在网络公共政策、行政决定中得到相应体现。可以说,互联网公域治理变革的过程,本身内含了多元主体之间的权利义务从不平衡向平衡转型的动态过程。

在传统互联网管理体制下,政府居于监管的核心地位,社会组织、公民都围绕着政府的监管工作展开行动,服从于政府的公共决策和行政决定。政府则以监管为己任,对监管任务进行整体统筹和全面推进,利用强制性权力来保障行政相对人对行政机关命令的服从,使其单方面的意志得以落实。虽然随着公众参与诉求的扩张,政府在制定与公民权益息息相关的公共政策、法律法规时会向社会公开征求意见,但是目前公民主动参与与政府协商互动的渠道还比较少。尽管我国在互联网发展早期便已意识到网络服务提供者和网民群体在安全问题监管中的作用,保留着"政府—私营机构—网民群体"这样的三方构架,但是其与治理模式所强调的合作共治不同,互联网社会主体、网民在其中主要处于被监管的地位,并不享有治理的权利和义务[①],政府仍然是自上而下制定政策、建立规则、拟定议程、作出决定的核心,其与互联网社会主体、网民的关系处于"支配与被支配"的失衡状态。

在互联网公域治理活动中,多元主体的协商合作成为主基调,政府不再垄断或者难以垄断手中的权力资源,对互联网公域发展实施主导性和排他性的管控,而是着重于推动治理理念的创新,逐步建立起以利益共享为核心要素的,强调公益与私益并重、权力与责任共担的治理理念和社会治

---

① 张卓、王瀚东:《中国网络监管到网络治理的转变——从"网络暴力"谈起》,《湘潭大学学报(哲学社会科学版)》2010 年第 1 期。

理机制。① 从政府与互联网社会主体的关系来看,政府正在从纯粹的管理者、监管者向协调者、合作者的角色转型,其通过与互联网社会组织、企业、平台等社会主体就互联网安全监管、网络通信设施建设、网络公共服务供给等问题展开协商互动、分工合作,以合作协议、行政指导、行政约谈等形式发挥社会主体的治理功用;从政府与公民的关系来看,互联网平台的迅猛发展在两者之间搭建起了一座能够自由、平等、便捷沟通的桥梁,强化了网民参政议政的意识。尤其是手机移动网络和设备的发展,使人们无论基于何时何地何种身份,只要上网就都能参政议政,从而极大程度地提高了网民参与互联网公域治理的能力,也激发了网民表达个人意愿、监督公权力行使的兴趣和热情②,进而从整体上提高了公民参与互联网公共行政活动的主动性。由此可见,互联网公域治理开启了多元主体合作共治的新图景,多元化的治理主体处于相互制约、彼此制衡的结构当中,围绕互联网公共事务治理展开协商、沟通,并达成共识,促进行政法律关系从传统的“命令—服从”“强制—接受”的失衡状态向“协商—合作”“柔性—共识”的平衡状态转变。

(二) 行政法律关系平衡与行政程序法的功能障碍

在互联网政府管理模式下,社会组织、公民等主体均处于被动服从、被行政权支配的地位。与之相对应,行政程序规则秉承传统行政法所倡导的控权功能,展现通过程序制度对行政权力行使予以规范控制的技术。换言之,以行政主体权力与行政相对人权利相互对立、政府与社会彼此分化为基础构建起来的行政程序法,主要调整行政主体与行政相对人在政府管理过程中所形成的“命令—服从”关系。由此,传统行政程序制度以规范公权力的行使为核心任务。无论是在行政立法、行政规划等抽象行政程序中,还是在行政许可、行政处罚、行政确认等具体行政程序中,如何立足于行政权力单向度、封闭性行使的情境,通过尽可能设置行政相对人参与行政过程的渠道,以及行政主体行使权力的环节来发挥法的规范化作用,构成了一条单一且清晰的逻辑主线。

不难发现,传统行政程序法难以对政府、互联网社会主体、网民平等合作、协商互动的过程进行有效调整,陷入“只重视法的规范价值,不重视法的引导价值”的偏执化倾向,从而对政府严格把控行政过程的现状难以作出有效回应和调整,导致社会主体、公民对行政过程的参与往往流于形式。

---

① 顾丽梅:《网络参与与政府治理创新之思考》,《中国行政管理》2010 年第 7 期。
② 朱浩:《互联网时代的政府治理》,《领导科学》2016 年第 5 期。

互联网公域治理变革使原本只专注于发挥政府安全监管职能,维护互联网公域秩序安全的价值目标,向以公域秩序建构与公共服务供给并举,以服务为本位的价值导向转型。服务行政模式的建构使多元主体在互联网公域治理中找到了共性的利益追求,并借助于信息网络技术应用联结成一个复杂的巨系统。① 服务理念的塑造和践行,使政府与社会主体、公民在互联网公域治理系统中的地位真正迈向平等,公民已不再是行政的客体,而是行政的共同创造者。② 故与之相适配的行政程序法应紧跟政府、社会主体权利义务关系均衡化发展的趋势,立足互联网公域治理过程中的协商性、交互性、平等性、主动性,将规制的视角投射于政府与社会主体、公民在作出公共决策与行政行为前后进行反复博弈、形成共识的过程,而不是聚焦于围绕行政行为结果合法化展开控权限权。因此,与互联网公域治理所呈现出来的平等合作、协商互动的交互过程相匹配,行政程序法应当凸显程序价值的兼容并包、主体结构的伙伴化、程序风格的交往理性化以及程序表达的论辩规则化。③

三、行政程序法对"互联网+"行政过程规制不足

在互联网公域治理中,行政行为与互联网信息技术的相互融合,是行政机关自觉适应互联网信息技术革新,回应互联网虚拟公域良性发展的需求,实现行政行为方式创新和提升行政服务效率的必然选择。在"网络强国"建设与"互联网+政务服务"改革的背景下,政府门户网站、政府手机客户端以及政府与互联网平台的合作愈发普及,行政方式与互联网信息技术的融合更加紧密。甚至可以说,信息技术已经渗透到不同行政行为适用的过程中,成为现代行政对外呈现的主要形式。"互联网+"行政方式提供了促进公共行政效率提高的技术工具,开辟了政府与社会互动的新渠道④,同时也诱发了新兴行政行为方式的合法性危机,使之陷入必要性与正当性难以厘清的两难境地。这不单纯是传统行政行为法所面临的问题,更暴露了行政程序法的包容性欠缺。

对于强制性行政行为而言,合法性是保障行政行为正当性的核心标准,合法性的判定主要依据行为合法性与程序合法性来展开。其中,有效

---

① 王芳:《论政府主导下的网络社会治理》,《人民论坛·学术前沿》2017年第7期。
② [日]南博方著:《日本行政法》,杨建顺、周作彩译,北京:中国人民大学出版社1988年版,第6页。
③ 喻少如:《合作行政背景下行政程序的变革与走向》,《武汉大学学报》2017年第2期。
④ 孙宇:《电子政务建设与行政管理创新互动关系探析》,《中国行政管理》2008年第9期。

的行政行为必须依照法定程序作出,遵守法定的方式、步骤、时间和顺序,违反法定程序的强制性行政行为属于典型的违法行政行为。在行政国家发展的语境下,行政程序法的发展本身便是规范行政权行使的重要进路。故多数国家的行政法既严格遵循合法行政原则——排斥行为的实体性违法,也严格遵守程序正当原则——杜绝行为的程序性违法。我国《行政诉讼法》便将"违反法定程序"作为司法机关撤销行政行为的法定条件。互联网的普及和应用平台的推广,加快了电子化、数字化政府建设的步伐。随着信息技术在行政活动中应用场域的拓展,公民能在不在场的情况下,第一时间接收行政资讯,解决了行政效率低下的问题。强制性行政行为与信息技术的融合,导致传统以"场景化""纸质化"行政行为方式为主要规制对象的行政程序规则,在面对以虚拟化、智能化为主要表征的"互联网+"行政行为方式时,难以作出及时反应和有效规制。行政方式的技术性改造对传统行政程序法规范提出挑战,由此造成的后果是部分强制性行政行为的作出与传统行政行为方式相比,缺乏必要的程序控制,影响了社会主体、公民了解知情、申诉抗辩、复议诉讼等权利。例如,通过电子抓拍的方式,直接对违法行为作出处罚,无法还原违法经过的全过程;在特定网络渠道公布处罚决定可能并不为行政相对人所知悉,导致错过申请复议和诉讼的时间等。同时,行政方式与互联网技术的融合,有可能将电子技术的机械化也一并带入到行为过程当中,无法考虑每个行为背后的差异化情境,从而只是作出一个又一个相同的决定,形成对合理原则、比例原则的侵蚀。此外,强制性行政行为实施方式的技术化改造,可能本身便是违反有关答复、听证、送达等程序法规定的操作,如采用电子邮件或者利用政府门户网站、微信平台等渠道送达行政决定书,便变通了行政程序上关于文书送达的基本要求。尽管世界上已有些国家对行政行为的非形式化情境作出规定①,但是强调行为方式的合法化,克服"互联网+"强制性行政行为的程序合法障碍,在实践中提升行政的高效性和正当性,统筹回应公民对效率、公平、合法、有效的追求,仍应是我国积极推动行政程序法完善的重要目标。

对于协商型行政行为而言,治理的正当性、有效性是其追求的价值目标,该目标的具体实现又在于服务理念的践行。这就要求行政程序法在保障协商型行政行为合法性的同时,也要着力提升其自身的正当性、有效性。"互联网+政务服务"是服务型政府建设的重要举措,其外在表现

---

① 例如,德国《联邦行政程序法》第10条规定:"如果没有关于程序形式的特别法律规定,行政程序不受确定形式的拘束。行政程序应当简单、合乎目的和迅速地进行。"

是互联网信息技术的应用,实质上也内含着公共行政改革的价值目标。其与协商型行政行为应用都指向于服务公民,推动政府与社会主体、公民的平等协商和交流互动,最终实现公共秩序建构与公民权益保障的双重目标。互联网信息技术与协商型行政方式的相互融合,为政府与社会的协商互动搭建了信息化、数字化平台和渠道。改革和创新是"互联网+政务"的核心价值①,故信息技术应用与协商型行政行为融合,必然要秉持创新和服务理念,这从本质上决定了与之对应的行政程序制度不能坚持严格意义上的程序合法原则,应当为行为方式与体制机制创新预留充足的空间。行政程序法要承担起为多元主体良性互动提供规则引领和制度保障的重要任务,保证政府在给付行政、服务行政领域拥有较为宽松的制度环境,促进政府与互联网社会主体在公私合营、服务外包、决策参与、技术支持等合作模式上的创新,以及合作方式与信息技术融合的方式创新,为我国行政法治、政府治理迈入包容性、开放性与回应性的新时代提供重要助力②,提升治理的民主性、高效性、智能化。同时,要保障政府在政社合作、公民参与等领域运用的技术措施遵循基本的程序要求。

四、互联网系统性风险防控对行政程序法的考验

在互联网公域中,公共权力趋向分散化和去中心化,政府、社会主体甚至公民都能够基于对资源、话题的占有而成为实际的权力主体。然而,从实践现状来看,互联网既是公共权力产生的来源,也是公共风险的源头。互联网平台的发展和普及,使公民的思想、意见、情绪以及观念得到广泛传播,形成强有力的公共意见,对公共决策、行政决定产生显著的影响,同时也潜藏了爆发公共舆论危机的风险。互联网公域的开放性、网络族群的汇集、网络主导权的转移,以及信息技术与生产生活的紧密融合等因素,也为互联网系统性风险择机而发提供了温床,加剧了互联网公域秩序的不稳定性。互联网系统性风险通常包含技术性风险(或称网络技术性事件)和网络舆论安全风险(也称网络群体性事件)。技术性风险的滋生是由互联网自身的联通性,以及互联网应用的普及性所决定的。联通在促进信息快速传播的同时,也为病毒的滋长和感染,以及黑客侵入等提供了条件,从而导致网络系统大面积中毒、瘫痪,网络信息大面积泄露等公

---

① 陈拂晓:《电子政务与行政管理体制改革》,《电子政务》2008 年第 2 期。

② 蔡武进:《行政协商的治理价值及治理面向》,《学习与实践》2015 年第 9 期。

共事件频繁发生。网络舆论安全风险则是由网民或网络群体公共言论过度自由化而引发的系统风险,是加强网络空间治理和网络内容治理的重点。互联网技术和平台赋予了公民广泛的参与和监督渠道,加剧了网络族群的生成和社会群体的利益分化,使社会利益冲突日益显露,并呈现出一定的集聚效应,导致群体性事件爆发和升级。换言之,互联网的发展和网民数量的暴增,使网络发展愈发趋向社会化,现实中的群体性事件在互联网公域中也得以充分呈现和有效复制。① 对于政府而言互联网群体性事件,可能是一种监督问政,如部分网民认为"信访不如信网",网络舆论监督常常成为网络群体事件的诱因。同时,公民也有可能被网络谣言误导,造成"网络扰政",甚至"网络暴政"。对于公民而言,互联网群体性事件可能演化为一种典型的网络暴力,如网络群体聚集,站在道德制高点,运用"人肉搜索引擎"等极端手段对个别网民进行攻击,从而引发另外一种公共危机。

在互联网公域中,系统性风险的本质并不在于它正在发生,而在于它可能会发生。② 此时,"政府回应未必能取得很好的效果,甚至会加剧冲突爆发,将舆论焦点引至政府自身,造成政府公信力的缺失"③。这就对政府的应急管理、风险防控能力建设提出了新要求,推动了行政风险规制活动的兴起。④ 规避网络系统性风险,需要充分发挥多元主体治理优势,激发社会主体参与风险规制活动的热情,塑造优势互补、分工明确的合作治理体系。行政程序法作为调整行政过程的法,应该体现对互联网系统性风险处理应急程序构建的现实关切。由此必然要求同步推进行政程序法规范体系革新,为政府与社会主体在应急决策、舆论管控、联合惩治、技术升级、风险告知等领域的权力行使提供充分的依据和保障。尤其是,应当回归互联网技术风险和舆论风险自身的特性,设计必要的风险应对的步骤、时间等。故要立足于互联网系统性风险的不确定性、失控性和影响的广泛性等基本特征,针对不同类型、不同程度、不同阶段的风险及其发生机理和演变规律,制定相对应的预防程序、启动程序、运行程序、退出程序等,以及促进不同程序之间的相互衔接。在互联网公域治理中,以事后的司法审查方式

---

① 罗亮、黄毅峰:《网络群体性事件:转型时期社会危机的新形态》,《求实》2011年第1期。

② [英]芭芭拉·亚当、[英]乌尔里希·贝克、[英]约斯特·房·龙著:《风险社会及其超越:社会理论的关键议题》,赵延东、马缨等译,北京:北京出版社2005年版,第3页。

③ 文宏:《网络群体性事件中舆情导向与政府回应的逻辑互动——基于"雪乡"事件大数据的情感分析》,《政治学研究》2019年第1期。

④ 沈岿主编:《风险规制与行政法新发展》,北京:法律出版社2013年版,第16页。

来控制行政所产生的作用是有限的,其忽视了对行政过程的事前事中控制。① 特别是对于系统性风险规制而言,更要强化对风险规制过程的调整,通过应急程序的建构来保障行政机关应对风险过程的及时性、规范性、有序性。目前,我国行政程序制度中有关应急程序的规定还相对匮乏,对如何避免互联网技术风险、舆论安全风险的规定尤为不足,仍需进一步补充完善。

第四节　行政救济法化解互联网公域治理纠纷的现实桎梏

职能分配与权力分化背景下的互联网公域治理结构转型,引发了多元主体治理责任认定之困境。换言之,在互联网公域治理实践中,政府、互联网社会主体、公民在共享权力(权利)的同时,也会滋生相互推诿责任或责任转嫁的潜在风险,责任分摊带来责任认定困难,以及导致责任模糊化。② 同时,互联网公域治理方式的拓展,搭建起了政府内部各地区各部门之间,以及政府与互联网社会主体及网民之间平等协商、交流互动的桥梁,由此也产生了诸多类型和属性都更为复杂多样的纠纷,从而对现有的行政救济制度提出挑战。囿于救济途径的单一性、救济范围的局限性、救济标准的模糊化等不足,传统行政救济法难以与互联网公域多元复杂的治理纠纷解决需求相互对接,进一步暴露了其在制度设计上的欠缺与理论建构上的困境。因此,如何立足于解决互联网公域治理纠纷的现实需要,破解既有行政救济理论存在的问题,推动行政救济制度的完善发展,成为维持互联网公域秩序稳定性与实现公域治理有效性所面临的紧迫任务。

一、互联网公域多元化治理纠纷类型之审视

在互联网公域治理实践中,政府与互联网社会主体、网民等主体的分工合作、协商互动,以及强制性行政行为、协商型行政行为、柔性化行政行为等不同行为方式的交替适用,共同塑造了一幅多元主体各司其职、各尽所长、互促共进的网状化治理图景。与此同时,治理纠纷的类型和属性也从纯粹的"非公即私"严格界分的形态中挣离出来,形成了一些兼具公私混

---

① [美]汉密尔顿、杰伊、[美]麦迪逊著:《联邦党人文集》,程逢如、在汉、舒逊译,北京:商务印书馆 2004 年版,第 391 页。

② 石佑启、杨治坤:《中国政府治理的法治路径》,《中国社会科学》2018 年第 1 期。

合特性的新型纠纷,导致互联网公域治理纠纷的复杂化。以纠纷所对应的主体为标准,对各种纠纷的类型进行归纳分析,有利于直观把握互联网公域治理中出现的纠纷相较于传统政府管理模式下的纠纷所具备的特殊性。

(一) 政府与互联网社会主体间的纠纷

回归实践语境不难发现,政府与互联网社会主体之间的纠纷,主要可以分为基于强制性行政行为实施产生的纠纷,以及政府与互联网社会主体合作引发的纠纷两大类别。

1. 政府与互联网社会主体基于强制性行政行为实施而产生的纠纷。一方面,互联网社会组织、企业、平台等主体要遵循基本的市场准入规定和市场经济秩序,既要依法向监管部门申请有关行政许可,也要遵守《反垄断法》《反不正当竞争法》《消费者权益保障法》等法律法规的相关规定;既要保证自身资格、运营的合法化,也要依法保障社会组织成员、平台用户的权益。另一方面,互联网社会主体,尤其是互联网平台,要承担起法律、行政法规等规范性文件规定的关于公共安全监管、网络内容建设、系统风险防控的义务,为基于自身监管缺位造成的公域秩序问题承担相应的责任。由此,无论是在互联网社会主体的市场准入环节、运营环节,还是其在履行自身监管职能的过程中,但凡违反了相关的法律法规,政府监管部门便会依法对其实施行政强制、行政处罚等强制性行政行为。这属于政府固有的行政职能范畴,在履行职能过程中与行政相对人产生的纠纷,属于典型的基于行政权力单向度运行、单方作出行政命令而产生的行政纠纷。

2. 政府与互联网社会主体合作过程中产生的纠纷。在互联网公域治理实践中,政府与互联网社会组织、企业、平台的合作,大体围绕网络安全监管、公共产品投放、信息技术研发、政务平台建设等公共事务展开,形成政府与社会资本合作、政府公共服务外包等诸多双向度的合作治理形式。在合作过程中,基于合作协议这项传统的私法行为在公共行政层面的广泛适用,产生的纠纷类型逐渐呈现公私混合的复合性特征。以政府的互联网服务外包为例,首先,在签订合作协议之前,通常政府会向不特定的互联网企业发布要约,如果设立的要约标准具有明显的针对性、倾向性,招标信息未公开,招投标的过程没有通知所有符合条件的互联网企业参与,不按照招标内容签订协议,或者第三人认为合同内容侵犯其合法权益,都有可能引发政府与互联网企业、平台之间的行政纠纷;①其次,在合作协议的履行

---

① 参见德国国际继续教育与发展协会、最高人民法院行政审判庭、国家法官学院编:《中德行政法与行政诉讼法实务指南》,北京:中国法制出版社 2008 年版,第 197—198 页。

过程中,政府未按照约定履行义务、履行行为存在瑕疵,政府积极行使单方撤销、变更合作事项等行政优益权以及其他民事权利,都会形成与合作企业之间的纠纷,而对于此类纠纷的属性应当如何予以界定,学界和实务界至今尚未形成完全统一的定论;最后,在公私合作协议终止后,"协议了,事不了"的情况普遍存在,如政府就国家赔偿事项或补偿事项与互联网企业产生纠纷等。并且,政府与互联网社会主体开展合作的项目通常属于专业性较强的项目,其还可能会因违反技术保密约定等"后合同义务"规则而与企业、平台产生纠纷。[①] 应当明确的是,在整个合作的过程中,作为合作方的互联网企业也会基于行使权利(包含滥用权利)、未依约履行义务或者不完全履行义务、作出违法行为(包括非法转包、技术泄密等)而引发与政府间的纠纷。就违反协议约定的情形而言,这些纠纷大多属于典型的民事纠纷。

(二) 互联网社会主体与成员、用户间的纠纷

在互联网公域治理中,互联网社会主体往往具备多重身份,扮演不同的角色,其以不同的身份参与到治理活动当中,所引发的纠纷,类型和属性往往各不相同。

第一,互联网行业协会、基金会与其参与成员(包含互联网企业、技术研发机构等主体)产生的纠纷,一般情况下是指互联网社会组织行使公权力对参与成员进行治理的过程中所引发的纠纷。根据权力来源的差异,可以将这些纠纷进一步划分为行使法律法规授予的权力产生的纠纷,以及社会组织行使自治权产生的纠纷。虽然从公共行政改革的趋势来看,这些纠纷事实上都应该纳入行政纠纷的范畴中,但是囿于当前行政主体理论和行政组织法规范的限制,相关的行政救济规范仍将未经法律法规授权的互联网社会组织行使公权力产生的纠纷,严格排除在行政救济范围之外。

第二,互联网企业、平台与网络用户之间的纠纷。揭开互联网平台运营的面纱,可以发现互联网企业是技术平台的实际提供者和维护者。与互联网社会组织的治理情形相类似,互联网企业以不同的身份参与到公域治理实践中,其间所产生的纠纷类型也各不相同。(1)从事普通经营、运营活动时与用户产生的纠纷,如侵犯消费者权益、侵犯用户隐私等,属于典型的民商事纠纷。(2)平台以公共治理主体的身份参与互联网秩序建构,行使社会权力过程中所引发的纠纷。基于社会权力来源的差异,同样需要对此

---

① 《中华人民共和国民法典》第五百五十八条规定,合同的权利义务终止后,当事人应当遵循诚实信用原则,根据交易习惯履行通知、协助、保密等义务。

类纠纷的类型作进一步划分：一是权力内容来源于行政主体的委托，对应的纠纷类型属于典型的行政纠纷；二是权力实际上源于其与政府签订的合作协议的授予，或是所享有的权利在公共治理过程中的转化；三是权力内容来源于平台自治章程的授予，或者平台所占据的网络资源话语权的延伸。对于后两种纠纷类型，因涉及社会公权力的运用，应进一步探索将之纳入到广义的行政纠纷范畴当中。（3）互联网企业、平台未履行或者未完全履行（包含存在履行不能的状况）与政府签订的合作协议，造成与网络用户之间的纠纷。

（三）政府与网民之间的纠纷

一方面，在传统政府管理模式下，极易出现的基于政府监管部门单方行使行政强制、行政处罚等权力，作出强制性行政行为，造成网民权利受损而产生的行政纠纷，在互联网公域治理过程中同样广泛存在。例如，互联网监管部门在缺乏实体法依据和程序法依据的情况下，对网民散布谣言、传播淫秽物品、传播网络病毒、侵犯知识产权等行为作出处罚而引发的行政纠纷。另一方面，政府在与互联网社会主体合作的过程中，消极对待自身的监管权限，对作为合作方的互联网企业、平台的违法违约行为不予追究，或者对网络突发状况未及时作出反应等，间接造成社会公众的权益损害，引发政府与网民之间的纠纷。

二、有限的行政救济难以应对多元治理纠纷

行政救济是实现行政法治的重要支撑，是防止行政权力滥用，维护公民权益，促进行政公正民主的重要保障。互联网公域治理变革产生的多元化纠纷，同样需要行政救济法予以有效应对。然而，传统行政救济法囿于制度设计存在的缺陷，以及制度完善的现实困难，难以充分解决互联网公域治理语境下更为复杂多样的治理纠纷，导致治理实践与法治建设的相互背离。

（一）互联网社会公权力主体侵权的救济缺位

通过对互联网公域治理纠纷进行类型化分析不难发现，互联网行业协会、平台行使公权力对公共事务进行治理所产生的纠纷带有一定的公法属性，对其进行有效救济是行政救济法所面临的重要问题，亟待回应。

在实践中，基于互联网社会主体的公权力来源差异，纠纷类型也呈现出差异化的表征。显然，对于行使法律法规授权、行政委托的公权力而造成的侵权纠纷，当前的行政复议法与行政救济法已能够为之提供相配套的救济渠道。问题的关键在于，互联网行业协会、平台行使源于内部自治章

程、管理规约,以及公私合作协议的公权力而对公民权益产生损害时,应当寻求何种性质的救济途径目前仍存在较大的分歧。一方面,互联网行业协会、平台基于自身承担的互联网公共治理职能,对所面向的公域进行自主治理,极有可能对一定范围内的成员、用户造成损害。然而,既有的行政救济制度依然将之排除在公法救济的范围之外,其往往被纳入民事救济的范畴予以解决,这主要缘于仍未能准确把握互联网社会公权力主体侵权纠纷的内在属性,从而造成对此类侵权纠纷的救济渠道阙如。另一方面,互联网企业、平台通过与政府合作而获取一定范畴的公权力,这种权力在行政法理论和制度体系中尚未得到准确的定性。美国学者朱迪·弗里曼所言:"私人主体正深深介入到管制、提供服务、政策设计与实施当中。私人对管制的贡献从'纯粹'的咨询性的作用直至全面承担决策权力……他们相对不受立法、执行与司法监督会有严重后果,在一个政府职能民营化与广泛外包的年代尤其如此。"①互联网公域治理模式与传统政府管理模式存在差异。在公私合作治理实践中,互联网社会组织、企业不仅是合作协议的参与者,还是公共秩序的监管者、公共服务的供给者,其与网络平台用户之间不仅牵涉权利的行使,还包含社会权力的运用。互联网企业、平台可能在行政协议的基础上取得管理权、收费权等权力,因行使这些权力而引发的纠纷与以普通民事主体的身份与用户产生的纠纷存在本质差异,故需要对其具体救济途径进行重新审视。受行政组织法、行为法理论和制度体系的影响,现有的《行政复议法》《行政诉讼法》将复议被申请人、行政被告的身份限定为行政机关及法律法规授权的组织,将社会公权力主体排除在被申请人、被告范围之外。也就是说,当受到社会公权力侵害时,公民无法直接通过申请复议或起诉社会主体来获得相应的救济,这导致互联网公域治理实践中诸多社会公权力主体侵权的案件得不到行政救济的保护。问题在于,当网络用户被互联网平台依据公私合作协议授予的权限作出惩戒时,其能否依据《行政诉讼法》第 26 条关于行政委托救济的相关规定,起诉履行公私合作协议的另外一方(政府)呢?②这在实践中存在疑问。一是互联网社会主体依托与政府的合作协议而取得的权力,其法律属性是否能够等同于行政委托面临争议;二是互联网社会主体如何对自身侵权行为承担相应的责任,缺乏明确的追责机制;三是网络用户起诉行政机关的名义

---

① [美]朱迪·弗里曼著:《合作治理与新行政法》,毕洪海、陈标冲译,北京:商务印书馆2010 年版,第 142、323 页。

② 《行政诉讼法》第 26 条规定:"行政机关委托的组织所作的行政行为,委托的行政机关是被告。"

难以界定。

（二）互联网公私合作协议纠纷的救济难点

在互联网公域治理实践中,政府与互联网社会主体的合作大多依托于公私合作协议而展开,如普通的技术服务外包协议、政府特许经营协议等。在类似的合作协议履行过程中,行政机关与互联网社会主体产生的纠纷应当如何寻求救济,在理论界和实务界存在一定分歧。一是《行政复议法》将这类纠纷严格排除在受理范围之外,导致行政复议渠道受阻;二是《行政诉讼法》及其司法解释关于行政协议纠纷的规定能否完全适用于这类纠纷解决尚不明晰。

此前,行政法学界对行政协议的判断标准各执一词,较为有代表性的观点有主体说、目的说、公权力标准说、标的说和混合标准说等。2019年12月10日,最高人民法院发布的《最高人民法院关于审理行政协议案件若干问题的规定》(以下简称《行政协议解释》)第一条对"行政协议"的界定采用了混合说,即包含"主体＋目的＋内容＋意思要素"四重标准,主体表现为一方为行政机关,一方为公民、法人或者其他组织;目的指基于行政管理与公共服务目标;内容指要求协议必须形成行政法上的权利和义务,等等。最高人民法院出台的相关解释是希望通过抽象概括的形式,推动受案范围中行政协议的界定尽可能清晰。然而,看似面面俱到的标准,实则仍存在一定的问题。例如,就"主体＋目的"的标准而言,其会造成行政协议范围的扩大化,导致许多行政机关与社会主体签订的具有公共服务性质的民事协议也被纳入"行政协议"的范畴当中。对此,"标的"标准的代入,试图遏制协议范围扩大的风险,将纯粹的民事协议严格排除在"行政协议"范畴之外。[①] 然而,"标的"标准的引入存在理想主义之嫌,这种理论上的证成在实践中缺乏可操作性。例如,若我们深入追问,如何得出"行政协议"所构建的法律关系属于行政法上的权利义务关系,从而应当适用行政法律规范来进行调整? 这又会使这些判断再次陷入困难之中。

概括性标准难以适用,惯常做法是结合列举范围进行体系解释。然而,《行政协议解释》第二条仅规定了"政府特许经营协议""土地、房屋等征收征用补偿协议""矿业权等国有自然资源使用权出让协议""政府投资的保障性住房的租赁、买卖等协议"等协议类型。虽然该条规定还设有兜底

---

① 石佑启、陈可翔:《政府与社会资本合作模式下法律救济制度之构建》,《江海学刊》2018年第5期。

条款,但是仍恐有缩小范围之嫌。① 也就是说,实践操作中会出现是否只有所罗列的同类行政协议产生的纠纷才能纳入行政诉讼范围的质疑。而回归互联网公私合作治理情境,政府与互联网企业、平台等社会主体所签订的公私合作协议类型,除了政府特许经营协议以外,还有互联网公共基础设施合作建设协议、互联网公共服务外包协议等。对于政府在履行这些协议的过程中因行使优益权而产生的纠纷是否可以寻求行政诉讼救济,目前依然不清晰。

（三）互联网公私合作纠纷寻求司法外救济的困境

在互联网公域治理实践中,政府与互联网企业、平台合作纠纷寻求行政诉讼救济遇阻,其是否能够寻求行政复议、仲裁、调解等司法外的救济则可以作进一步探讨。彼得·坎恩认为,政府与相对人间多为互利的长期合作关系,而非一次性商业交易,如果凡有纠纷便诉诸司法,则会被视为不适当的举措,且易产生副效应。② 司法外救济对于政府与互联网社会主体而言,可以有效避免合作双方的针锋相对,可以保障当事人意思自治,可以避免因繁重的诉讼负担而造成对公益的更大损害,可以尽可能争取合作的延续,可以减少司法机关的工作压力等。故尝试将互联网公域合作治理中所引发的纠纷,包括行政纠纷等公权力侵权纠纷交由司法外救济渠道予以解决,具有必要性和合理性。

然而,诚如前所述,现有的《行政复议法》将所有的行政协议纠纷都排除在申请受理的范围之外,这从根本上阻断了互联网公私合作纠纷适用行政复议解决的进路。对于其能否适用调解和仲裁进行救济,《行政协议解释》作出了相关规定:"人民法院审理行政协议案件,可以依法进行调解。""行政协议约定仲裁条款的,人民法院应当确认该条款无效,但法律、行政法规或者我国缔结、参加的国际条约另有规定的除外。"③可见,一方面,新出台的司法解释拓宽了《行政诉讼法》规定的可以适用调解案件的大致范围,不再严格将行政协议纠纷排除在调解范围之外;另一方面,《行政协议解释》也明确否定了《政府和社会资本合作模式操作指南（试行）》《基础设施与公用事业特许经营管理办法》《基础设施和公共服务领域政府和社会资本合作条例（征求意见稿）》等规范性文件中对部分公私合作纠纷可以适

---

① 例如,所列举的前两类协议均与行政职权行使直接相关,行政机关在许可、征收等权力运用的前提下与公民签订协议,产生的法律关系不具平等性,归入典型类别自然无可非议。

② See Peter Cane, An Introduction to Administrative Law [M]. Oxford: Clarendon Press, 1992, pp. 263 - 264.

③ 详见《行政协议解释》第 23 条、第 26 条之规定。

用仲裁救济的相关规定。这在一定程度上是对传统行政法理论强调的"公权力不可处分"原则的松动，也是司法对行政协议纠纷救济权限控制的延续。由此，也进一步暴露出两个方面的问题：一是实践中那些未被纳入《行政协议解释》规定的"行政协议"范围的互联网公私合作协议，其纠纷依然被排除在适用行政诉讼程序进行调解的范围之外；二是在《行政协议解释》规定的"行政协议"范围之外的互联网公私合作协议，其纠纷能否适用仲裁仍然存在争议。

对此，理论上反对通过仲裁来解决行政协议纠纷的原因集中于：一是行政协议的救济渠道已由《行政诉讼法》及其司法解释加以规定，已经被纳入公法救济的范畴中，公私有别，若用仲裁来解决行政协议争议，恐有"公私不分"之嫌；二是我国《仲裁法》主要解决的是作为平等主体的公民、法人及其他组织之间的合同纠纷，行政协议双方地位不平等，无法直接适用。这实际上体现了传统理论对互联网公私合作协议纠纷适用仲裁加以救济的桎梏。《行政协议解释》对"行政协议"范畴的界定不清，以及行政诉讼中调解对行政协议纠纷的救济阙如，也使得互联网公私合作协议纠纷通过适用调解予以救济的范围受限。

三、推动行政救济制度发展面临的理论困境

现有的行政救济制度难以有效回应互联网公域多元化治理纠纷的救济需求，究其原因在于传统行政救济理论的基础存在一定缺陷。

（一）行政协议纠纷救济深陷"公法、私法有别"的桎梏

传统上，我国行政法理论界通过借鉴法国、德国等国家的行政合同理论与实践，逐步搭建起现有的行政协议研究框架，但其"一开始，就被'卡住'在公、私法契约的区别问题上"[1]。换言之，相比于切实解决行政协议实践中存在的问题，我们更热衷于先在理论上对行政协议进行定性，进而严格划分其适用的救济类型。虽然对于"民事性""行政性"的理论阐释，一定程度上为行政协议与民事协议的理论界分作出了贡献，但是很多时候并不能解决实际问题。例如，其无法解释人们关于为什么许多平等的权利义务纠纷要交由行政诉讼法去调整的追问。本质上，这种分类也对两种协议间的共性内容——"协议"属性进行了硬性分离，强制性地在"协议"属性上也扣上了"民事"或者"行政"的帽子，让人误以为协议本身也会在不同的法

---

① 林明昕：《行政契约法上实务问题之回顾——兼论公、私法契约之区别》，《中正大学法学集刊》2005年第18期。

部门下产生变异。以这种"非黑即白"的理论模型为基础,实践中又对不同性质协议产生的纠纷所对应的救济渠道进行严格划分。正如江必新教授所主张的:"行政协议关系应当由公法规则来调整,公法模式相对而言更有优势,反对公法调整的理由并不成立。"①这会造成许多只是涉嫌行政机关违约的行政协议纠纷也被置于行政诉讼途径中去解决,从而无法适用普通的民商事救济渠道。事实上,基于"协议性"的特征,行政协议便没有理由完全排除民商法的适用。② 无疑,当前《行政协议解释》所采用的严格区分行政协议与民事协议救济渠道的模式,使得互联网公域治理中的多数政府并未行使行政优益权,单纯涉及履行困难、履行瑕疵等违约行为的公私合作协议纠纷难以适用简单便捷的仲裁方式谋求救济。例如,政府未能按照约定及时支付互联网项目开发经费,没有尽到个人信息保护和技术保密的义务等所产生的纠纷。

(二) 公私合作协议的"行政性"界定,标准庞杂

反对以"公""私"属性将行政协议与民事协议予以界分,并不是反对将两者进行界分。"协议性"是民事协议与行政协议的共性,故对"行政协议"的界定,事实上是对"行政性"的界定。当前,我国学界认定"行政性"的标准除了前述的主体说、目的说、标的说以外,还有规范说、特别条款说等。虽然不同的学说之间各有长处,但是总体来讲,由于划分的标准较为庞杂,各类标准落实到实践仍面临明显的界定困难。正如《行政协议解释》第一条集中运用四个标准,仍不能将之界定清晰,故这些标准的单独运用,必然会由于无法揭示"行政协议"的本质特征而饱受诟病。例如,行政机关在协议中存在两种身份,是对"主体说"的有力反驳;凡政府签订的合同皆有公共利益属性,故"目的说"也难以自圆其说。正是因为"行政协议"标准的界定不清,导致许多在互联网公域治理实践中广泛适用的公私合作协议,如网络平台共建、政务服务外包等相关的合作协议,在履行过程中引发的纠纷到底属于何种性质无法得到准确界定,从而难以纳入行政诉讼的救济范围当中,同时面临着私法救济的困难。

(三) 争议多元化与救济单一化的理论冲突

当代公共行政改革,体现了政府的退缩和市场价值的回归。③ 在这场

---

① 参见江必新:《中国行政合同法律制度:体系、内容及其构建》,《中外法学》2012 年第 6 期。

② 刘旺洪主编:《行政法学》,南京:南京师范大学出版社 2005 年版,第 220 页。

③ 参见周志忍主编:《当代国外行政改革比较研究》,北京:国家行政学院出版社 1999 年版,第 4 页。

改革的浪潮中,政府逐渐褪去"独裁者""垄断者"的外衣,与社会组织就公共管理、公共服务形成合作关系。互联网公域治理变革是推动公共行政改革的重要助力和重要形式,其体现了政府适用强制手段进行监管的情形不断减少,民主协商、签订协议等协商型行政行为方式广泛运用的趋势。显然,在互联网公域治理语境下,以严格控制行政权,审查行政行为合法性为主导的行政救济理论暴露了其自身的局限性。封闭、单一的行政法救济理论无法应对争议纠纷趋向多元化的现实困境,导致诸多纠纷无法得到妥善解决。

传统行政救济理论排斥以公法救济以外的方式解决行政争议,这导致行政救济制度在行政纠纷解决上的单一化。特别在行政复议尚未将行政协议纠纷纳入申请范围的情况下,行政诉讼的局限性更加凸显。由此,互联网公域治理纠纷的多元化与行政救济渠道的单一化形成强烈的反差,这容易给司法机关带来极大的案件压力,造成司法资源浪费,也延缓了争议解决的周期,导致久拖不决,加剧互联网社会主体权益与公共利益的损害。同时,建立在传统控权理论之上的行政救济理论,立足点在于围绕防止权力滥用进行制度设计,对于如何解决非强制性行为引发的争议关注不足。尽管《行政诉讼法》已将行政协议纠纷纳入行政诉讼范围,《行政协议解释》也对行政协议诉讼相关内容予以明确,但是由于受到传统行政法基础理论的束缚,行政诉讼主要停留在审查行政行为合法性的语境下审查协议行为,凸显了司法审查在面对合作行政事项时的力不从心。[①] 政府、社会组织、企业、平台等主体在互联网公域治理实践中的关系结构变动,以及治理行为方式拓展,引发了诸多新型的治理纠纷。公益与私益的相互融合决定了行政救济法在处理这些纠纷时,不能再单纯以审查合法性为标准,而应当反思行政救济的价值导向,推动制度体系重塑。一是从单一化的行政诉讼救济模式中挣离出来,拓宽救济的渠道;二是在强调控权的同时,强化对互联网企业、平台以及网民权益的考量。

---

① 章志远:《迈向公私合作型行政法》,《法学研究》2019 年第 2 期。

第四章 互联网公域治理变革下
行政法发展之路径

提出问题的目的在于有针对性地解决问题,并以正确的价值观念为指导,形成一套系统性、稳定性、开放性的解决方案。面对互联网公域治理变革语境下行政法发展的现实需求,以及行政法应对互联网公域治理变革的现实困境,势必要突破传统行政法的理论框架,推动行政法的理论和制度体系摒弃传统政府管理模式下以调整国家行政权力行使为核心的基本范式,朝着有效调整互联网公域治理实践的方向进行革新。行政法是关于公域治理的法,互联网的发展对传统公域的改造是全面而彻底的,其推动了治理模式在公域范围内的兴起。这就决定了行政法要紧紧围绕互联网公域治理变革的内涵与趋势,对自身的价值功能、调整范围和调整方式予以重塑,以制度创新回应互联网公域治理面临的现实问题。因此,以互联网公域治理理念的革新、治理结构的转型、治理方式的丰富及治理纠纷的频发为背景,行政组织法应在完善行政主体范畴的基础上,对互联网公域治理结构转型作出回应;行政行为法应对互联网公域治理中强制性行政行为的运用进行有效规制,并推动协商型行政行为型式化发展;行政程序法应立足于互联网公域治理过程的交互性,推动合作型程序制度构建;行政救济法应破解传统理论桎梏,构建公私衔接、智能高效的救济机制。在此基础上,实现互联网公域治理变革与行政法治的耦合共进、良性互动。

第一节 互联网公域治理结构多元化与行政组织法健全

当前,经由政府、互联网社会主体与公民的平等参与、协同共治塑造出来的多元化治理结构,与传统以行政机关为调整核心的行政组织法难以有效对接,导致互联网社会公权力主体的组织形态在法律规范层面得不到准确定位,从而难以对其在行使公权力过程中产生的法律问题加以调整,也难以统筹政府、互联网社会主体在治理实践中的功能分域、职权划分,造成公民的广泛参与在治理组织结构转型中未得到相应的体现。推动行政组织法发展以适应互联网公域治理结构转型的趋势,前提是行政主体理论要赋予行政主体新的内涵,将特定的互联网社会主体纳入行政主体范畴展开研究。在此基础上,尝试探讨政府内部的职权分配,以及政府与互联网社会主体的功能分域。尤其是组织法体系要弥补互联网营利性主体参与公域治理的正当性欠缺,从而指导制度完善,实现互联网公域治理结构法定化。

一、行政主体范畴吸引互联网社会公权力主体类型

互联网发展对传统公域的现实改造,延展了社会生长的空间,推动政府与社会的关系从相互对立、此消彼长向兼容并包、协同共进转型,为政府管理模式改造与公共治理变革奠定了社会基础。立足于互联网公域发展引发的利益结构多元化、权力模式社会化、政治生活民主化,以及公民权利扩大化的现实背景,互联网公域治理结构转型旨在回应传统互联网监管体制失灵的现状。互联网公域治理结构多元化转型,促使互联网行业协会、平台等社会主体运用社会公权力,在公域秩序建构、公共舆论引导、公共产品供给、公共文化建设、公共风险防控等事务中发挥重要功能,分担了政府的负荷,承接了原本属于政府的公共任务,有助于减轻政府负担,加速了政府权力向社会的迁移,提升了公域治理的效能。互联网社会公权主体的兴起源于政府管理职能的限缩,其相对于政府而言是一种相对独立的力量。互联网社会公权主体与政府面向不同范围和层次的公共事务,正按照相互达成的博弈规则和信任进行资源交换、妥协和互动①,塑造了"政府—社会"多元化的合作治理框架。

然而,传统行政主体理论仍受国家行政理论模式的影响,只将行政主体范畴限定为国家行政机关及法律法规授权的组织,并未根据互联网社会公权力主体兴起的现状作出相应的调校,这就使得互联网行业协会、互联网平台等在行政组织法规范体系乃至行政法学研究体系当中,都处于十分尴尬的地位。互联网社会主体在互联网公域治理中能够有效回应传统政府管理模式之不足,并以其专业性、灵活性等优势,破解日益繁杂多变、技术难度剧增的互联网公共事务治理困境,存在合理性、必要性。互联网行业自律机制在治理实践中能够尊重互联网的特殊性和规律性,弥补政府监

---

① 张康之、程倩:《网络治理理论及其实践》,《公共管理科学》2010年第6期。

管的有限性,以及有效利用社群自治属性来增强规则认同感,故具有特定的嵌入价值。① 然而,行政法对其规制之阙如,也使其地位和权力来源面临着合法性质疑。尤其是随着互联网平台经济的发展,大量以营利性企业为基础的互联网平台在实际行使着监督权、惩戒权等公权力,其权力的合法性来源与正当性基础尤为匮乏。

那么,这些在互联网公域治理中依据自治章程、行业公约、管理规范等自治性规范文件行使公共权力、履行公共职能的互联网社会主体,在行政法理论和规范体系中该如何定位? 倘若秉持传统的行政主体理论,将之严格排除在行政主体范畴和行政组织法调整范围之外,明显忽视了有效规范社会公权力行使的现实需求。倘若贸然将它们纳入法律法规授权的组织范畴当中,又存在过分扩大法律解释的嫌疑,从而陷入另外一种合法性危机当中。毕竟理论界对于社会自治章程、管理规定等软法规范与法律法规是否同属于"法"的范畴,仍存在较大争议。倘若直接把它们当成一类新的行政主体,势必要突破既有的行政主体理论和相关的概念范畴。总体而言,笔者倾向于最后一种观点,即认为应当以回应互联网公域治理结构法定化的现实需求为导向,推动行政主体理论的发展和完善,将互联网社会公权力主体视为一类新的行政主体,及时对其在行使公权力过程中产生的相关法律问题展开研究。也就是说,这种方案有利于对互联网社会主体行使权力引发的一系列法律问题展开系统研究,不再纠结于互联网社会公权力主体是否具有传统行政主体资格,以及其地位和权力来源是否合法等问题,从而更加专注于互联网社会全体的功能定位。拓展行政主体范畴,关键是要重新定义行政主体的基本内涵。虽然在概念表述上,我们仍旧可以将行政主体界定为"以自己的名义实施行政权,从事行政管理活动并独立承担行为所产生的法律责任的组织",但是这里的"行政权"并不单纯局限于行政机关或者法律法规授权组织的管理权限,还应当包含社会公权力,并将各类互联网社会主体的治理活动也视为"公共行政活动"。由此延伸,行政法要适应社会公权力主体广泛参与公域治理活动的现实图景,变"研究国家行政法律现象"为"研究公共行政法律现象",从而将社会公共行政涉及的法律问题也纳入行政法调整的范畴当中。基于此,互联网社会主体参与互联网安全监管、公共产品供给等公共事务治理属于典型的社会公共行政,其自身不属于行政机关和法律法规授权的组织所对应的行政主体范

---

① 许玉镇:《网络治理中的行业自律机制嵌入价值与推进路径》,《吉林大学社会科学学报》2018 年第 3 期。

畴,应当纳入社会公行政主体范畴。可见,要实现行政主体理论对互联网社会公权力主体兴起的有效回应,必然要进一步拓展行政法的调整范围,发展行政主体范畴,丰富行政主体的类型。[①]

除此之外,应当意识到的是,过去行政法学者所普遍关注的"参与公共事务管理的非政府组织"这一类主体,都具有"非营利性"的特征。一般认为,非政府组织是指为实现公益或互益目标而发起的,具有相应的治理结构、独立自主运转并提供社会服务的社会自治组织[②],以此将之与以营利为主要目标的市场主体区别开来。这一类主体与传统行政主体范畴中的法律法规授权的组织具备一定的重叠性,若其经过法定授权,也能够从第三部门转化为行政主体。互联网公域治理结构的特殊性决定了,互联网社会公权力主体不仅包含互联网行业协会、基金会等公益性组织,更包含了诸多以营利性企业为支撑的互联网平台,它们在互联网公域治理当中发挥着不可或缺的作用。营利性主体参与互联网公共事务治理契合互联网公域发展的基本规律,适应政府民营化改革及公私合作模式广泛应用的发展趋势,更凸显了将之视为一种行政主体的新类别,与法律法规授权的组织作严格区分的客观必要性。应根据不同权力属性对互联网平台的地位加以区分,当平台实际围绕秩序监管、信用惩戒、协调纠纷等事务行使权力时,其与维护公共秩序的互联网社会组织相似,同样具备相应的主体地位,必须对其权力限度、责任形态、规制模式等内容展开专项研究。无疑,只有在推动行政主体理论完善发展的前提下,给予营利性主体参与公共事务治理现象以适当的关注,才能充分挖掘其与公益性组织在公权力行使过程中所产生的法律问题的差异性,才能有针对性地提升互联网公域发展中私人主体治理的合法性和正当性。

二、行政组织法对互联网多元治理主体的有效调整

互联网公域治理变革塑造了政府、互联网社会主体与公民等多元主体平等合作、协同共治的治理结构,造就了科层机制、合作机制、自治机制等多重体制机制制度在互联网公域治理实践中的调校和糅合,形成特定的治理结构优势。行政主体是行政组织法的制度起点,它是行政活动连续性和

---

① 石佑启:《论公共行政之发展与行政主体多元化》,《法学评论》2003 年第 4 期。
② 马全中:《非政府组织概念再认识》,《河南社会科学》2012 年第 10 期。

一致性的保证。① 反之,行政组织法也应当在转变行政主体范式与拓宽行政主体范畴的基础上,推动自身朝着系统性、开放性的方向发展,成为能够有效确定各类行政主体的性质、地位、职能、权责,以及其对应的组织体系和组织运转模式的规范体系。因此,在多元主体合作治理的框架下,围绕互联网公域发展目标和公共治理的需求,行政组织法要突破将行政组织等同于行政机关或法律法规授权组织的主体理论桎梏,将履行公共治理职能的社会组织也纳入调整的范围当中,形成"政府组织与社会组织并举"的调整格局,实现对政府与互联网社会主体功能分域、权责划分以及政府内部职能分配的有效统筹。同时,要着力构建能够监督、规范和保障行政体制改革法治化、民主化的制度机制,以此保证互联网公域治理中的"重大改革于法有据",实现互联网行政机构改革与互联网社会主体治理协同,以及对公众意见的广泛吸收。

(一) 政府与互联网社会公权力主体功能分域法定化

正如有学者提出:"公共行政和全部社会治理体系的建构都应把着眼点放在治理主体间的关系上,这就是构想合作治理的出发点。"② 在互联网公域多元治理结构中,政府与互联网社会公权力主体拥有相对清晰的功能分域,是推动平等合作有序展开的逻辑前提。"政府监管、社会自治"构成了互联网公域中多元主体开展合作治理的基本形态。对于政府与社会的关系而言,一方面,政府要保持在"有效监管"与"鼓励创新"之间的张弛有度,在满足对公域秩序安全问题进行有效监管的基础上,做到真正从"政府管理"思维中抽离出来,合理划定政府与社会的活动场域,坚持凡是互联网社会主体能够自治的事务交还给社会。不仅要充分发挥互联网社会主体在治理创新、技术创新、应用创新、产业创新等方面的重要作用,为其高效整合各类创新资源、释放创新活力,以及积极参与互联网公共产品供给预留充足的空间,还要督促其对自身面向的场域秩序、网民群体舆论、技术应用等公域事务进行有效监督,尊重其在技术监控、交往伦理制定、风险防控等领域的优势地位。另一方面,互联网监管部门依然是维持互联网公域秩序的重要权威。尤其在网络商业化背景下,互联网平台经济发展引发诸多公共问题,提倡"去国家化"的互联网社会自治模式出现失灵,政府在及时干预和应对公共风险中,凸显了其自身的偏好及能力。③ 同时,政府与社

---

① 王名扬著:《法国行政法》,北京:北京大学出版社 2007 年版,第 32 页。
② 张康之:《合作治理是社会治理变革的归宿》,《社会科学研究》2012 年第 3 期。
③ 刘建伟:《国象"归来":自治失灵、安全化与互联网治理》,《世界经济与政治》2015 年第 7 期。

会进行互动的过程,实质上是资源互换和利益博弈的过程①,故政府在履行互联网安全监管职能,以及公共服务、公共产品供给等职能的过程中,也要充分引导和吸纳互联网社会主体的监督、参与和配合,形成分工明确、相互配合的治理格局。

在互联网公域治理中,谋求政府与互联网社会主体合作治理结构的法定化,是防止两者的功能配置出现异化、混淆的必然要求。实现多元主体治理结构法定化,关键在于构建起完善的行政组织法规范体系,以尽可能对各类公权力主体的权力来源、性质、边界等形成有效调整。这意味着,应在将互联网社会公权力主体纳入行政主体范畴的基础上,进一步拓宽行政组织法的调整范围,将参与公共治理的社会组织也纳入其中,并与既有的以调整政府行政组织为核心内容的组织法相对应,形成以调整社会公权力组织为核心内容的组织法规范。只有立足于统筹协调的现实语境,在完善调整政府组织的传统组织法规范的同时,着力建构《社会公共组织法》,才能逐步明确政府与互联网社会主体在互联网公域治理中各自的角色定位、功能分域,推动彼此衔接协同。故调整政府组织的组织法应当践行"政府与社会分工合作、协同共治"的主基调,厘定政府职能范围,持续完善和规范政府主导互联网安全监管、公共服务供给的权力清单制度,以及明晰互联网社会主体、公民参与行政决策的事项范围,搭建其参与政府"共谋行为"的制度平台;②《社会公共组织法》应当对互联网社会公权力主体的内涵、地位、功能、组织结构等问题作出规定,明确其与政府之间的性质差别,以及两者功能衔接的具体机制,调整其内部不同主体之间的组织关系。同时,通过组织法规范对社会主体参与治理活动进行原则性、统一性的授权,保证互联网社会主体权力来源的合法性、民主性,以此促进其良性发展。

(二) 政府内部职能分配与权责配置法定化

在同一平面或整体统筹的视角下对政府与社会的互动关系进行审视和厘定,往往更多关注两者在公共事务合作治理中各自的功能分域和衔接互动问题。相反,进一步以政府为视角切入,挖掘其自身在公共治理中的角色定位,则侧重于从更为细致的角度分析其具体的职能限度,以及促进职能实现的组织形式。故对互联网公域治理中政府内部职能分配问题加以厘定,旨在通过优化政府职能的具体配置,回应当下中央与各级政府及

---

① 汪锦军:《合作治理的构建:政府与社会良性互动的生成机制》,《政治学研究》2015年第4期。

② 米恩广、权迎:《政府治理能力现代化:政府"共谋行为"的运行机理及其治理》,《领导与管理》2014年第3期。

其职能部门在互联网公共安全监管、公共服务供给、公共风险防控等过程中面临的政出多门、职能交叉、机构重叠等问题,充分发挥政府治理的功用。"职能与机构相依为命,机构为职能而设,职能为机构而生。"①换言之,政府内部职能分配的调整,必然涉及履行政府职能的载体——行政组织机构的调适。由此,遵循政府在互联网公域治理中职能转变的基本趋势,推进政府内部职能分配的法定化,关键是要通过完善行政组织法制度体系,进一步统筹和明确纵向上各层级、横向上各部门在互联网安全监管、公共服务供给等领域的职能分工和对应的行政机构设置,促进政府由碎片化向整体化转型。② 就政府职能分配而言,要在不断明确中央与地方政府、政府各部门职能关系的基础上,依法确立与其各自的职能相关联、相匹配的互联网公共事项范围。例如,中央层面的职能配置主要是制定国家互联网发展战略和公共政策、统筹全国各地区各部门的互联网公共事务、维护国家互联网安全、参与互联网全球治理等;而具体的互联网产业扶持、监管审批、服务供给等公共事务的治理,则由各地区、各部门按照其具体职能配置进行分工。就行政组织机构而言,其在一般情况下与职能配置相对应,关乎着政府职能的有效履行。故当政府内部与互联网治理相关的职能配置出现交叉时,往往也会出现相应的机构重叠。反之,繁复庞杂的组织机构体系也会造成职能交叉、配置不合理或者难以实际履行。因此,完善履行互联网公共行政职能的组织机构设置,要以有效践行政府在互联网公域治理中的功能定位和内部职能配置为导向。(1)组织法规范要根据政府职能不断调整作出相应的调校,促进职能与机构相匹配。对于有必要另外设置专门的互联网监管部门来履行网络监管职能的情形,应当及时依法启动程序;对于冗余的审批机构,应依法予以裁撤。(2)互联网公共问题涉及的领域极为宽泛,往往与多个组织机构的职能相关联,从精简、统一、效能方面考虑,要依法推进组织模式改革。按照综合性原则推进机构改革,对职能相近的部门进行整合,以及依托"互联网+政务"改革,构建区域、部门之间联合发文、联合执法的法律机制。(3)强化行政组织机构内部的监督制约,在各级政府内部建立监督制约机制及具体负责监督工作的组织机构,对互联网行政监管过程中出现的政出多门、多头执法、规范冲突等问题进行有效监督。

　　政府职能分配、行政组织结构优化与行政权力的合理配置,构成了行

---

① 金太军等著:《政府职能梳理与重构》,广州:广东人民出版社 2002 年版,第 282 页。

② 骆梅英:《行政审批制度改革:从碎片政府到整体政府》,《中国行政管理》2013 年第 5 期。

政体制改革的三驾马车。① 行政权力总是配置给特定的行政组织，以支撑其合法、正当、有效地履行政府职能。众所周知，权力法定是现代法治精神的基本内核。正如赫尔曼所言，一个强调分权的政府是难以被俘获的。② 要推动政府有关职能部门依法履行其各自的互联网治理职能，促进互联网公域治理目标的实现，核心是要通过宪法、组织法等规范，对行政机构的权力进行合理配置，在中央与地方政府、各级地方政府及其各部门之间形成权力配置的合理结构。这意味着，在纵向维度上，应立足于宪法和宪法性法律文件的规定，以强弱得当、分权合作为原则，明确规定中央和各地方政府、上级与下级政府之间的权限划分，用行政组织法规范来确认和巩固各级政府在互联网治理中的职权、义务和责任，实现纵向维度的互联网管理职能和权力配置的法定化。纵向上的分权调适，长期以来都是我国探索央地事权划分的有效方式。③ 在互联网新兴产业高速发展的背景下，中央应当继续保持向地方分权，与地方形成分权合作的关系结构。中央职能范围内的事项归于中央权限统筹，除此之外赋予地方充足的权限推进政府职能转变和行政体制改革，以支持互联网产业创新发展。对于"互联网＋政务"改革、区域互联网治理等需要央地合作才能推进的事项，必须对其各自的合作权限作出规定。应当注意的是，互联网的公共性决定了诸多原本隶属于地方权限范围的事务，很可能基于影响范围的扩大而成为中央事务，这就要求在央地之间构建相对应的网络事务移转对接权限等。在横向维度上，应在中央与地方政府、上级与下级政府职权配置确定的基础上，推进政府横向权力结构的优化，结合互联网公共事务的综合性，以及互联网管理过程中普遍存在职能模糊、政出多门、沟通协调困难等问题，推进互联网监管权限的综合性配置。(1)将对应网络监管或服务供给职能相近的行政权力配置给一个组织机构行使，建立互联网监管权限相对集中的职能部门；(2)回应互联网治理高效性的需求，推动政府内部各职能部门权力的进一步细分，促进决策权、执行权、监督权相分离，从而形成决策、执行和监督相互制衡的三分结构，提升治理成效；(3)立足互联网发展变化频率快的特性，给予各级政府根据现实需要进行机构改革的配套权限，以提升其应对互联网新兴公共问题的能动性；(4)要明确区域内各地方政府之间开展跨区域互联网公共事务合作治理的权限。可见，应当加快修订政府组织法以

---

① 石佑启、杨治坤、黄新波著：《行政体制改革与行政法治》，北京：北京大学出版社 2009 年版，第 188 页。

② ［美］乔尔·赫尔曼等：《解决转轨国家中的政府俘获问题》，《比较》2003 年第 5 期。

③ 李风华：《纵向分权与中国成就：一个多级所有的解释》，《政治学研究》2019 年第 4 期。

及相应的实施细则,对中央与地方各级政府及其职能部门的互联网治理权限予以明确,推进政府在纵向、横向维度的权力配置法定化,实现政府内部关于互联网监管职能、组织机构、行政权力的相互协调。同时,在政府之间有关促进互联网发展的合作战略协议当中,应当进一步细化中央与地方政府及其职能部门的具体职权范围,将参与互联网基础设施建设、公共服务供给等公共事务治理各方的权力(权利)义务关系确定下来,从而建立起职权清晰的合作治理结构。

此外,互联网公共产品供给机制运作的基本原理是权力共享,并以明确责任和义务为导向来实现公共物品有效供给。① 在权力配置既定的基础上,构建对应的责任机制是督促中央与各级地方政府及其职能部门正确行使权力与履行职能的内在需求。故无论是在国务院组织法、地方组织法以及相关的具体实施细则中,还是在政府间合作协议中,都应当明确参与合作各方承担的责任范围、责任种类、责任形式,并且由各级政府建构清晰的责任追究制度。对责任追究发起主体、具体程序作出规定,可以填补互联网公域治理实践中对行政权力行使的规制不足,尽可能规避政府在履行互联网监管职能过程中出现失位、缺位、越位等权力行使异化的现象。

(三) 行政体制改革的法定化和民主化

行政体制改革需要建立适应现代国家治理体系建设的整体性思维,以明确政府转型的战略目标与现实路径。② 互联网公域治理体系作为国家治理体系的重要组成部分,同样要求与之相对应的行政体制改革要遵循推进国家治理体系与治理能力现代化建设的整体步调。法治是国家治理现代化的必由之路③,在推进政府职能转变、发挥政府职能的同时,同样要一并处理好改革与法治的辩证关系。作为行政体制改革的核心内容,政府内部职能分配、行政组织调整、行政权力配置的法定化,本身也内含了推进改革法治化的基本要求。虽然互联网行政体制改革的频率往往难以与互联网技术更替和互联网公域发展的速度相适应,但是相较于其他领域而言,上至中央互联网领导小组的设置,下至地方互联网监管部门的调整,围绕互联网发展而展开的机构变革及对应职能配置变动的总体频率较高,且大多属于现有体制范围之外的"先行先试"。然而,这并不意味着其可以任意

---

① 霍春龙:《论政府治理机制的构成要素、涵义与体系》,《探索》2013 年第 1 期。

② 何显明:《政府转型与现代国家治理体系的建构——60 年来政府体制演变的内在逻辑》,《浙江社会科学》2013 年第 6 期。

③ 张文显:《法治与国家治理现代化》,《中国法学》2014 年第 4 期。

脱离法治的基本框架进行体制机制创新。行政体制改革的"变"要依法而"变",需要从合法性中攫取正当性基础,否则就会变形走样,就会变味异化,甚至越轨翻车。^① 法治可以保障改革创新不偏离正确的轨道,并为之提供必要条件。围绕互联网公域治理而展开的政府职能转变与行政机构调整,必须放到法治语境下予以统筹推进。囿于法律自身的滞后性,有些学者认为,要解决互联网公共问题,推动互联网创新发展,一定要大胆突破现有的体制制度限制,只要有实际效果,即便是违法,也是"良性违法"。这在本质上割裂了改革与法治的互动关系。虽说法律规则会在一定时间内落后于改革实践,但这并不代表改革就必须跳脱法治的框架。一方面,行政体制改革不能违背法的公平、效率等基本原则;另一方面,程序法不容易落后于互联网公域治理实践,规范改革创新可以充分仰仗程序法规则构建。^② 推进政府机构改革包含了启动、论证、听证、批准、实施等重要环节,程序构建能够有效规范改革权的行使,为之夯实合法性基础。政府职能及其机构改革是行政组织法的重要内容,应当在行政组织法中相应地规定改革的程序^③,以实现组织法规范与改革权的设定和运行相衔接。(1)规定改革的授权程序。对于涉及法律法规变通适用的先行先试,并不必然要先"修法"而后改革,可以通过法定的授权机关,在自身权限的范围内依照法定程序赋予改革合法性。一是规定不同授权主体授权的程序,如对法律规定职能的变通,授权主体应当是全国人大及其常委会;对行政法规的变通,授权机关应该是国务院;以此类推,确保职权授予的主体根据主体性质差异对其各自授权的程序加以规定,对改革进行赋权。二是按照授权改革的事项差异设定不同的授权程序,对于不同改革事项各自应遵循的授予程序作出明确规定。三是进一步根据申请授权的不同主体、机构改革方案的差异等来规定不同的授权程序。(2)规定改革的决定程序。为保证新的职能配置和机构调整能够解决互联网公域发展所面临的实际问题,防止机构的频繁变动,需要将改革的具体方案提交权力机关讨论和审批,同时对专家听证、社会主体参与等具体的程序作出规定。(3)规定改革的推进程序。由各级政府及其职能部门具体负责改革方案落实的过程中,要加强各层级、各地区、各部门之间,以及政府与互联网社会主体之间的有效沟通,确保职能配置和机构设定能够发挥作用。同时,要强化授权机关对改革实际

① 石佑启:《深化改革与推进法治良性互动关系论》,《学术研究》2015 年第 1 期。

② 参见肖明:《"先行先试"应符合法治原则——从某些行政区域的"促进改革条例说起"》,《法学》2009 年第 10 期。

③ 邝少明、张威:《论行政改革权》,《中山大学学报(社会科学版)》2002 年第 6 期。

效果的跟踪评估,建立授权机关与互联网社会主体协同的监督机制,在职权运行的实际情况与改革方案出现偏差时,及时提出完善建议。

在互联网公域治理结构转型的过程中,公民借助日益多样化的互联网交流平台,通过网络舆论监督、网络听证、网上举报,以及对各类网络群体、网络组织的参与和网络话题的发起,积极行使着参政议政的权利,从而使个人的地位得到充分体现,权利意识得到充分的彰显。换言之,互联网公域治理结构转型标志着一种"参与式行政"的现实图景正逐渐生成。无论立足于互联网公域多元主体协同共治的现实需要,还是政府职能配置与机构调整对互联网社会主体、公民权力(权利)的潜在影响,都应持续推进行政体制改革的民主化,在改革过程中充分反映互联网社会主体、公民的利益诉求。第一,明确互联网社会主体、公民的参与主体地位。当互联网社会主体、网民的参与地位得到法律的确认时,其也就获得了法定的参政权利,不再只是消极的被管理者,同时也是行政权行使过程的积极参与者。[1]这是一种比行政相对人更为主动、宽泛的身份[2],其所具备的公益属性保证不同主体能够有效介入行政权力配置关系中,促进政府职权配置更为开放和民主。第二,构建互联网社会主体、公民参与行政体制改革的方式和程序。一是要将改革的方案通过网络政务平台或者较有影响力的互联网平台予以发布,对征求意见的具体内容、持续时间、议事规则等广而告之;二是要赋予互联网社会主体、公民主动对改革提出监督建议的权利,并开放常态化的信息收集渠道,及时接收有关改革成效、监管服务漏洞的反馈;三是要将采纳公众意见的比例、数量、内容通过互联网信息平台对外公布,由此实现互联网社会主体、网民与政府就互联网管理职能配置、机构设定等事项的充分沟通。

三、弥补互联网营利主体参与公域治理正当性欠缺

诚如前所述,除了行业协会、基金会等常见的非营利性社会公共组织以外,在互联网公域治理中,大量以营利性企业为支撑的互联网平台正广泛参与到互联网安全监管、公共服务供给、技术风险防控、产业创新发展、政务平台建设等公共事务当中,成为建构互联网公域秩序、推动互联网健康发展不可或缺的力量。与以追求公共利益为目标的公益性非政府主体

---

① 章剑生:《现代行政法基本理念》,北京:法律出版社 2008 年版,第 89 页。

② 方世荣、邓佑文、谭冰霖:《"参与式行政"的政府与公众关系》,北京:北京大学出版社 2013 年版,第 216 页。

相区别,互联网营利性主体在履行公共治理职能的同时,天生的趋利性也使之始终以最大程度地攫取商业利润为根本目的。例如,腾讯、阿里巴巴、京东等大型互联网企业的季度、年度报表,始终将营利作为核心指标。互联网企业、平台的基本运营,终归需要以稳定的营利作为强有力的支撑。追求利润增长对于互联网企业、平台而言,往往意味着要与同类型的或者同种业务的企业、平台争夺技术专利、用户资源、风险投资等,这也普遍引发了平台之间的交流壁垒、资源垄断等竞争现象。由此,尽管这些互联网平台正因为承担着越来越多的公共事务,以及因担负着日益繁重的公共任务而或多或少展现着一定的公益性,但是互联网平台项目收费、用户存款的孳息收入、网络交易收益提成等各式各样的平台收益模式,以及互联网平台间恶性竞争现象的广泛存在①,使人们对互联网平台的逐利性始终保持警惕,对其参与公域治理的正当性提出质疑。传统以行政机关或法律法规授权的组织为主要调整对象的行政组织法对公益性的互联网社会组织关注尚且不足,互联网公域治理中营利性主体的兴起则更是暴露了其在理论和制度层面的缺陷,从而难以为互联网营利性主体参与公共治理提供正当性依据,更难以统筹互联网平台在多元化治理结构中的职能分配和权力配置。故当务之急是行政组织法应在关注公益性互联网社会主体的同时,对营利性主体参与网络公共治理问题作出回应,为之提供正当性依据,明晰平台在治理结构中的功能定位和权力边界。

1. 以适度性、平衡性为规范原则,保证互联网平台承担法定公共职能的法定性和适度性,使之能够在维护公共利益与获取企业利益之间达到一定的平衡。毋庸置疑,对于互联网平台而言,营利才是其根本目的,如果不能赚取利润,甚至较高的利润,其也会失去存在和运营的基础,面临破产清算的风险,从而对参与公共治理活动产生抵触。即便是以开放、共享为价值追求的平台,也只有通过持续的营利才能保障存活。故平台所承担的公共任务不能使其产生过重的负担,不能过多忽视其对营利的需要,否则就会造成其怠于履行公共职能,或者粗放化、应付式地履行公共职能,甚至以履行公共职能为由来变相获取利益,从而加剧公众对平台的不信任感。然而,实际情况是,多数政府职能部门基于专业技术性不足、庸政懒政心理等因素,往往习惯于强制性地将监管、服务等责任转移到平台身上,造成平台承受着过重的公共负担。因此,组织法应当以适度性、平衡性原则为指引,严格设置政府职能和权限委托的条件和程序,限制政府为企业、平台设置

---

① 例如,众所周知的腾讯 QQ 与奇虎 360 长期的恶性商业竞争。

过于繁重的公共任务。政府在交付公共任务之前,应当充分听取互联网平台的意见,并对平台为履行公共职能所需要投入的成本进行精密的测算,以保证方案的可行性。同时,要通过构建平台的申诉机制、利益补偿机制等,保障平台在被要求承担不属于其职能范围的事务或公共任务负担过重的情况下,享有获得救济和补偿的权利,以夯实其有效履行公共职能的利益基础。

2. 通过完善互联网相关领域立法的权责规范,依法明确应当由互联网平台承担的公共职能范围,以及应当限制互联网平台参与的公共职能范围。应当明确的是,在互联网公域治理中,平台享有权力,也要承担义务,有时候这些义务的承担,也是对于权力行使的纠偏。因此,有些公共职能即使会给互联网平台带来沉重的负担或利益的减损,也应当由其积极承担,如对平台场域安全的维护、对用户违法违规行为的规范、对系统性风险的防控和报备等涉及互联网安全的公共任务,从而明确平台的主体责任。相反,有些公共职能纵然是互联网平台自己愿意承担,也不能轻易交付其行使,而只能依法限定在政府职能的范围内,如互联网领域的行政许可、行政处罚、行政强制等行政职能,一般情况下只有依托政府履行才能保障其效力。这表明,要遵循权责利相统一的原则,结合治理需求及平台资源、能力等因素,依法分别设定互联网平台承担公共职能的正面和负面清单,进一步厘定政府与社会主体的职能范围和制度边界[①],保障平台参与公共治理的合法性。

3. 根据互联网平台履行公共职能的权力来源差异,以及权力行使规范化的具体需求,有针对性地完善配套的法律规范体系。对实际情况的考察可以发现,互联网平台行使的公权力主要来源于以下几个方面:一是平台自治章程、管理规定的授予;二是行政机关的直接委托;三是公私合作协议的间接委托。对于第一种情形,一是要通过构建社会公共组织法规范,承认互联网平台通过自治规则获得权力的合法性与正当性,进一步规定社会规范制定的实体要件和程序要件,如明确将必须由法律授权、政府委托的事项排除在外;对可以通过平台规范获得的权限进行列举;对惩戒权行使的主体、条件、监督救济等内容,以及平台规范进行授权的具体程序加以规定,如平台规则制定的用户参与、听证、决策等程序。二是通过完善既有的行政组织法,明确授予政府监督互联网平台权力获取和行使的权限。对

---

① 参见石佑启、陈可翔:《合作治理语境下的法治化营商环境建设》,《法学研究》2021 年第 2 期。

于第二种情形,应依法完善行政委托的事项范围和具体程序,并强调政府对自身委托任务履行情况的后续监管,以及行政机关的责任主体地位。对于第三种情形,针对基于合作协议而产生的社会公权力属性,目前学界尚未有定论,显然其与行政委托存在较大差异。尽管从广义上看,行政委托与合作协议都属于行政合同行为①,但是两者仍存在一定差异,行政委托一般有明文的法律依据,且对被委托人的条件要求较高。另外有学者提出,从"国家垄断公权力原则"出发,行使公权力的组织原则上应当受民主统制,即原则上公权力不能委托给非政府组织②,故这种公权力行使是否可以借用行政委托制度予以规范面临争议。然而,从协议履行的角度来说,政府依然可以依据协议,对互联网平台履行义务的过程进行常态化监督。由此,公私合作协议中权利义务的明确性便显得尤为重要,即要在公私合作协议中进一步划定互联网平台的行为边界及对应的责任范围,以实现对其权力行使的有效规制。

第二节 互联网公域治理方式多样化与行政行为法完善

互联网公域治理结构转型,需要依托治理方式的丰富发展与统筹运用才能得以实现。互联网公域治理方式的多样化发展以民主、专业、创新、柔性、便捷等为价值追求,充分实现对传统政府管理方式的滞后性、单一性、强制性、低效性、封闭性等不足的有效回应,促进了政府、互联网社会组织、公民等多元主体在治理过程中的整体联动。互联网公域治理方式的丰富拓展,与信息技术更替创新、发展应用背景下公域发展的基本趋势相契合。囿于行政行为法体系对强制性行政行为的规制不足、对协商型行政行为的调整缺位,以及对行政行为方式与互联网信息技术融合的关注阙如,互联网公域治理自身也面临着越轨和失败的风险。因此,应推动传统行政行为法功能导向、价值内涵、调整范围等基础理论的革新,以及对应的规范体系完善。通过强化对强制性行政行为适用的合比例规制、促进协商型行政行为的型式化及其行为结构的平衡发展、提升行政行为方式与互联网信息技术融合的规范性等手段,充分回应互联网公域治理方式拓展的法治需求,

---

① 参见胡建淼著:《行政法学》,北京:法律出版社 2015 年版,第 558 页。
② 王天华:《行政委托与公权力行使——我国行政委托理论与实践的反思》,《行政法学研究》2008 年第 4 期。

实现对多样化治理方式的全方位调控。

一、强制性行政行为适用范围限缩及合比例规制

在互联网公域治理中,强制性行政行为与非强制性行政行为并举,是治理方式多样化发展的重要表现,其推动着一种软硬兼施、刚柔并济的治理格局逐渐生成。虽然在现代行政民主正当精神的指引下,行政指导、行政合同、行政约谈等非强制性行政行为逐渐兴起,其基于完成公共治理任务的有效性,以及凸显对行政相对人的充分尊重而备受治理主体青睐,但是强制性行政行为依然在公域秩序建构等方面发挥着不可替代的作用。现代行政法发展证明了行政权的强制作用不是万能的[①],但维护社会秩序完全没有强制作用的支撑和保障也是万万不能的。尤其在互联网公域价值多元化发展、公共安全问题频发的当下,强制性行政行为的适用仍是守护互联网公共安全防线的关键举措。互联网公域治理方式的多样化发展,要求人们及时调整观察和适用强制性行政行为的价值导向。也就是说,要突破在严格遵循依法行政原则的框架下,更多强调以法律控制强制性行政行为适用的思维疆域,逐渐在如何更好地完成行政任务,以及平衡公益与私益的价值导向下,兼顾对强制性行政行为与非强制行政行为选择适用标准的建构。因此,对互联网公域治理中强制性行政行为适用的有效规制,要求在为之提供行为法依据的基础上,进一步立足治理方式的多样化,明确强制性行政行为适用的必要性标准,以及强制性行政行为适用的尺度。这意味着,要拓展比例原则在行政行为法调整互联网公域治理活动中的适用范围,以充分体现其对强制性行政行为进行规制的重要价值。

(一)强制性行政行为类型拓展与适用范围限缩

需要澄清的是,互联网公域治理变革所倡导的多元主体平等合作、协同共治以及柔性化治理方式的广泛应用,要求公权力主体对强制性行政行为保持审慎的态度,但这与强制性行为行为类型的拓展并不冲突。事实上,随着互联网社会公权力主体的兴起,政府所承担的互联网管理功能逐渐与之分摊,其也逐渐在权力运行与组织建构中,形成与政府权力迥然不同的规则或规律[②],由此奠定了拓展强制性行政行为内涵与外延的重要基础。互联网公权力主体的多元化发展,使强制性行政行为的适用主体不再

---

① 罗豪才主编:《现代行政法的平衡理论(第二辑)》,北京:北京大学出版社 2003 年版,第 21 页。

② 徐婧:《论法律视域下社会公权力的内涵、构成及价值》,《中国法学》2014 年第 1 期。

局限于行政机关一方。同时,技术、知识、品牌、用户等权力资源和人们对权力的依赖程度差异,推动了权力类型及其治理机理的分化①,使相对应的强制性行政行为的类型也趋向丰富。换言之,传统行政机关作出的警告、罚款、吊销执照、拘留、冻结等法定的行为类型外,互联网社会公权力主体在自治过程中所创设的警告、审查、禁号、封号、关停、冻结等以网络资源供给为效力保障的行为类型正在拓展强制性行政行为的范畴,并在互联网公域秩序建构与交往伦理塑造中发挥着重要作用。

互联网公域治理活动中,在平等合作中确定政府与互联网社会主体的功能分域,并以沟通协商的方式推动治理活动的展开,往往比一味强调惩罚和压制更能调动社会组织、企业、平台、公民协同参与的积极性,更能发挥社会主体治理的优势,更能释放创新空间和体现民主正当性。故强制性行政行为适用范围的限缩,应当成为一种必然趋势。由此,在强制性行政行为类型拓展的语境下,如何合理统筹其与非强制性行政行为的选择适用关系,严格限定其适用的范围;如何把握强制性行政行为适用的必要性,防止其被滥用,成为保障互联网公域治理合理性、有效性的重要课题。显然,理想的状态是,促进互联网治理中的公权力行使逐渐从一种公开展示暴力的方式转化为渗透于微观治理层面的技术②,在多维的权力结构中彰显对威慑的慎重。这需要强化比例原则在设定强制性行政行为的种类及其适用范围、选取标准等相关规范制定实施过程中的作用,以此指导各类强制性行政行为适用规则的制定。换言之,由于比例原则兴起于德国行政法学界对警察权规制的探讨,长期以来,行政行为法对比例原则的强调,更多的是放在行政执法的情境中,甚至单纯专注于对适用强制性行政行为规制路径的研究,从而缺乏立足于公共治理兴起的现实背景,对如何以比例原则厘清强制性行政行为与非强制性行政行为选择适用关系进行思考。博登海默曾提出,法律的主要作用并不是惩罚和压制,而是为了人类共处和为满足人类的某些基本需求提供规范性安排。③ 事实上,当现代行政法开始从服务和平衡的维度来思索哪种行政行为方式更有利于公民权利保障,以及平衡政府与公民的关系时,便已经内含了要全面丈量行政行为与行政任

---

① 高映红、刘国新:《网络权力与创新网络的治理》,《科技管理研究》2011 年第 1 期。

② 李耘耕:《从规训到流动:数字媒介网络的权力实践模式转变》,《学术研究》2018 年第 3 期。

③ [美]E.博登海默著:《法理学:法律哲学与法律方法》,邓正来译,北京:中国政法大学出版社 1999 年版,第 345 页。

务匹配程度的目标和精神,有些学者也将之称为"最佳行政"原则。① 而在互联网公域治理中,"最佳"强调适用强制性行为不仅要遵循比例原则,还要兼顾效能原则和辅助原则。因此,强制性行政行为在互联网公域治理中的适用范围限缩,标志着合法性始终是强制性行政行为适用的基本前提,要通过行政行为法的及时修改完善,全面细致地明晰强制性行政行为的种类及其对应的适用范围,以规避强制性行政行为的滥用;同时,要以比例、效能、辅助原则为指导,在立法中尽可能压缩强制性行政行为的适用空间,并增设其适用的条件,以防止强制性行政行为适用空间的泛化或者在实践中被优先适用。(1)缓解强制性行政行为适用的法律依据滞后。虽然对于互联网公域安全监管而言,适用强制性行政行为是必不可少的手段,但是囿于互联网的飞速发展,政府职能部门在监管的过程中适用的部分强制性行政行为往往缺乏明确性或者专门性的法律依据。例如,监管部门在应对新型互联网安全问题时,习惯于以适用行政命令的方式要求互联网企业、平台、网民对某些公共问题进行治理,或者对自身行为进行纠正;将新兴互联网产业投入和市场运营视为违反行业禁入行为加以处罚等,这些行为往往缺乏明确的法律依据,或者只是依据行政规范性文件的相关要求作出。故应当通过行政处罚法、行政强制法等行政行为规范的修改完善,将政府在互联网公共安全监管实践中新创设的且行之有效的强制性行政行为纳入调整范围,包括为联合惩戒、禁入、命令纠正、强制下架等措施设定层级以及确定清晰的适用情形和条件,以有效防止行为的滥用。同时,要依法确立非强制性行政行为的"穷尽原则",如对于可以采取行政约谈措施的情形,不直接进行处罚或强制,避免监管部门在拥有多种行为方式可供选择时,热衷于以简单粗暴的手段解决问题。(2)摒弃"以罚代管""以禁代管"的管制观念。"以罚代管"和"以禁代管"是实践中政府进行互联网监管时的两种常见做法,体现了传统的政府管理思维,即以强制性行为适用为主基调,以"增进公共利益"为最大的价值追求,容易造成对互联网企业、网民权益的保护不足,难以激发其创新的积极性。故对于互联网企业、平台、产品等市场准入问题的政府监管而言,不仅要对设定强制性行政行为保持极为慎重的态度,还应尽可能撤销过多的行政许可(审批),防止过犹不及。一是提高设定互联网企业、产业、平台、产品等领域市场准入许可的法律层级,在全国形成较为统一明确的审批标准,严禁地方通过政府规章和行政规范性文件来变相设置审批事项;二是集中清理或者授权变通适用严重影

---

①　田勇军:《行政法理论革新呼唤"最佳行政"》,《北方法学》2018 年第 1 期。

响互联网市场准入、技术创新、产业创新等领域的法律规范;三是转化"事前限制"为"事中事后监管",不轻易以未经审批为由,对平台、产品进行封禁或处罚,给予互联网企业、平台充足的生长空间,这也是辅助原则在强制性行政行为设定环节的体现。(3)互联网社会组织、平台等主体基于技术资源垄断,行使行政权或"准行政权"对违反公共义务的成员、用户作出惩戒,必须在区分其权力来源的基础上,对惩戒措施的种类与适用条件加以规定。一是严格遵守合法原则,对互联网社会主体创设的警告、封号、禁号、划拨保证金等强制性措施,除了要在自治章程、管理规约等文件中予以明确规定外,法律法规也应在明确互联网社会主体地位的基础上,对其能行使的强制性行为的种类,以及禁止其行使的种类予以限定;二是要求互联网社会主体通过自治章程、管理规定等文件,对强制性行为的适用条件予以明确,并报送监管部门备案,强化外部监督,严格禁止平台在用户违反民事义务的情形上设定惩罚性措施,防止平台借助强制手段来推销产品或侵害用户利益;三是对法律法规授权的事项,社会组织要严格按照授权的权限范围来设定强制性行政行为,而对于监管部门委托的事务,社会组织和平台要充分审核监管部门对委托的事项是否具有法定权限,若没有相应的权限,则不得据此设定新的强制性措施。

(二)强制性行政行为适用的合比例规制

在互联网公域治理语境下,不仅要在强制性行政行为及其适用条件的设定中遵循比例原则,从规范依据层面来压缩强制性行政行为的适用空间,还要在强制手段运用的过程中始终秉承比例原则的指引,以实现治理方式、治理目标、治理效果的相互匹配。互联网时代公域发展的规律决定了,对互联网平台、用户的违法违规行为适用惩戒手段极有可能引发"牵一发而动全身"的后果,导致行为效力超出行为目的本身,出现难以预估和控制的放大与外溢。首先,作为推动互联网公域发展的主力军,互联网企业、平台在引领网络信息技术创新、开发互联网交往媒介、提升公共服务质量、发展互联网新兴产业等方面发挥着重要作用。倘若政府在对互联网企业、平台的违法违规现象进行处罚时始终坚持"以罚代管"或者"以禁代管"的传统政府管理思维,采用不予准入、予以关停、重罚威慑等方式,即使有利于把控网络安全底线,也会极大程度地打击互联网企业、平台参与创新、提供服务的积极性,限制互联网的创新发展。其次,随着互联网技术与人类社会生产生活方式融合的愈发紧密,微信、滴滴出行、淘宝等互联网平台成为公民沟通交流、金融理财、交通出行,甚至经营谋生必不可少的媒介。故政府监管部门对互联网平台适用强制性手段时,不能只看到企业、平台作为行为相对方的损益,更要关注由于效力外溢而引发的对平台用户的损益;不能只关注平台违法违规对公益造成的损害,更要分析处罚平台是否会造成对公益的更大损害,以保持法益的均衡性。最后,鉴于不同的网络用户对各类互联网平台的依赖程度有所差异,互联网社会公权力主体在自身治理场域范围内行使强制性行政行为的尺度,应依据对网络用户的危害程度进行相应的调校,在保证治理成效的基础上,以尽可能减少对网络用户的损害为价值导向。

　　由此可见,推进互联网强制性行政行为适用的合比例规制,关键是要在利益结构趋向多元、分化又相互交织的语境下,推动行政法从自由防御型法向利害调整型法转型,谋求公私利益的均衡协调。[①](1)立法机关和监管部门应将比例原则贯穿于行为法规范构建和实施当中。要将合比例性作为强制性行政行为适用的前提条件,转化成强制性行政行为的具体裁量标准,并全面纳入有关互联网监管的行为法规范体系当中,严格限定"顶格处罚""从重加重"的适用情形,确保处罚迟度与违法主观恶性、违法获益等情节相适应,有效规范监管执法实践。(2)政府要培育和秉持适度监管的价值观念。[②] 第一,互联网公域发展趋势变化莫测,传统政府部门所掌握的经验和知识难以充分把握和应对,互联网企业、平台作为互联网新兴产业经济的缔造者与公共服务的供给者,在技术和专业领域比行政机关更占优势。故在面对互联网公域出现的诸多新兴问题时,政府要先尝试扮演辅助性角色,让"子弹先飞一会",让互联网社会主体先发挥自治作用,而不是一出现公共问题便急于出手监管和整顿,最终导致将"创新与问题一网打尽,全都扼杀在摇篮之中"的尴尬境况。第二,在确实需要适用强制性行政行为进行监管时,政府要对公共问题的影响程度进行评级,并制定较为明确的行政裁量基准。以此为基础,在作出强制性行政行为之前,要组建专业的评估团队对涉事的互联网企业所创造的产值、占据的用户资源和市场份额、网民的依赖程度、出现问题的影响面、纠正问题的可能性等内容,以及其拟采取的强制措施,综合起来按比例和成本效益进行评估,由此判断适用强制手段的妥当性及对应的基准,从而在实现惩治目标的同时,避免对其他正当利益造成过多侵害,形成一个又一个生硬的惩治结果。第三,政府决定对互联网企业、平台采取强制措施并进行相应评估时,应当跳脱单纯的"行政主体—行政相对人"结构,将整个过程向公众,尤其是向平台

---

① 参见王贵松:《作为利害调整法的行政法》,《中国法学》2019 年第 2 期。
② 沈岿:《互联网经济的政府监管原则和方式创新》,《国家行政学院学报》2016 年第 2 期。

用户公开,开放公众提出意见建议的渠道,让公众能够对强制措施提出意见,以进一步权衡强制对用户的影响程度与强制所预设的效果之间的利益相称度,从而通过一种慎重的、透明的、理性交流的方式,减少强制效力外溢所引发的负面影响。(3)监管部门应督促社会组织、网络平台等主体完善内部规制系统,构建常态化的沟通机制。互联网社会主体在对实施违法违规或者违反自治章程、公序良俗等行为的网络用户适用禁言、封号、禁号、罚款、冻结等惩罚性措施时,应通过事先交流来对网络用户的自身情况进行全面了解,尤其是要对网络用户与平台之间的关联度进行调研并记录在案。作为强制措施适用的必经程序,最终采取的措施必须围绕记录的实际情况选择对应的尺度。此外,对于法律法规授权、行政机关委托或者协议授予而产生的强制性权力,监管部门也应当进一步指导互联网社会主体构建相应的沟通机制。

二、协商型行政行为型式化及其行为结构之平衡

以协商型行政行为来弥补单方性、强制性行政行为在互联网公域治理中所面临的正当性欠缺,通过双向度的沟通协商与交流互动来凸显社会主体在网络安全维护、公共服务供给等公共事务治理中的价值功用,有助于扭转传统互联网政府管理模式下政府与社会身份地位失衡的境况,形成政府、市场、社会均衡化的利益结构。多元主体的功能分域、协同共治要依托协商型行政行为的妥善应用才能得以实现,但传统行政行为法对协商型行政行为的规制阙如,容易导致协商变成另一种强制命令生成、规制责任转移的手段,使"强政府—弱社会"模式下的"中心—边缘"结构未能得到根本缓解,反而在互联网公域"去中心化"的语境下出现新的对抗。因此,要推动各类协商型行政行为的型式化发展,将之纳入行政行为法的调整范围内并予以有效规制,谋求其自身应用的正当性提升,促进其行为结构的平衡。

(一)推进协商型行政行为型式化建构

随着互联网公域治理变革的持续推进,政府内部纵向、横向维度的合作,政府与互联网社会主体之间的合作,公权力主体与公民之间的合作等多种合作形式及其对应的协商型行政行为的广泛运用,极大程度地弥补了互联网政府管理模式的正当性欠缺,变革了互联网政府监管部门与社会主体、公民单纯作为命令与服从的相对方所呈现出来的两造对抗关系,为社会组织、企业、平台等主体在治理活动中释放了自由选择空间,促进了多元主体治理力量的统合。理想状态下,行政约谈、执法和解、公私合营、行政指导等协商型行政行为在互联网公域治理中的适用,能够实现政府、互联网社会主体、公民的平等合作、各司其职,形成生态化、平衡性、多元共治的

治理格局。^①但实践中,协商型行政行为的适用与其理想的目标仍存在一定的差距,观念桎梏与制度欠缺使"强制命令""违约惩戒"等行为仍旧存续在多元主体间协商合作的过程中,使协商成为变相的强制,甚至是政府转嫁监管责任、加重社会负担的"捷径"。

　　显然,推进协商型行政行为的型式化建构是破解这些问题的有效进路。正如拉伦茨所提出的,类型化是一种辅助思考形式,其有助于当抽象的概念及其逻辑体系不足以认知多样化的现象时,将不同内容规整为彼此关联的体系。^②行政行为方式型式化也是广义上的类型化方式,是指通过对特定行政行为典型特征的理论化和固定化,使其在内容和程序上形成稳定的、具备共同价值或者共同特征的行为类别。^③受德国法治国理论,以及传统行政行为理论的影响,传统行政行为法只集中于对单向性、强制性的行政行为予以型式化,试图在对强制性行政行为的基本表征予以明确的基础上,严格确保其适用过程的合法化。其对日渐兴起的协商型行政行为的型式化问题关注不足,从而造成对互联网公域治理中协商型行政行为适用缺乏必要的引导和限制,导致适用成效与理想目标的脱节。行政行为型式化是对特定行政行为进行法律控制的有效手段,而实现对协商型行政行为的有效规制,就是要求"不断对未型式化的行政行为加以型式化"^④,这也是互联网公域治理背景下推动行政行为法发展的重要面向。一方面,通过型式化构建,能够提炼出行政约谈、公私合作等不同行为方式的法律特征和构成要件,并且以此为基础,有效指导相应的行为法规范体系的完善,从而使政府、互联网社会主体和公民得以在清晰掌握行为内容的前提下,选择对行为方式进行适用、参与和遵循;另一方面,通过型式化构建,能够清晰地厘定行政行为的属性、多元主体在行为过程中的地位,以及行为适用的情境等,由此形成相应的合法性、正当性判断标准,有效指导协商型行政纠纷救济实践的展开,防止公权力主体对合作关系的恣意破坏。

　　应当意识到,协商型行政行为型式化的过程,也是推动传统行政行为范畴拓展的动态过程,协商型行政行为逐渐在行政行为范畴当中占据着重

---

　　① 高红冰:《平台经济崛起改变互联网治理模式》,《前线》2016年第2期。
　　② [德]拉伦茨著:《法学方法论》,陈爱娥译,北京:商务印书馆2015年版,第340—348页。
　　③ 胡晓军:《论行政命令的型式化控制——以类型理论为基础》,《政治与法律》2014年第3期。
　　④ 林明锵:《论型式化之行政行为与未型式化之行政行为》,载翁岳生教授祝寿论文集编辑委员会编:《当代公法理论:翁岳生教授六秩诞辰祝寿论文集》,台北:台湾月旦出版股份有限公司1993年版,第357页。

要位置。在互联网公域治理中,协商型行政行为与强制性行政行为并举,且要逐渐推动强制性行政行为适用范围的限缩。同时,互联网技术更替创新与公域发展速度较快,若要求每一类协商型行政行为的适用都要有明确的法律依据,显然难以适应互联网公域发展产生的治理需求。协商型行政行为之所以在网络公共事务治理中获得广泛适用,源于其能够因应互联网时代技术频繁更替、行政任务膨胀和公民诉求扩张的趋势,凭借适用情形、类型、过程的灵活性来发挥多元主体的治理优势,形成更具回应性的治理方案。可见,协商型行政行为的型式化并不是要从微观层面将各类协商型行政行为的具体适用情形都予以细化,为其具体适用的各个环节提供裁量尺度、作用方式等合法性依据,而是要从宏观层面对其基本构成、特征属性基本要求等内容有一个基本的把握,赋予其合法性,强调其适用必须遵循平等协商的价值理念。总体而言,行政行为法要从理论和制度层面出发,对互联网治理常用的行政协议、行政约谈、行政指导、行政评级等行为的概念、要件、特征及其适用范围、条件进行梳理。例如,强调行政协议行为的双方性、平等性、公益性等基本属性,将之与行政机关和企业签订的民事协议区分开来,以大致界定政府、互联网社会主体、公民签订和履行行政协议过程中的权力(权利)义务边界;又如,严格明确行政约谈在互联网监管实践中适用的尺度,既要通过生成会议记录、加强第三方监督等形式,防止监管部门通过约谈实施变相强制,又要与行政处罚等强制性行为相配合,保障行政约谈的实效性。[①]

(二) 保障协商型行政正当性与主体关系结构失衡

型式化构建是从理论层面为协商型行政行为适用的规范性提供理论基础,保证其适用情境和行为属性的明确性,以实现对其在互联网公域治理中适用情况的宏观把控;保障协商型行政正当性与主体关系结构失衡,关键就在于要立足型式化理论基础,在其具体适用的制度规范构建中弥补行为的正当性不足,缓解行为适用引发的主体关系结构失衡,形成对其适用过程的有效规制。

1. 弥补协商型行政行为的正当性不足。传统以单向度、强制性为主要表征的行政行为以强调"无法律即无行政"的合法原则作为其正当性基础,而在互联网公域中,公权力的"去中心化"和公民权利诉求的多元化决定了,单纯强调合法性无法满足人们对行政行为的正当性要求。与此相区别,协商型行政行为的适用是通过对互联网社会主体、公民权利诉求的尊

---

① 朱新力、李芹:《行政约谈的功能定位与制度建构》,《国家行政学院学报》2018 年第 4 期。

重,以及对政府、社会主体等多方意见、信息的统合来获取广泛的民主正当性基础。只有当治理方案充分汇集了多方智慧,消弭了各方意见,回应了公众质疑时,才更能够为人们所认可、接受和遵从。无疑,民主本身也要依托法治才能实现,否则也会造成民主缺位或民主泛化两种极端。换言之,行政行为民主正当性的实现,需要依托民主过程和制度规范的融通,以形成彰显公民权利的制度安排。因此,行政行为法应当以民主协商为基底,关注互联网公域治理中协商型行政行为适用的正当性规则构建。(1)协商型行政行为适用规范的制定应保障公办参与。在制定有关行政协议、行政约谈、执法和解等协商型行政行为的适用规范时,要尊重互联网社会主体、公民作为规则主要适用者的地位,明确其参与讨论及提出意见建议的渠道和步骤,充分吸收其利益诉求,保证相关规范制定过程的正当性。(2)就行政约谈而言,监管部门必须对相对方在约谈过程中的权利义务加以明晰。要明确启动约谈的事实要件,并要求商定约谈时间、地点,防止"频繁约谈""重复约谈",加重互联网企业负担;要构建常态化的谈话机制,保障互联网企业、平台在约谈过程中能够充分地表达意见,形成的约谈记录必须交予约谈人核对并送达;除涉及国家秘密、商业秘密、个人隐私等不便公开的事项外,应保证约谈内容公开,防止行政约谈强制化或过度化;[1]应平等对待不同的互联网平台,减少"选择性约谈"。(3)推动政府与互联网社会主体在公共服务供给、网络风险防控、公共数据监控等领域合作,形成稳定的沟通谈判渠道。尤其是涉及合作协议的签订、履行时,在不损害公共利益的前提下,政府应尊重互联网企业平等参与评价、共同拟定条款、反馈履行困难、提出支付对价和解除协议等权利,防止协议被其单方意志左右。涉及协议的终止时,应根据行政机关解除协议是否行使行政优益权进行分类判断,对于并非基于公共利益行使优益权解除合同的情形,应保障互联网社会主体提出异议、要求继续履约及寻求民事救济的权利。[2]

2. 缓解协商型行政行为适用引发的主体关系结构失衡。协商型行政行为在互联网公共治理领域的普遍适用,一定程度上推动了监管部门和互联网企业、网民摆脱在传统政府管理体制下相对尖锐对抗的关系,凸显了行政过程的多变性、交互性。立足于此,行政行为法应拓宽自身的调整视野,兼顾对动态的协商过程中多元主体行为模式的塑造和调适,弥补对协

---

[1]　孟强龙:《行政约谈法治化研究》,《行政法学研究》2015 年第 6 期。

[2]　参见石佑启、陈可翔:《政府与社会资本合作模式下法律救济制度之构建》,《江海学刊》2018 年第 5 期。

商治理过程中内外部法律关系变动的关注不足。（1）行政行为法要强化对政府、社会组织、互联网平台等主体协商治理过程的调整，针对不同的协商型行政行为类别，将协商合作过程划分为不同阶段，包含商谈、招标、签订协议、执行反馈、监督评估、专家听证、公众参与等，并根据不同环节来设定各类治理主体的权利义务。例如，对网络公共服务外包事项，要明确政府在招标投标、签订协议中的裁量权限、具体载体，以及合作平台平等订立、解除合同的权利；要规定政府就网络服务质量对合作平台定期进行考核、评估、定级，以及合作平台定期进行任务反馈、定期整改的义务。而在明确相关权限问题的同时，事实上也确立了政府签订网络服务合作协议的缔约资格标准。[①]（2）政府要在协商型行政行为适用中加强对其他互联网社会主体、公民等外部利益关系人权益的保护。应明确规定行政约谈、行政协议等协商型行为在互联网治理实践中的适用，同样要充分考虑对第三人的影响，将之作为行为适用的前置条件，尝试借助专家论证、听证、听取意见等方式对权益影响等级予以评定，以此限定行为适用的边界和尺度。

3. 强化对互联网公域风险合作规制行为的监督。现代行政权的发展呈现多元化趋势，行政机关已不再是可以行使行政权的唯一主体，其固有的行政权部分还归于社会主体。[②] 在互联网公域风险治理当中，政府常常通过行政委托、服务外包等形式，与互联网行业协会、企业、平台等社会主体形成合作规制关系。社会主体利用其专业性、便捷性、高效性等优势，在互联网公共风险治理中扮演着重要角色。风险合作规制本质上是一种规制的加强，即以社会规制来补强政府规制的不足。[③] 但与此同时，如何防止社会公权力的滥用或不作为成为新的问题。首先，面向网络公共服务外包或者公私合作项目建设，要通过行为法规范来明晰互联网企业或平台及其专业人员参与相关事务需具备的技术条件、用户资源等。政府应将之作为重点考察内容，提高公私合作参与的门槛。其次，要厘定政府与互联网社会主体在网络公共风险合作规制中的关系，通过行政协议来明确行政机关的规划、评估、监督职能，以及规定互联网社会主体就风险规制任务的完成情况进行数据反馈，定期汇报等。最后，完善互联网社会主体的责任认定机制，通过引入第三方主体来确定社会主体应承担的责任范围、种类等，依托多元主体协调联动的追责追偿、违约惩戒等，实现权责一致。

---

① 参见王敬波：《司法认定无效行政协议的标准》，《中国法学》2019 年第 3 期。

② 郭道晖：《法治行政与行政权的发展》，《现代法学》1999 年第 1 期。

③ 石佑启、陈可翔：《粤港澳大湾区治理创新的法治进路》，《中国社会科学》2019 年第 11 期。

三、行政行为方式与互联网技术融合的规范路径

行政行为方式与互联网信息技术融合是政府与互联网虚拟公域相连接的重要桥梁,也是政府参与互联网公域治理的重要方式。互联网公域治理变革的趋势决定了,信息技术对政府承担行政任务过程的介入应当秉承服务型政府建设的基本理念和具体要求。但实践中,许多行政机关依然未能摆脱政府管理思维的桎梏,往往导致互联网技术沦为便利其开展安全监管、实施强制性行政行为,甚至规避自身责任的工具。在"互联网+政务服务"改革全面铺开的语境下,以信息技术与行政方式融合来推动服务型政府建设的设想与实践现状的背离,要求通过传统行政法理论基础和规范体系的完善对其展开有效回应,实现技术应用与制度规范的相互促进。

(一)强制性行政行为方式与信息技术融合的法治化

强制性行政行为的适用范围限缩,体现了政府依托民主协商、合作共治提升行政正当性的价值追求,其实际适用同样需要在严格遵循合法原则的基础上,回应互联网时代人们对行政平等性、高效性、便捷性、精确性等内容的要求,以缓解其所招致的对抗和抵触。通过与互联网信息技术的融合,可以提升强制性行政行为实施的效率、公平度、准确率等,从而有效减少行为实施所附加给相对人的负担。例如,在实践中,常运用"互联网+政务服务"系统保证行政监管的准确性;运用电子送达提升行政处罚告知的效率;运用大数据分析保证行政裁量尺度的公平;运用电子核算保障财产冻结的精确,等等。可见,互联网信息技术对公共行政以及行政行为法的影响绝不限于互联网技术层面,而是从根本上冲击着人们早已奉为法则的传统行政法理念[①],推动了服务行政、效益观念等行政法价值理念的革新。[②]

虽然服务型、高效性政府建设的价值追求正推动行政过程与互联网技术的紧密结合,但是强制性行政行为适用对公民生活的潜在危险,也从本质上决定了其与信息技术的融合适用依然要在强调有效性的同时,坚持以强调合法控制为逻辑前提。换言之,互联网技术与行政行为方式的融合是一个实实在在需要规范的对象,不可能虚拟化,否则就会产生"法外行政"的现象,违反依法行政的基本原则。[③] 然而,互联网技术及其应用发展的

---

① 张凤杰、潘文娣:《电子政务及其对行政法的影响》,《华东政法学院学报》2004 年第 2 期。

② 杨桦:《论电子政务与行政法观念的更新》,《广东社会科学》2011 年第 2 期。

③ 高家伟:《论电子政务法》,《中国法学》2003 年第 4 期。

更替速度较快,导致强制性行政行为依托于新兴信息技术的具体实施极有可能超出法定形式的限制,从而陷入合法性危机,并为公民权益带来额外的风险,如设定网络审批的泛滥化与流程的烦琐化、行政处罚自动化造成处罚的随意性强等。故应及时结合互联网技术应用的情况,推动行为法规范体系的完善,对电子化、数字化行政方式的合法要件和效力作出规定。(1)在行政处罚等领域,要对不具有裁量能力的完全自动化进行严格限制,并且对具有裁量能力的完全自动化的辅助行为保持谨慎;①(2)应提高规定强制性行为技术化实施方式的法律规范层级,明确规章以下的规范性文件不得规定技术化实施方式,防止规定权滥用。(3)要明确能够运用互联网技术实施强制性行政行为的主体,不仅要明确哪些行政机关能够推行互联网技术应用,并在明确行为权限的基础上进一步确定技术权限,还要规定操作线上系统的行政人员之资质条件;(4)要明确能够以互联网技术实施的强制性行政行为的具体范围和种类,对于有些行政处罚、强制的作出必须当面说明理由、听取相对人申辩的,不得直接通过互联网技术手段作出;(5)要明确利用网络技术实施行政行为的具体方式,如行为作出的流程(申请、制定、送达等)、形式(文本、表格等)及其对应的法律效力;(6)要处理好线上与线下两种行政行为方式之间的并列、替代或者衔接关系,为防范网络普及度不足、技术性风险出现,应保留非技术性的行政行为方式,结合行政相对人的违法情形作出合理选择。

(二)非强制性行政行为方式与信息技术融合的规范化

非强制性行政行为在互联网公共治理中的适用是服务理念与合作理念的重要体现,其与网络技术的结合,助推着非强制性行政行为适用空间的扩展,更好地彰显了互联网时代服务、民主、效能等价值观念。互联网技术是实现政府与互联网社会主体、公民平等协商、交流互动的重要纽带和媒介,网络技术在推进服务供给、数据共享等非强制性行政行为方式创新的同时,也为行政协议、行政指导等行为的适用提供了更高效、更便捷的载体形式。虽然对非强制性行政行为的适用不能严格坚持"无法律即无行政"原则,否则将压制行为过程的创新性,但是型式化不足与正当性规制欠缺使其具体适用难以达到预设目标。② 实践中,基本行为规范缺位导致诸多非强制性行为在互联网技术适用中出现过度依赖电子化、对系统风险反

---

① 参见马颜昕:《自动化行政方式下的行政处罚:挑战与回应》,《政治与法律》2020年第4期。

② 参见崔卓兰、刘福元:《非强制行政行为制度化探微》,《法制与社会发展》2011年第3期。

应不及时等与服务或合作理念相违背的现象,使电子化、数字化反而成为政府懒政怠政的手段。对此,一是对不同行为方式适用网络技术手段的规范完善,要与非强制性行政行为范畴的拓展同步展开,对各类行政方式开辟"线上"渠道的条件加以限定。二是要以提升服务质量为原则,明确互联网技术在行政许可、行政确认、行政保障、公私合营等领域应用的具体条件、标准,如权限、资质、周期、环节等方面的基本要求,防止政务工作过度依赖技术手段或在技术改造中出现异化。三是推进线上申请、受理、审批、竞标等操作过程和依据的公开,并完善技术适用的监督规范,明确上级行政机关或特定政务服务监督部门就线上服务质量进行监督的权限及启动监督的法定情形,对行政许可、行政给付等事项的网上审批进度及政府采购网上招投标的流程进行监督,避免政府工作人员利用自动化技术来规避自身义务。四是将调查和评价融入完整的行为过程当中,强调用户体验收集,形成配套机制。面向用户体验来深化"互联网+政务服务"改革,是服务型政府建构的必然选择。[①] 应明确由各级人民政府设计核心指标,各职能部门围绕核心指标设计调查问卷,规定各职能部门提供线上服务后,积极收集用户意见建议。针对政务平台运营形成调查机制,并与监督机制联通,将用户体验不佳作为启动监督的法定情形之一,督促服务评级差的部门及时进行整改,保障服务质量。

第三节　互联网公域治理过程交互性与行政程序法构建

政府、互联网社会主体、公民就互联网公域治理议题开展平等协商、交流互动,使治理方案不再是一个冷冰冰的决定,而是表现为多元主体分工合作、相互促进,共同探索治理有效性的动态过程,从而凸显了关注公共行政过程与完善行政程序规则的必要性。随着互联网公域治理的推进,政府与社会主体彼此的地位正趋向平等,推动着行政法律关系从失衡向平衡转化,使对应的行政程序法构建面临着控权与平衡的双重命题。由此,应当立足于互联网公域治理过程的交互性,以行政程序法的价值理念的革新为基础,推进合作型、包容型、应急型行政程序法的构建,实现对电子化、数字化行政过程的有效规制,回应互联网系统性风险防控的现实需求。

---

① 钟伟军、王巧微:《地方政府深化"互联网+政务服务"的实践逻辑》,《湖南行政学院学报》2019年第6期。

一、互联网时代行政程序法的价值理念革新

总体而言,行政程序法的建构主要从理念与制度两大层面展开,程序理念指引程序制度的发展方向,程序制度的发展情况则反馈于程序理念,促进理念的反思和创新。[①] 行政程序法价值理念的建构,主要集中于对其自身的价值目标和功能导向的探讨,立足于解决其目标定位与作用机理问题。在不同的社会发展阶段及对应的公域治理模式中,行政程序法的价值理念也处于不断变换调校之中,指引着行政程序法理论和规范体系的构建完善。因此,互联网时代公域治理变革及其对行政法发展的需求,必然推动行政程序法价值理念的革新。

总体而言,行政法理论基础从管理论向控权论、平衡论发展,与行政程序法价值理念的革新息息相关。早期以管理论为基础形成的行政程序法以保障政府权力有效行使为核心目标,以提高政府行政效率为制度追求,形成围绕政府行政活动展开的逻辑脉络。随着市场经济的发展,人们对有效限制行政权的介入和滥用,防止政府对私人生活过度干预的愿望愈发强烈,以"法无规定不可为"为内核的控权理论成为行政法的理论根基,与之对应的行政程序法也以规范行政行为行使为目标,正当程序原则主要体现为对保证行政行为合法性的强化。[②] 互联网公域治理变革摆脱了传统政府管理模式下权力主体单一化、权力运转单向度的形态,使单纯强调管理、控权的行政法理论基础面临正当性质疑。行政法平衡理论由于强调对"控权"和"保权"的统筹兼顾,对多元主体利益的平衡协调,以及对"权力—权利"结构的平面改造,能够有效弥补"管理论""控权论"的理论欠缺,这为支撑互联网公域治理变革语境下行政法的发展奠定了理论根基。与此相对应,行政程序法应以强化互联网社会主体、公民对互联网公共事务治理的广泛参与为价值目标,以规范和引领政府、社会主体的公权力行使,提升治理方案的可接受性为功能导向。以平衡论为理论基础,行政程序法必须秉持"最低限度公正"的观念,依托互联网信息技术的融入和改造,构建常态化的政府信息公开程序、网络听证程序等。

互联网公域治理变革下行政法理论基础的发展,指引着行政程序法价值理念革新。政府、互联网社会主体、公民等多元主体在互联网安全监管、

---

① 王锡锌:《行政程序法理念与制度:发展、现状及评估——兼评〈湖南省行政程序规定〉正式颁行》,《湖南社会科学》2008 年第 5 期。

② 参见罗豪才等著:《现代行政法的平衡理论(第二辑)》,北京:北京大学出版社 2003 年版,第 90 页。

公共服务供给、产业体系创新等公共事务治理中分工合作、协商互动,改造了政府管理模式下行政权力单向度运行的形态,塑造了以交互性为基本表征的行政行为类型,进一步明确了行政程序法价值理念革新的框架思路。尽管随着行政国家的发展,行政法理论和实务界已经认识到以司法审查的方式来实现控权的作用是十分有限的,从而逐渐开始挖掘行政程序法对强化行政过程事中控制的积极作用,但是囿于政府管理模式的影响,行政权力运行依然呈现出单向度、封闭性的特征,强制性行政行为的适用令政府与行政相对人始终处于"命令—服从"的关系结构当中,行政的过程性并不凸显。故传统行政程序法更加注重通过程序的合法性来防止行政权的滥用,以规避行政权违法行使的现象。互联网公域治理的交互性突出了行政过程的复杂化,政府与互联网社会主体、公民旨在通过协商互动的过程来提升公共决策、行政决定等治理方案的民主正当性。故行政程序法不应当只是关注规范公共权力的行使,而应更多地挖掘交往过程本身所蕴含的民主正当价值,力图以彰显一种平等性、商谈性、开放性、合作性的程序设计来保障社会主体、公民参与治理实践。故在配套的行政程序制度安排中,应融入协商、民主等价值理念,彰显互动、融合、引导等功能导向。换言之,互联网公域治理过程的交互性,要求行政程序法不能以政府与社会相互对立的关系结构为基础,单纯追求程序控权的价值目标,而是应促进政府、互联网社会主体、公民等多元主体的利益诉求都在协商互动中得到充分反映,使网络秩序建构、服务供给等公益的维护与社会主体私益的保障在治理活动中得到有效兼顾。

面向互联网公共治理任务,政府尝试以"沟通与合作"为表征的协商型行政模式改造成"命令与服从"为表征的强制性行政模式,凸显了规范行政过程的重要意义。由此,行政程序法也迫切需要从辅助行政行为法实施的工具定位中谋求转型,在发挥工具理性的同时,体现程序法独立于实体法的功能,形成行政程序法对于调整交互式治理过程具有重要功能作用的准确认知。一是行政程序法要关注行政过程的民主正当性,在互联网公域治理过程中促进政府、互联网社会主体、公民等多元主体利益的统合与平衡;二是行政程序法要引领、保障和规范协商型行政行为在互联网治理实践中的适用,在行政程序规则设定和实施过程中体现交往理性理念,从而指导合作型行政程序建构,为多元主体就互联网公共事务进行平等协商、交流互动提供制度支撑;三是行政程序法要突出其在互联网公共系统性风险防控和电子化、数字化行政行为方式规制等领域的重要价值,弥补实体法在应对由互联网技术应用引发的公共问题时暴露出来的滞后和欠缺,着力提升技术治理的有效性。

二、行政法律关系平衡与合作型程序法构建

在传统政府管理模式下,行政权力急剧扩张,政府参与到社会生活的方方面面,形成对公共秩序良性运转的有力保障,但同时也诱发了行政权肆意侵入社会与公民自治范畴,侵犯私人利益的风险。在承认行政权扩张的基础上,如何在传统的事前控权、事后救济渠道之外,寻求新的方式和途径来积极控制行政权行使,成为现代法治建设需要积极探索的重要课题。"程序决定了法治与肆意的人治之间的基本区别。"[①]通过行政程序法的建构,强化对行政权运行的事中控制,是弥补以"权力控制权力"的控权模式之不足的有效措施。互联网公域治理变革推动了传统政府管理模式的更迭,将治理逻辑融入到公域秩序建构、公共服务供给、公共风险防控等网络公共事务治理当中,形成政府、互联网社会主体、公民等多元主体平等协商、协同共治的交互式治理图景,从而对政府管理模式下呈现出来的权力单向度行使的失衡结构产生冲击。行政法学界普遍认为,制定统一的行政程序法是实现我国行政法治的必由之路。[②] 面对互联网公域治理过程的交互性,管理或控权只涵盖了行政程序法的部分功能。只有顺应网络时代行政程序法价值理念的革新,立足行政法律关系从对抗失衡向合作平衡演变的规律,推进合作型行政程序法体系建构,才能真正实现民主正当、分工合作、协商共治等多元价值的统合。

行政法是调整行政关系的法[③],行政程序法对行政过程的调整,实际上是对行政过程中产生的一系列行政关系的调整。互联网公域治理过程的交互性,从本质上体现了互联网社会主体、网民治理主体地位的确立,以及其与政府的法律关系逐渐趋向平衡。迫使政府放弃对权力的迷恋,并就网络公共问题治理积极与社会主体展开协商的前提,是社会主体依托网络资源的积聚和占有取得一定的话语权,以及网络平台攫取了足够引发政府重视的舆论资源。换言之,多元主体参与协商共治的基础,是彼此之间资源与地位的相对均衡,只有均衡才能实现对话。随着政府与互联网社会主

---

① Justice William O. Douglas Comment in Joint Anti-Fascist Refugee Comm. v. Mcgrath, see United States Supreme Court Reports(95 Law. Ed. Oct. 1950 Term)[R]. The Lawyers Cooperative Publishing Company,1951, p. 858.

② 应松年:《制定统一的行政程序法:我国行政法治的必由之路》,《中国司法》2006 年第 7 期。

③ 姜明安主编:《行政法与行政诉讼法》,北京:北京大学出版社、高等教育出版社 2015 年版,第 18 页。

体、公民协同治理进程的深入,多元主体之间的关系在分工合作、公益与私益交融之中愈发密切和平衡,肇始于社会发展而展开的协同共治也在追求更好治理的目标指引下,内化为协商民主、平等合作等价值理念。可见,互联网公域治理的交互性,无论从协商机理还是从协商过程而言,都促进了一种平衡关系的生成和发展。且依托于行政组织法与行政行为法的完善,这种平衡关系也将伴随主体地位和行为形式的法治化,呈现为行政法律关系的平衡。显然,多元主体间的平衡关系,实质上是典型的合作治理关系,其产生于互联网公域治理主体平等合作的过程中。因此,以往关于行政程序法建构的设想,应深耕于行政法律关系从"对抗失衡"向"合作平衡"的演变,从单纯强调控权的行政程序法模型设定中抽离出来,充分凸显民主正当、分工合作、协商共治的价值目标,并以此为基础来推进合作型行政程序法构建。

合作型行政程序法的构建是对控权逻辑与合作逻辑的有效融合,其能够关注到互联网公域治理过程中的协商性、交互性、平等性、主动性,主张即便是控权也应是民主的控权、彰显权利的控权,进而在控权的过程中体现程序自身的价值,以及对互联网社会主体、公民权利诉求的反映。换言之,互联网合作治理的程序制度构造,主要以实现政府内部的沟通合作,以及政府与互联网社会主体、公民等多元主体的合作共治为目标指向。其既要求在复杂的互联网公共事务中确保行政权力的依法行使,又要求通过拓宽互联网社会主体、公民等多元主体参与共治的渠道,在协商互动、利益博弈中达成治理方案,从而淡化传统政府管理过程的单方性、强制性,增强互联网公域治理过程的回应性和开放性。具体路径为:

一方面,构建合作型的行政立法程序。保障民主参与是行政立法的正当性基础。[①] 与政府管理语境下的"公众参与"相区别,在互联网公域治理中,社会主体、公民的地位不再被动,不再只是政府就互联网相关行政法规、规章等规范性文件制定出台征求意见的对象,而是要求以治理主体的身份参与到这些规范性文件的起草、制定、修订等过程中,与政府及其职能部门共享行政立法权,凸显了其与政府之间的平等地位。故相配套的行政立法程序应当平等赋予互联网社会主体、公民享有立法制定修改的请求权,并立足于协商立法反复交互的过程,制定完善的商谈规则。(1)要完善立法的协商、表决程序。目前,有关互联网发展、监管的行政法规、规章及其他规范性文件的制定修改,大多以政府为主导,缺乏互联网行业协会、企

---

① 姜明安主编:《行政程序研究》,北京:北京大学出版社 2007 年版,第 61 页。

业、平台和公民的参与,导致公信力不足,实施成效堪忧。完善协商、表决程序,要求各级政府及其职能部门与互联网社会主体、公民相互联动,形成具体的协商规则,建立社会主体、公民参与协商的渠道,坚持凡涉及技术创新、产业发展、服务供给等领域的公共事务,必须有一定比例和数量的互联网企业、平台、公民参与,平等赋予多元主体表决权,减少政府对行政立法事项的垄断。(2)要完善征求意见程序与专家论证程序。为防止协商过程所涵盖的对象不够全面,仍应继续保留和发挥好征求意见程序和专家论证程序的重要作用。对于"互联网＋政务服务"、互联网技术应用等与互联网社会组织、公民网络权利息息相关的行政立法草案,应广泛借助政府门户网站、互联网平台来发布征求意见稿,并将反馈的意见建议进行整理汇总,对于采纳的意见建议给予采纳报告。同时,要建立决策咨询机制,支持政府与社会主体加强合作,邀请网络技术开发者、互联网平台经营者就互联网重大公共决策进行论证,最终形成可行的治理方案。(3)健全互联网相关行政立法的公开程序。长期以来,与互联网安全监管、行业发展相关的行政立法往往囿于缺乏对外公开,造成互联网企业、平台、公民在互联网活动中容易僭越规则设定的禁区。健全行政立法的公开程序,目的就是要充分发挥互联网相关领域行政立法的明示作用和预测作用。这要求各级政府及其职能部门要搭建与微信、微博等互联网平台联动的官方信息发布平台,并鼓励、支持各类互联网行业协会、平台建立行政立法信息公开渠道,积极与政府信息公开网站开展合作等。

另一方面,构建合作型行政任务执行程序。现阶段,除了政府与互联网社会主体依据法定的职能进行互联网公共事务的治理分工以外,政府与互联网社会主体就行政任务展开合作,主要表现为在互联网安全监管、服务供给、风险防控等互联网公共事务治理中广泛适用协商合作的方式,其合作载体通常是行政协议。政府与互联网社会主体、公民签订、履行合作协议的过程,需要构建相应的程序制度予以规范。(1)合作对象选择的程序。政府与互联网社会主体的合作治理,本质上是以民主协商为基础的,合作的民主正当性可以通过程序公开和责任明确来补强。一是应注重合作项目公开招标程序建构,对于合作对象的选择应适用竞争性方式,政府职能部门应采用招标、竞争性谈判等方式来选择条件相对较好的互联网企业、平台作为合作相对方,并向社会公示;二是要同步构建合作信息公开程序,政府职能部门在与互联网企业签订合作协议前,要完整披露合作的目标、任务、时限、评估标准、权利与责任等内容,也要公开协议订立过程的合意情况以及相关的协议内容。(2)构建合作监督的程序。一是要委托具有互联网技术资质的社会主体,监督合作协议的具体执行情况;二是要强化政府职能部门对合作相对方的管理,通过技术媒介来定期检查参与合作的互联网社会主体对法律法规的实施、对协议内容的履行、对技术规范的遵守等执行情况,并将监管工作报告向有利害关系的社会公众公开;三是针对互联网企业、平台出现未履行或者未充分履行行政协议的情况,行政程序法应当设置撤销后的临时替代程序,尤其对于承担着重要的公共服务供给职能、公共风险防控职能的互联网社会合作主体,设置撤销后的临时替代程序至关重要。

三、"互联网十"行政行为方式的程序法规制

行政程序法对互联网公共治理过程的调整,需要重点关注各类行政行为实施过程中信息技术应用的规范性问题。如前所述,互联网信息技术是互联网公域治理中公共行政的重要工具,是政府连接虚拟公域、畅通与社会公众的交流渠道、改善与社会主体相互关系的重要桥梁和媒介。行政行为方式与互联网信息技术的紧密融合,是政府自觉适应互联网信息技术革新,实现行政行为方式创新的必然选择。随着互联网技术的飞速发展,政府门户网站、政府手机客户端越来越普及,信息技术已经融入到各类行政行为的适用过程中,成为公共行政的重要方式。在互联网公域治理变革与服务型政府建设的特定语境下,"互联网十"行政行为方式也应顺应治理变革的基本规律,秉持服务思维,避免信息技术应用沦为政府强化监管的工具。这意味着,行政法要调控互联网技术应用的"度",在合法性与正当性之间谋求制度平衡。这单纯仰仗于行政行为法远远不够,还需发挥行政程序法的价值功用。

对于强制性行政行为的实施而言,合法性始终是保障行政行为正当性的内核,合法性的判定不能忽视程序合法这一重要标准。也就是说,强制性行政行为合法必须满足程序合法这一基本要件,违反法定程序的强制性行为必然遭受合法性诟病,面临合法性质疑。但与传统行政行为方式相比,互联网信息技术具有高度的虚拟性,其推动行政行为方式从场景化、纸质化向虚拟化、电子化的方向转型。故依托于传统行政行为方式形成的法律程序规定并不能与"互联网十"行政行为方式形成一一对应的关系,从而导致"互联网十"行政行为方式普遍处于规制缺位甚至违法的状态。[①] 虽

---

① 参见杨桦、黄喆著:《电子化行政行为及其法律规制》,广州:广东教育出版社 2014 版,第111 页。

然强化行政程序法规制成为一种必然的趋势,但是互联网信息技术及其应用的日新月异,又决定了在程序上严格遵循合法行政原则几无可能,毕竟一味强调合法性将会使制度相对于实践始终处于严重脱节的状态。因此,对于"互联网＋"行政行为方式的程序规制,应当平衡合法性与正当性两方面的要求。第一,行政程序法建构应处理好"互联网＋"行政行为程序与传统行政行为程序的兼容问题。一是对于法律法规规定的行政处罚、行政许可、行政强制等行政行为实施过程中必须遵守的程序事项,政府不得以运用信息技术手段为由予以简化,以减轻自身负担;二是涉及运用互联网信息技术改造受理、立案、告知、送达等程序的履行方式,应当通过完善程序规则,明确新拓展的程序履行方式的法律效力,尤其是要明确自动审核、自动受理、自动回复等自动化程序的法律效力,并保留传统的程序设计,赋予行政相对人自由选择程序的权利,而不是被动地接受电子化方式,或者在面临技术失灵时缺乏备选程序。第二,应当以服务于行政相对人为互联网信息技术融入的价值理念,而非以便利政府为程序设计的价值追求。一是要缓解互联网信息技术机械化操作对行政相对人权益保护之不足,如在经过电子行政处罚程序之后,要赋予行政相对人相较于传统行政行为程序更为充分的申辩时间和空间;二是应遵循行政程序法的最低限度公正原则①,政府在运用信息技术来提高行政行为实施效率的同时,也要相应地配套提供材料备份备案、行为理由说明、信息公开、行为过程监督等有利于保障行政相对人的程序规则。第三,对于"互联网＋"行政行为程序是否合法的问题,应当以是否增加行政相对人负担为标准进行判断。也就是说,若对传统强制性行政行为程序进行技术变通增加了行政相对人的负担,则其必须严格受到合法原则的控制;若通过互联网技术引入能够减轻行政相对人的负担,并将合理要求、比例要求一同纳入考量范围当中,则不轻易认定其违法。

对于协商型行政行为的实施而言,提升行政行为的民主正当性是其追求的价值目标,其本质是对服务型政府建设工程的促进。通过互联网信息技术的引入,为协商型行政行为的实施提供便利条件,并防止其偏离民主协商、平等合作的初衷,是贯彻和提升行为过程正当性的必然选择。"互联网＋政务"改革本身便是建设服务型政府的有效进路,其与协商型行政行为的适用都秉承"服务于民"的理念。故若对应的行政程序法严格坚持以合法原则来衡量行政行为技术改造的尺度,不仅无助于协商型行政行为在

---

① 参见江必新:《行政程序正当性的司法审查》,《中国社会科学》2012年第7期。

互联网公域治理中的适用,还有可能囿于技术应用的障碍,导致民主协商难以有效推进。因此,在互联网公共治理语境下保障多元主体协商共治的实现,要求程序法为信息技术创新应用预留充足的空间。其一,支持各级政府及其职能部门在服务外包、公私合作等合作过程中自主探索运用信息技术促进合作的方式,如通过互联网平台发布合作要约、进行沟通协商。其二,通过信息技术应用来规范合作的整体过程,促进合作的有序开展。例如,利用较有影响力的网络平台发布招投标公告,利用互联网技术远程监控合作相对方履行行政协议的情况,利用大数据技术评估合作的整体效益,等等。其三,通过互联网技术来打通政府与社会的合作壁垒,促进信息资源流通和数据共享,避免由于信息交流不畅而影响合作的成效。

四、互联网风险防控与应急型程序规则建构

任何事物的发展都存在辩证的两面。互联网一方面改变了人类生产生活的方式,推动了经济、政治、社会、文化的整体发展;另一方面又使公域结构呈现开放化的状态,加剧了诱发公共风险的可能。在互联网公域中,信息与知识逐渐取代了物质能源,成为影响公域环境的关键要素,以及重塑公域结构的重要力量。同时,基于知识、信息和技术的不确定性,互联网自身也正在成为新公共风险的来源。[①] 可见,风险往往容易产生于一个开放的系统结构中,受到客观环境和人类活动之双重影响。[②] 总体而言,互联网公域的系统性风险主要来源于主观与客观两个层面:(1)主观上,互联网系统性风险表现为一种人文性风险,网民、网络群体在利用互联网平台攫取政治参与权、监督权的同时,其思想、情绪、观念也随着社会利益的分化而呈现出多元性、多变性的特征,从而容易对主流意识形态产生冲击,造成意识形态风险。另外,价值观念的分化也使政府工作面临更多不同声音的质疑和批判,间接形成网络群体事件频发的风险源,且当舆论缺乏理性控制时,也会使网络暴力、暴政现象滋长蔓延。(2)客观上,互联网公域在时空上具有虚拟性、跨地域性的典型特征,社会中的各要素在互联网时代迈向更高程度的相互依赖,由此也造成了社会问题的放大效应,导致社会系统的脆弱性。尤其是病毒、黑客等技术性风险极其容易生成、扩散和传播,这成为了所有用网者的隐忧。

---

① ［德］乌尔里希·贝克著:《世界风险社会》,吴英姿等译,南京:南京大学出版社 2004 年版,第 181 页。

② 参见沈岿主编:《风险规制与行政法新发展》,北京:法律出版社 2013 年版,第 63 页。

互联网公域的系统性风险是潜在的,其既可能是正在发生的,也有可能是随时爆发的,这是风险的本质属性所决定的。显然,在互联网公域内,风险影响的范围更广,爆发的随机性更高。故有效规制互联网公共风险,必然是现阶段政府所面临的极具紧迫性的行政任务。与传统行政活动相区别,风险规制是一种面向未来的,具有预测性和不确定性的行政活动。因此,对未来知识认知吸收不充分、不全面的行政法,难以为政府风险规制活动提供完备的合法依据。这意味着,要实现风险规制过程的行政法治,以促进风险规制的有效性,必须在保持行政实体法相对宽松的情境下,推动风险规制程序规则的发展。正如有学者提出的,风险行政程序法是以结构化方式规范风险治理主体行为的行政法规范,其功能是克服风险治理主体的"知识贫乏"和"价值冲突"问题,将保障个人权利、维护公益、确保行政科学性和民主性作为价值取向,并呈现为一种网络状态。[1] 互联网系统性风险的不确定性、失控性和影响广泛性等基本表征,决定了对应的行政程序规则建构应当重点对风险的应急规制程序作出规定。当前,我国为风险规制进行了大量立法,如《突发事件应对法》《食品安全法》《安全生产法》《环境保护法》等,并于 2018 年 3 月成立了专门的应急管理部,但对互联网公域系统性风险应急规制的关注仍然不足。由此,应根据互联网公共风险的程度、阶段及其发生机理和演变规律,制定应急启动程序、运行程序、退出程序等,并促进程序之间的相互衔接。

第一,构建应急启动程序。实施应急程序,代表着对互联网公共风险的规制进入了一个非常态化阶段。在这个阶段中,政府监管部门为了尽快化解互联网风险,有可能获得比正常秩序状态下更大的行政权力,极易对互联网企业、平台、公民的权益造成损害。故构建应急启动程序,对外起到明示作用,提醒互联网社会主体、公民做好进入特殊状态的准备,以及推动社会对程序启动的必要性进行监督;对内是有效统筹各个互联网监管部门职能的前提条件,也可以进一步强化内部监督,督促监管部门积极履行防控职能。

第二,构建风险评估程序。风险评估是风险规制的前提和关键环节,只有对可能出现的互联网公共风险进行准确评估,才能启动对应阶段、程度的应急程序。故各级政府及其互联网安全监管职能部门应当连同互联网行业协会、企业、平台、技术专家等主体,建立常态化的风险评估机制。风险评估程序的运行可以贯穿到日常工作中,从而对风险的具体程度和范

---

① 戚建刚、余海洋:《统一风险行政程序法的学理思考》,《理论探讨》2019 年第 5 期。

围形成一定的预判。但在风险爆发时,应当重新启动风险评估的应急程序,防止风险评估判断受到经验思维的影响,陷入教条主义桎梏,从而形成误判。

第三,构建应急风险规制的沟通程序。化解互联网公共风险不能单独依靠行政机关的决策和执行,其应是一个多元主体群策群力的过程。政府依然要充分发挥互联网行业协会、企业、平台的技术性优势,并且吸收专家、公众的有益建议。当然,从应急程序应尽可能简化启动步骤的原理出发,不可能在应急过程中还要求政府就拟采取的措施进行广泛的听证,故应选取具有代表性的互联网社会主体、专家等参与沟通协商。例如,就技术性风险而言,应选取从事同类技术开发运营的互联网企业、平台,或者从事该项技术研发的专家,以及正使用与该项技术相关的客户端、终端的网民就风险规制措施发表意见,并根据沟通的需要,设定具体的沟通时间、媒介等内容。

第四,构建应急风险规制的终止程序。应急程序的启动不仅要遵循必要性标准,还要受到时效性限制。特别是互联网技术应用的普及化,以及人们对互联网技术应用的依赖,决定了应急程序持续时间不受限制会导致互联网技术平台营利受影响或者公众无法正常享受相应的便利。故当应急程序结束时,政府应正式对外公布,让社会公众清楚正常状态已经恢复、转接,且政府应当在事后对应急过程中使用的经费、手段等内容及其具体使用理由予以说明。

第四节　互联网公域治理纠纷复杂化与行政救济法回应

互联网公域多元化治理纠纷的解决,仰仗于行政救济理论与制度体系对自身面临问题的有效回应。这意味着,一方面,应正视互联网公域治理中公法与私法融合适用的现实图景,明确政府与互联网社会主体合作的法律属性,并通过建构多元化的行政救济理论,以及厘清公权力责任归属,破解互联网公域治理变革语境下行政救济制度发展的理论桎梏;另一方面,应以行政救济理论革新为基础,通过进一步拓展和明确行政救济的受案范围,以及构建多元化的行政救济渠道等手段,推进行政救济制度完善,以化解互联网公域复杂性的治理纠纷。

一、公私融合:破解行政救济制度发展的理论桎梏

任何一种成熟的制度,都需要正确的理论作为指引和支撑,且理论还

必须与时俱进、适时革新。要推动行政救济制度的完善,以有效回应互联网公域复杂化治理纠纷救济的需求,前提是要破解当前行政救济制度发展所面临的理论桎梏。在互联网公域治理中,政府与互联网社会主体、公民的地位趋向平等,利益关系趋向密切,治理方式与治理目标也在协商合作的语境下趋向协调。这表明,行政法救济理论不能再深陷于"非此即彼""两造对抗""单一闭塞"的思维限制中,应当从困顿中挣离,形成一种公私融合、和谐互动、多元衔接的理论范式。

(一) 行政协议属性界定要跳脱"非公即私"的纠结

政府权力退缩与社会权利(权力)发展,政府与社会的关系逐渐从二元对立走向互动交融,是互联网公域发展的客观规律,且随着治理模式的兴起,公法与私法的界限也出现一定的模糊性。"公法私法化"与"私法公法化"已经成为推进治理法治化不可逆转的趋势。此时,仍过度强调和坚持行政协议法律属性界定的"公私分立"及其对应法律救济渠道的"公私分野",必然会导致互联网公域治理中的行政纠纷解决诉求与严格适用公法救济的解决路径难以实现有效对接。

日本行政法学者盐野宏认为,"现代行政法不该拘泥于公、私法的区分,而应全面考察行政法的现象,并探究有关行政特有的法理"①。我国行政法理论与实务界也应当适当放下对"行政性"的强调,逐渐重视"协议性"的本质特征,尝试在一种公法与私法相互融合、混合适用的语境下,考察行政协议履行过程中出现的问题,特别是行政协议纠纷的救济问题。② 在此基础上,进一步调整"行政协议关系只能由公法加以调整"的观念,兼顾民事诉讼、仲裁等民商事救济途径对行政协议履行过程中纯粹的民事违约纠纷的救济作用,采用"混合法"的法律救济模式。这类似于德国"双阶理论"所提倡的法律分析模型。换言之,将特定的行政行为划分为不同的层次,并依据不同性质的法律对其进行调整。这种公法规则与私法规则混合适用的模式,能够充分适应互联网公域合作治理多元化纠纷解决的诉求,在互联网公域治理纠纷化解中拓展更多意思自治、自由选择的空间,有效保障政府、互联网企业、平台的权益,在互联公域范围内促进公益与私益的协调,以及公域的和谐发展。

(二) 关于"行政协议"界定标准的商榷

《行政协议解释》对行政协议的概念界定采用了四重标准,其目的是尽

---

① [日]盐野宏著:《行政法》,杨建顺译,北京:法律出版社1999年版,第38页。
② 新的《行政协议解释》加入了对行政协议违约纠纷的裁判,恰恰凸显了这种趋势。

可能全面地描绘出行政协议的基本轮廓。然而,标准的庞杂或多或少地折射出行政协议核心标准的区分困难,导致行政协议范围的模糊性。究其根本在于,没有立足行政救济制度建构的初衷,清晰地把握行政协议与民事协议需要分而论之的原因,从而造成互联网公域治理中诸多的公私合作协议纠纷由于难以归入《行政协议解释》所列举的具体某一项行政协议类型而未能纳入行政诉讼当中寻求救济。因此,要尝试对《行政协议解释》中"行政协议"的判定标准作进一步提炼。

首先,行政优益权的存在。行政协议关系一般具备权力与权利双重属性,且两者按照一定的规律和谐共存。这种存在于协议当中的行政权力,就是行政优益权,法国行政法将之列举为合同履行的指挥权、单方变更协议标的权、单方解除权、制裁权等。[①] 因这种行政权力专属于行政机关,故其为民事协议的主体所不能享有,故也为民事规范所不能调整,一旦行使即产生行政法上的权利义务关系。由于政府与互联网企业、平台等社会主体的合作协议大多面向基数庞大的网民群体的需求,围绕互联网公共安全监管、公共服务供给等公共事务展开。因此,其对应的合作协议中往往包含了政府能够出于公共利益考量而行使协议单方撤销权的相关内容。

其次,权力的待行使状态。在行政协议中,行政机关的权利基于协议约定而产生,当其单纯行使权利时,行政权力未发挥实际作用,所产生的法律关系与传统的行政法律关系不同,但又不能将之完全等同于民事协议关系。纯粹的民事协议中并不存在行政优益权条款,虽然在诸多互联网合作协议纠纷中,行政优益权没有实际行使,但是其依然能对参与合作的互联网企业、平台产生威慑力,能够起到显著的督促作用。亦即,在互联网公域治理中,政府基于技术服务外包、网络基础设施建设等事项与互联网社会主体签订的合作协议,内含着维护公共事务治理和公共利益的需求,故大多订立有行政优益权条款。如果缺乏对行政优益权条款的考察,只是简单参照《行政协议解释》中关于"行政协议"的认定标准和列举范围,则容易将部分互联网合作协议纠纷排除在行政诉讼救济范围之外。

最后,协议纠纷救济并非只能适用行政诉讼,其存在寻求民事救济的可能性。倘若行政协议相对方由于不履行协议义务而构成违约,协议双方产生的纠纷属于平等主体之间的民事纠纷,故可以寻求民事诉讼、仲裁救济。若行政机关只是单纯不履行或者瑕疵履行协议义务,产生的争

---

① 王名扬著:《法国行政法》,北京:中国政法大学出版社 1988 年版,第 195—196 页。

议也与行政权力的行使无关,同样可以适用民商事救济渠道。可见,行政诉讼中对行政协议的"行政性"进行界定,核心标准应当是存在合法行使公权力的可能性,而非必然性。也就是说,在不存在合法行使公权力的可能性时,该协议也一定不是行政协议。这对互联网公域合作治理中的复杂化纠纷属性的认定具有理论指导性。一方面,防止将诸多纯粹的民事协议纠纷纳入行政救济渠道寻求救济,减少公共利益因素对私人利益保护的影响;另一方面,明确将典型的行政协议纠纷纳入行政救济渠道中,形成对政府权力的有效控制,避免其在与互联网企业、平台的合作中侵犯企业权益。

(三)行政纠纷多渠道救济的理论完善

从互联网公域治理纠纷化解的实践状况来看,传统行政救济理论在应对治理纠纷复杂化的发展趋势时已尽显疲态,逐渐打破了行政法治关于"权力需要制约、权利需要保护、有损害必有救济"的理想图景,出现现有救济制度与复杂化互联网公域治理纠纷解决诉求的相互背离。故应当积极转变传统行政救济观念,正视私法规则对于公法争议解决的重要价值,充分挖掘司法外救济路径,构建多元化的救济理论。

一方面,受公法与私法分立观念的影响,学界通常认为,行政协议纠纷必须交由以行政诉讼、行政复议为代表的公法救济途径加以解决,从而长期忽视私法救济对解决公法纠纷的重要价值。西方国家通过实践证明,私法救济解决行政协议纠纷具有其独特的优势。因此,在凸显行政协议"协议"属性的基础上,现有的行政救济理论要正视调解、仲裁等传统民商事纠纷救济渠道在解决公私合作协议纠纷问题上的合法性与正当性,将之整合到行政协议纠纷的救济体系中来。这至少包含两个层面的内容:一是进一步划分不同救济机制各自的功能和适用范围;二是探讨不同救济机制之间的衔接和转化。另一方面,针对互联网公域治理中普遍适用协商型行政行为产生的纠纷,除了诉讼、调解、仲裁等正式救济渠道外,行政救济理论还可以对非正式救济制度建构的可行性进行探讨。或许在未来,"公权力不可处分"原则的束缚会进一步松绑。此时,互联网社会组织围绕互联网企业、平台的公权力侵权纠纷而自发构建起来的救济机制,也会在治理纠纷解决中发挥作用,这些都需要我们进一步拓宽研究行政救济理论的视野,对现实需求予以关注。

二、多元衔接:互联网合作治理纠纷救济制度完善

"利益是各个人所提出来的,它们是这样一些要求、愿望或需要,如果

要维护并促进文明,法律一定要为这些要求、愿望或需要作出某种规定。"①回应互联网公域复杂化治理纠纷的解决诉求,推进互联网公域治理变革与法治建设的同步展开,需要以行政主体论、行为论、救济论的整体革新为基础,推动行政救济制度突破公私分野的结构性桎梏,朝着公私融合、多元衔接的方向转型、完善和发展。

(一) 互联网社会公权力侵权救济难点的破解

在互联网公域治理中,互联网行业协会、平台获取公权力的渠道具备多样性,可能来源于法律法规授权、行政机关委托、自治章程等内部规范的约定,或者其与政府签订合作协议的变相赋权。这些公权力与互联网社会主体在互联网公域治理中所承担的职能相互对应,从而为社会主体参与互联网安全监管、公共服务供给、公共风险防控等公共事务治理提供了重要支撑。但实践中,互联网社会主体行使公权力所造成的对组织成员、网络用户权益损害的现象也广泛存在,并且仍有诸多纠纷未得到有效救济。对此,应当结合互联网社会公权力来源的差异性,对当前行政救济制度存在的欠缺作出回应。

(1) 依托于行政组织法、行政行为法的革新,拓展行政复议被申请人、行政诉讼被告的类型,并同步拓展行政复议与行政诉讼的受案范围,从而将互联网行业协会等社会公权力主体及其依据自治章程、管理规约作出的行为依法纳入到行政复议、行政诉讼的调整范畴当中。在互联网公域治理过程中,诸多互联网社会主体借助技术优势、用户资源或者公共权威而实际行使着各类公权力,并运用公权力来实施强制性治理行为,这已然对一定范围的成员、用户造成损害,故应当为合法权益受到权力侵害的相对人提供救济。显然由于此情形下互联网社会组织是基于行业管理的需要作出相应的强制行为,其行使的权力本身来源于成员集体的权利让渡,基于此产生的纠纷并非平等主体之间的私权纠纷,难以寻求普通的私法救济。然而,既有的《行政复议法》《行政诉讼法》同样不能为此类行为提供明确的审查规范和有效的救济依据,需要通过进一步突破行政复议和行政诉讼的调整范围,为之敲开行政救济的大门。由此,逐渐推行部分涉及互联网社会主体行使依据自治章程等规范性文件获得的公权力对组织成员、网络用户进行惩戒而产生的纠纷,成员和用户都能够以行政相对人的身份提起复议或诉讼。复议机关、司法机关对这类纠纷的审查,不仅要重点关注社会

---

① [美]罗斯科·庞德著:《通过法律的社会控制》,沈宗灵译,北京:商务印书出版社 2016年版,第 45 页。

组织行使公权力作出的行为所依据的自治章程和管理规约是否合法、行为是否造成相对人权益损害,还要审查行为是否符合正当程序、比例原则等,从而实现对互联网社会公权力主体侵权纠纷的有效救济。(2)对于互联网社会主体行使依据公私合作协议赋予的公权力而造成公民权益损害的纠纷,要避免片面将责任归于互联网社会主体,从而导致打击其参与互联网公共事务治理的积极性,并且应有效解决时下处理此类纠纷面临的责任认定困难问题。结合实际情况来看,目前仍可以将公私合作协议赋权参照行政委托相关规定加以规制,以此确定依托合作实际进行监管赋权的行政机关作为行使此类公权力造成侵权纠纷的恒定被告。同时,应当在参与合作的行政机关与互联网社会主体之间建立完善的责任追究机制,对互联网社会主体滥用公权力行为所造成的损害进行积极追偿。(3)对于互联网平台行使公权力产生的纠纷,可以尝试通过在现有的互联网行业组织内部构建相应的救济渠道来加以解决,由此也可以充分发挥互联网行业协会的技术性优势。即在通常情况下,互联网行业协会比司法机关、行政机关更清楚互联网平台的技术专长,从而能更好地对纠纷的内容进行实质审查和专业判断,减少因认识局限而导致对纠纷事实的误判。无疑,网络平台用户可以就互联网平台滥用公权力的情形提起互联网行业协会救济,这在实践中具有一定的可操作性。

(二)化解互联网公私合作协议纠纷的救济争议

在互联网公域治理实践中,公私合作协议是政府与互联网社会组织、企业、平台合作的重要载体,其承载和明确了合作双方在特定互联网公共事务治理中的权利(权力)义务关系。由此,有效化解互联网公私合作协议纠纷的救济争议,充分保障合作双方的合法权益,是发展政府与互联网社会主体良好合作伙伴关系,促进政府与社会协商互动的重要基础。关于《行政诉讼法》《行政协议解释》中所规定的行政协议范畴及其具体的受案标准问题,应该说是行政协议诉讼救济中的核心问题,其决定了可受案行政协议范围的广度和深度,也深刻影响着互联网公域治理中公私合作协议纠纷寻求行政诉讼救济的可行性。当前,《行政诉讼法》《行政协议解释》中行政协议的范围界定相对模糊,严格遵守《行政协议解释》列举的协议范围,可能导致互联网公域治理中诸多公私合作协议纠纷难以纳入到行政协议的受案范围当中。对此,应当对行政协议的范围及受案标准作进一步厘定,以畅通部分互联网公私合作协议纠纷适用行政诉讼救济的进路。

第一,《行政协议解释》第一条所规定的行政协议范围,应当尽可能涵盖所有类型的行政协议,不能被第二条所列举的行政协议范围限定,导致受案范围的限缩。在互联网公域治理中,网络公共设施合作建设协议、网络公共服务外包协议等大量合作协议,在政府与互联网社会主体合作的过程中被广泛应用。由于互联网公共服务面向群体的广泛性,这些协议中大多包含"政府基于公共利益考虑可以行使优益权"的相关条款,但其相关类型并不能为《行政协议解释》列举的行政协议范围所包含,导致实践中诸多互联网公私合作协议纠纷是否属于行政协议纠纷始终存在争议。即便其能够为《行政协议解释》第二条的兜底条款所囊括,也会因为兜底条款的模糊性而造成司法实践中的似是而非,造成这些协议纠纷寻求行政诉讼救济的实际困难。

第二,进一步深入剖析则不难发现,《行政协议解释》对行政协议范围界定模糊的根本原因在于:界定标准的模糊性以及列举类型的单一性。[①]由此,有必要在《行政协议解释》第一条中凸显"潜在的行政优益权行使"这一核心标准。换言之,应将政府在协议履行中"有基于行政管理需要和公共服务利益考量行使单方撤销权的可能性"融入到行政诉讼法及行政协议司法解释所划定的行政协议界定标准当中。一般而言,对于政府合法行使权力的相关条款,必须在合作协议中作进一步规定。应当明确的是,核心标准并非唯一标准,具体行政协议范围的界定仍应综合主体、目的、内容等标准加以判断。以此为基础,能够使行政协议的范围更为明确化,从而将互联网公域治理实践中诸多受行政权力监督的公私合作协议纳入到行政协议范围当中,相应的纠纷也能够明确纳入行政诉讼的受案范围。当然,与此同时,还应当根据实践中受理案件的类型,逐步增加行政诉讼法与司法解释中具体列举协议的类型。

第三,在明确行政协议概念范畴的基础上,可以对行政协议纠纷的受案标准予以重构。《行政诉讼法》将行政协议的受案标准界定为"认为行政机关不依法履行、未按照约定履行或者违法变更、解除协议"。《行政协议解释》进一步将纠纷受案范围拓展为"就行政协议订立、履行、变更、终止等发生纠纷"。可见,行政诉讼法及司法解释旨在扩大行政协议纠纷的受案范围,试图将违约纠纷也纳入其中。这本是　种有利于社会主体寻求救济的尝试,但《行政协议解释》将行政协议纠纷排除在仲裁范围之外,这又使得普通的违约纠纷难以寻求民商事救济,并且在行政诉讼的语境下解决互联网公私合作协议中的违约纠纷在逻辑上也恐难自洽。故应建议以"权力

---

① 石佑启、陈可翔:《政府与社会资本合作模式下法律救济制度之构建》,《江海学刊》2018年第5期。

的违法行使"作为行政协议纠纷受理的标准,即将行政协议纠纷的受理范围限定为"行政机关违法变更、解除协议"。由此,对于互联网公私合作协议纠纷的救济而言,会产生更多灵活选择的空间,与政府合作的互联网企业、平台可以就政府普通的违约行为寻求民事诉讼、仲裁、调解等渠道的救济,从而充分保障其权益,激发其参与合作治理的积极性。

(三)畅通互联网公域合作治理纠纷救济的多元渠道

在互联网公域治理中,政府、互联网社会主体与公民等多元主体就公共事务展开平等交流、协商互动,协商型行政行为广泛运用,公法、私法规范融合适用,共同构筑了政府与社会分工合作、协同共治的现实图景。同时,合作的主体、行为、过程以及合作关系的复合性与交互性,加剧了合作纠纷的多元性和复杂性,由此也暴露了单纯依靠司法途径解决互联网公域合作治理纠纷面临的单一性与局限性困境。故根据互联公域治理公平、民主、效率等不同的价值目标,立足公法关系与私法关系交融的治理现状,应当在完善司法救济制度的同时,探索司法以外多元化的救济制度安排,以回应互联网公域合作治理纠纷解决的现实诉求。

1.《行政复议法》要实现与《行政诉讼法》的相互对接,参考《行政诉讼法》中关于行政协议的相关规定,将行政协议纠纷一同纳入到行政复议的受案范围中。重点就"认为行政机关违法变更、撤销行政协议"的事项进行复议审查,由此畅通互联网公域治理中公私合作协议纠纷寻求行政复议救济的路径。同时,由于相关的互联网合作协议纠纷专业技术性较强,涉及的法律关系复杂,为确保纠纷复议过程中对技术性事实认定的准确性和专业性,各级政府及其复议职能部门还可以就相关协议纠纷的复议设立专业化的复议机构,并进一步细化复议规则。

2. 突破《行政协议解释》的相关规定,将互联网公域合作治理纠纷纳入仲裁救济渠道当中。在许多大陆法系国家,行政协议也可以尝试寻求仲裁救济。法国只是在一般情况下禁止公法人进行仲裁,但在得到有关机关批准之后,也可以适用仲裁。[①] 故要尝试明确仲裁与行政诉讼之间的并存、并行关系。换言之,从纠纷的属性来看,政府与互联网社会主体合作协议中的"行政性"争议,可以只由《行政诉讼法》《行政复议法》调整,但"协议性"纠纷则不应当严格排除仲裁救济。因此,应在既有的《政府和社会资本合作模式操作指南(试行)》《基础设施与公用事业特许经营管理办法》等规范性文件的基础上,进一步探索互联网公私合作协议纠纷适用仲裁救济的

---

① 王名扬著:《法国行政法》,北京:北京大学出版社 2007 年版,第 345 页。

具体规定,并深入对仲裁受理条件、仲裁程序、仲裁管辖、专家咨询等相关内容进行细化。同时,在具体法律法规的适用上,实现与《仲裁法》的对接。

3. 持续完善行政调解、和解制度,促进互联网公域治理中公私合作纠纷的救济渠道向行政调解、和解方向延伸,从而有利于充分反映合作双方在合作协议纠纷解决中的主体意志,提高纠纷解决的效率。显然,互联网企业、平台一般都掌握着稳定的用户资源、技术专利以及大量数据,政府与之合作,必然看重其独有的优势。反之,互联网企业、平台也愿意通过与政府合作确立其参与治理活动的正当性地位和攫取更多的用户资源。故作为互利共赢的合作双方在遭遇合作纠纷时,司法和仲裁可能都不是最合适的选择,以行政调解、和解的形式化解合作治理纠纷,或许是更能彰显合作自愿性、互利性的尝试。当前,《行政协议解释》已经对行政协议纠纷适用司法调解作出相关规定。很明显,这是对传统行政法强调的"公权力不可处分"原则的松动,也为尝试运用行政调解、行政和解来解决互联网公私合作协议纠纷破除了思想观念上的禁锢,开放了一定的制度空间。因此,可以尝试对行政调解、行政和解进行相应的制度创新,从而在互联网公域治理纠纷解决中选择最有利于满足合作双方利益诉求的救济方案,如尝试由专门的复议机关充当行政调解的主持机关,并就申请调解与和解事项的受理、申请调解与和解的具体程序以及调解与和解协议效力的认定等内容作出全面细致的规定。

余论：新时代行政法学研究的创新发展

总之，互联网的飞速发展对传统公域的影响是全面而深刻的。从工业时代向信息时代转型，网民与网络族群的成长、网络技术与现实世界的融合、互联网产业的转型升级等，彰显了互联网正以迅雷不及掩耳之势介入到传统公域中，实现对公域的深度改造，推动着一个平等协商、自由民主、包容创新的互联网公域生成。在互联网公域中，虚拟与现实的交织、公益与私益的交融，促进了政府与社会的关系从两造对抗向平等互动转变，频频发生的公共问题与风险也充分暴露了传统政府管理模式面向互联网公共秩序构建、公共产品供给等多重行政任务的不适应症。相反，发端于公共行政改革的公共治理模式基于与互联网公域发展在价值追求、社会根基等方面的内在契合，更能发挥其在应对庞杂的互联网公共问题方面的技术和资源优势，为互联网公域良性、创新发展释放充足的空间。但互联网公域治理理念、主体、方式、规则的全方位变革，也使现有的行政法理论和制度体系面临冲击和挑战。推动行政法整体发展，是立足和回应互联网时代公域变迁及其内部治理变革的必然选择，是规避互联网公域治理失败的风险，实现互联网公域治理法治化的题中应有之义。本书围绕互联网公域治理变革而讨论行政法发展问题，并不是要对传统行政法予以推翻重建，而是希望在既有的行政组织法、行为法、救济法等理论和制度范式的基础上，探索和吸收更多符合时代需要的理论成果，破解行政法理论体系所面临的困境，以指导行政法制度体系的完善发展。

值得肯定的是，互联网是新时代发展的主要标签，行政法学围绕互联网公域变迁及治理变革引发的行政法问题展开研究，无疑是具有时代代表性的。(1)互联网对传统公域的改造涉及经济、政治、文化、社会等方方面面。无论是政治体制改革、市场经济发展、社会结构转型，还是精神文明建设，都会受到互联网的影响。互联网发展所带来的虚拟公域秩序构建、网络安全保障、公共舆论导向把控等公共任务，也在考验着公共行政能力，推动着公共治理变革。这表明，研究互联网公域治理变革的行政法发展，事实上能够全方位地涉猎和破解各领域在治理中所面临的行政法问题。故在此过程中所采用的研究方法和结论，以及对行政法学科的反思，本身便带有一定的普适性。(2)新时代行政法学面临的三大主要挑战，分别是传统政府管理模式向公共治理模式转型、党和国家机构改革引发的问题及现代科技对传统政府管理模式的冲击。[①] 显然，这些挑战存在内部的交织和重叠。对互联网公域治理变革的行政法问题进行研究，在一定程度上恰好凸显了对这三大挑战的回应。由此得出的研究结论既是新时代行政法学研究的重要内容，也固然能够从整体上为之提供思考、借鉴和指引。(3)公域范围内，政府与社会、公益与私益之间的关系是现阶段推进国家治理体系与治理能力建设的重要基础，互联网发展是促进公域变迁及治理变革的关键因素。因此，关注互联网公域治理的行政法问题，能够较为准确地把握新时代行政法学研究的认知基础和发展方向。(4)互联网信息技术革新在可预见的未来都将会是持续引领社会发展，推进公共治理创新的重要动能。如何处理好治理创新与法治的辩证关系，也是新时代法学研究必须回答的问题。回应互联网技术更替和应用产生的行政法问题，对行政法学持续深入探索创新语境下的行政秩序建构问题，以及行政法治语境下的创新发展问题有所裨益。可见，互联网公域治理变革的行政法问题研究，不仅是新时代行政法学研究的重要内容，而且是新时代行政法学研究的重要引领。互联网公域治理变革所面临的行政法理论和制度体系困境，折射出当下行政法学研究存在的问题。故尝试破解这些困境，实际上也为新时代行政法学研究及其学科体系、学术体系、话语体系的创新发展提供了经验、思路和抓手，促进了行政法内涵和外延的革新。

1. 行政法学研究应持续关注公域整体发展的客观样态。模式选择与公法规则犹如硬币之两面，始终是实现公域之治的一体两面，在失衡与平衡、失稳与回稳之间对位与流变。[②] 公域变迁决定着公域之治的价值目标与实现进路的选择，公域之治的模式选择只有契合于公域发展的现状和趋向，并依托相应的公法建构，才能满足公域秩序维护与公共产品供给的需求。这表明，第一，公域之治的模式选择与公法规则调整构成一个联动整体，需要遵循公域发展的客观规律，方能呈现出耦合共进、良性互动之态势。故行政法学立足于对作为实在法范畴的行政法现象进行研究，必然也

---

① 马怀德、张雨田：《行政法学：面向新的实践需求不断自我更新》，《检察日报》2020 年 1 月 4 日，第 3 版。

② 参见罗豪才、宋功德：《公域之治的转型——对公共治理与公法互动关系的一种透视》，《中国法学》2005 年第 5 期。

应尊重公域自身的发展状况及其与治理模式的契合度和潜在矛盾,以实现对行政法理论和制度体系的调适,使之更满足于提高治理成效的需要,由此才能彰显行政法学认知基础的客观性和保证研究结论的准确性。第二,以公域的发展样态为研究支撑,可以保证行政法学研究视角的整体性。公域变迁最为显著的表现就在于政府与社会、公域与私域之间的关系转变,社会公权力的兴起、公民权利诉求的扩张促进政府与社会从对立转向互动。故如果行政法学仍然将研究的关注点单纯集中于政府行政层面,便会导致对政府与社会内在关联,以及对社会公行政关注的缺失,造成理论与实践的脱节。对此,晚近已有多位行政法学者提出,行政法应从调整国家行政的法向调整公共行政的法转换①,以强化对社会公共行政的规范。但仍有部分研究只是聚焦于行政权行使的相关内容,较少从私域、私益、私权的角度切入,对行政法问题进行探讨,由此可能造成行政法对私益保护的欠缺。无疑,通过准确把握公域整体变迁的规律来拓宽研究的视角,可以弥补上述不足,使行政法发展能够有效兼顾对公民权利诉求的回应。换言之,加强对公域的考察,可以清晰地呈现出公域与私域、公益与私益相互交融的现状,可以更全面地审视和把握行政法发展的利益基础,从而有助于在行政法制度设计中体现对私人利益的现实关切,提升行政的正当性。第三,公域发展是一种客观运行状态,以其为观察对象,能够促进行政法学研究始终保持动态化的分析逻辑,形成开放性的思维方式,推动开放反思型的行政法治建设。② 唯物辩证法的基本原理就在于尊重事物发展的运动性,对行政法现象展开研究,必须采用动态的逻辑来分析行政法发展的规律、趋向及其背后的机理。公域变迁涉及利益结构与治理模式的变革,其构成了行政法持续发展的基础。因此,观察公域变迁的客观规律,可以保证我们始终用一种发展的眼光来研究行政法的历史和未来。同时,公域的开放性决定了其必然会不断吸收新的发展元素,使既有的治理模式面临新的功能障碍。故及时全面地把握公域的发展状况,有助于将行政法发展纳入一个持续反思完善的进程中。

2. 行政法学研究应继续推动行政法理论基础的变迁。理论基础决定

---

① 参见石佑启著:《公共行政与行政法学的范式转换》,北京:北京大学出版社 2003 年版;余凌云:《公共行政变迁之下的行政法》,《华东政法大学学报》2010 年第 5 期;朱新力、梁亮:《公共行政变迁与新行政法的兴起》,《国家检察官学院学报》2013 年第 1 期;江国华:《行政转型与行政法学的回应型变迁》,《中国社会科学》2016 年第 11 期等。

② 参见沈岿:《何种形式法治? 什么样的开放、反思?——兼应俞祺、胡若溟的评论》,《公法研究》2016 年第 1 期。

了行政法的目的、价值、功能和发展面向，是行政法的根基和行政法迈向成熟的标志。在公域治理中，公域与私域、公益与私益、政府与社会等范畴的拓展变革、交织融合，以及公共治理模式面对日益繁重的公共事务时的潜在风险，要求新时代行政法发展既要从计划经济时期所倡导的"管理论"的窠臼中挣离出来，又要防止其陷入"控权论"的桎梏当中，仅仅专注于以"控权保民"为目标来推动行政的合法性建构，还要致力于寻求一种因认同而遵从的行政法治理逻辑，促成政府与社会、公民之间的平等合作、协商互动，在服务型政府构建中发挥更大的作用。由此，兴起于20世纪末21世纪初的"平衡论"显现出特有的价值和生命力。以"平衡"为价值追求，行政法能够对政府作为管理者、服务者、监督者、辅助者等不同角色予以统筹，厘清"保权"与"控权"的辩证关系，促进行政主体与行政相对人的地位平等，以及公益与私益的统一协调，最终实现公域的良性发展。行政法平衡目标的实现，仰仗于公共行政在满足"合法性"的基本要求之余，还要进一步关注其对服务、民主、创新、效率、公正等方面需求的回应。也就是说，在追求行政行为合法性的基础上，行政主体要培育"以人为本"的服务理念，致力于推进行政给付类型的多样化，并在行政决策中充分体现公众参与，在行政强制、处罚中注重合乎比例，在裁量基准内尽量选择柔和、弹性的行为方式来实现行政目的，以提升行政的正当性。此外，面向公共秩序建构、公共产品供给等日益繁重的行政任务，行政法要避免在"合法性"的泥沼中故步自封，要延展和丰富行政"正当性"的内涵，以民主正当性为中轴，加强政府与社会主体、公民的合作互动，致力于降低行政成本，提高行政效能，以全面的利益衡量、经济分析和技术支撑来凸显行政法对行政"最佳性"的追求。为了避免片面强调合法原则而造成对政府转型、改革创新的限制，还要持续强化行政法的创新意识。通过有效的制度供给，为治理变革预留充足的空间，以激发政府、市场与社会的积极性和创造力。

3. 行政法学研究应审慎对待"阿基米德支点"的选择问题。近年来，不少学者对行政法学的"阿基米德支点"进行了探讨，有学者称之为行政法学研究的"中心概念"或者行政法教义学的"核心"[1]，其实质上指代的是一个能够支撑起整个行政法学总论体系以及行政法教义学的基础性概念。受传统"控权论"，以及德国行政法学家奥托·迈耶以行政行为为核心搭建

---

① 鲁鹏宇：《论行政法学的阿基米德支点——以德国行政法律关系论为核心的考察》，《当代法学》2009年第5期；黄宇骁：《行政法学总论阿基米德支点的选择》，《法制与社会发展》2019年第6期；于安：《我国行政法体系改革的基本问题》，《国家检察官学院学报》2013年第4期；赵宏：《法律关系取代行政行为的可能与困局》，《法学家》2015年第3期，等等。

起来的行政法理论体系的影响,长期以来,我国行政法学通说同样主张将行政行为作为研究的核心概念,并形成了与之相匹配的行政法学总论体系和教义学体系。但公域范畴的拓展,以及现代行政任务的更新,使以类型化行政行为行使为研究重心的行政法学面临着理论与现实的脱节。尤其是随着治理变革与平衡理论的兴起,只重视行政结果而忽略行政过程、缺乏对行政法律关系本体的考察和对行政相对人权利的关照,以及限制协商型行政行为等未型式化行为发展等缺陷,使以行政行为为支点的传统行政法学面临的质疑日盛,谋求"阿基米德支点"的转换,构建新行政法学的声音不绝于耳。其中,较为典型的方案有行政过程论、行政法律关系论、行政决策论、行政法律机制论等,这些方案都能够以独有的优势来填补行政行为论的欠缺。就公域治理变革的行政法治问题研究而言,以行政过程为核心旨在加强对行为过程和部分程序性行政行为相关法律问题的考察。特别是对协商型行政行为的规制,要求行政法不能只关注结果公正,更要注重过程正当。行政法律关系论则主张,不能片面聚焦于行为及其背后的行政权运行逻辑,要回归法律关系这一基本的分析框架,以此保证行政法建构基础的平等性,增强对行政相对人和利益相关人权利的考量和保障,促进行政法体系的开放性。行政手段或行政政策方案秉承专注行政目的的视角,提倡通过政策出台、制度设计等治理手段来达到行政目的,即行政法不能一味深陷于对行为合法性的强调,还要对行政效果、行政效能等内容有所关注。可见,这些方案都凸显了自身的价值,促成了对传统行政法学基础理论的反思,有利于回应新时代公域治理变革下行政法的发展需求。但这是否意味着当前行政法学必须推动理论轴心的全面转换?基于对互联网公域治理变革的行政法问题进行研究得出的结论,本书认为并非如此。(1)面对秩序行政、服务行政等日益繁重的行政任务,行政法既要防止行政主体滥用权力,恣意适用强制手段,又要避免行政主体将权力挂起,无所作为。故行政法如何有效规范行政权的行使,保证行政行为的合法性、合理性,仍应当是行政法学研究的核心内容。如果全方位地推进"支点转换"及相应的行政法学体系重构,恐造成对行政自主性的过度松绑,导致行政法"防御侵害私权"的功能弱化。(2)以行政法律关系、行政过程、行政手段等作为行政法学的"阿基米德支点",同样会面临诸多新问题。本质原因在于,目前这些方案仍无法替代"行政行为"概念来发挥"支点"功能。例如,行政法律关系论更多重视行政法中关于权利、民主、自由、平等的关系厘定等相对人主观权利规范层面的内容,由此建构起来的行政法缺乏明确的目标指向,即缺乏对"依法行政"这一基本原则具体而有效的回应,造成理论体系的空洞化；又如，行政过程论并不能脱离行政行为论而独立存在，这样会引发行为规制与过程规制之间的断裂，造成新的疏漏。（3）围绕支点转换构建起另一个完备的理论和制度体系任重而道远。行政行为能够支撑整个传统行政法教义学建构，前提是其能够以体系完备、逻辑自洽的型式化理论框架将行政法学的各个板块、要素串联和对应起来，形成一个主体、行为、程序乃至救济环环相扣的稳定整体。学界有关行政法律关系论、行政过程论等方案的探讨，目前仍停留在批判反思、价值论证、内容设想的初步阶段，相关理论的证成虽然有助于拓展行政法学研究的视角，但是概念和内容还较为单薄，难以与行政法的其他要素形成联动的整体，故要以之为支点构建起新的行政法学体系注定是过程艰难。由此，结合公域治理变革语境下理论与实践的发展现状，在保留既有以行政行为为支点的传统行政法学体系的基础上，充分吸收行政法律关系论、行政过程论、行政手段论等在观念、视角、机理上的精髓，反思和拓展行政法学理论和制度体系，不失为一个较为稳妥的选择。一是逐步梳理行政协议、行政约谈、行政指导等未型式化行政行为的法律属性、构成要件、适用标准等内容，将之纳入型式化研究范畴加以规范调整。二是借鉴行政法律关系论的研究视角和分析方法，对行政法适用的现实境况进行更为宏观全面的审视。不仅要关注行政权行使的组织、方式、责任、救济等内容，还要注重对行政相对人日益扩张的权利诉求的回应；不仅要关注"行政主体—相对人"的关系，还要在公私合作广泛化、社会公权力兴起、公益与私益交融的背景下，加强对多边法律关系的调整和对利害关系人权利的保障。三是攫取行政过程论的价值，用动态化思维来分析行政行为过程，强化对行为过程和程序性行为的规制，以及重视程序法对提升行为民主性、正当性的作用。尤其在政府与社会、公民的协商合作中，要发挥程度规则独有的价值，推动行政程序法构建。四是对行政手段方案的核心理念进行吸收，凸显对行政效果的关注。在应对行政任务的过程中，注重技术、效能、公开、创新、成本等元素，促进行政目标的实现。

4. 行政法学研究应着力推动行政法学体系的革新。公域治理变革的兴起，以及行政法理论基础的变迁和"阿基米德支点"面临的挑战，必然要求同步推进既有的行政法学体系革新。（1）行政法学主要概念范畴的调适和充实。一是行政主体范畴的拓展。与公域治理主体变革相对应，公权力的分化与公共行政职能向社会迁移，揭示了传统只囊括行政机关与法律法规授权组织的行政主体范畴之局限。随着社会公权力资源的进一步分化，当前不仅要将具备公益性的非政府组织纳入行政主体范畴，将那些依托于自治章程、行业公约、管理规范等规范性文件而承担着公共职能的行业协会、基金会等社会组织,还要将那些基于公私合作、互联网公域治理而实际行使着公权力的营利性主体也一并纳入其中,从而在多元化的治理主体框架下统筹其具体的职权分配。二是行政行为范畴的丰富。公域治理方式的规范化,前提是要将新的治理方式纳入行政行为的范畴中,接受行为法的调整。这表明,除了行政机关与法律法规授权组织的单方性、强制性行政行为外,还要将其运用的柔性化行政行为,以及社会公权力组织采取的强制性行为、公私合作适用的各类协商型行政行为等也纳入行政行为的范畴,并予以型式化。三是行政法法源范畴的扩展。行政行为形式的丰富需要丰富的行为规范依据,而软法规范在公域治理中的广泛适用,对传统"法"的概念产生冲击。故必须摒弃对"法"的制定主体、本质、行为模式、实现方式之固化认识,将软法吸收进行政法法源的范畴中。四是行政救济范畴的调适。要拓宽行政救济的渠道,承认调解、仲裁的效力;要丰富救济的范围,将柔性化和协商型行政行为侵害相对人权利引发的争议,社会公权力组织侵害相对人、第三人权益引发的争议,以及更多公益纠纷等囊括进救济范围中;要明确行政协议的范围,以"公权力"标准来弥补行政协议界定标准的不足,并进一步扩展行政协议列举的范围等。(2)行政法学研究范围延展和研究重点调整。作为一种社会现象,行政法存在于社会动态运行机制中,任何社会机制和社会环境的变迁都会引发行政法的发展。① 公共治理变革引发的治理主体多元化、治理方式多样化、治理过程交互性、治理规则丰富性、治理纠纷复杂化,必然要突破既有的行政法理论和制度框架,推动行政法学范式转换,构建起能够容纳诸多新兴要素与回应治理需求的开放体系。一是要关注公域治理结构转型下政府与社会主体、公民多元主体协同共治的现实图景,拓宽行政组织法的空间,推动政府与社会主体功能分域法定化、政府内部职能分配与权责配置法定化,以及行政体制改革法定化和民主化,尤其要限定营利性主体参与公共治理的职能范围和权力来源。二是应认识到,在公益与私益交融的背景下,强制性行政行为的效力可能超出行政目的,出现一定程度的外溢,故要强化比例原则对强制性行政行为的适用范围和适用尺度的限定。与此同时,要推动协商型行政行为型式化建构,明确其内涵和要件,通过对其适用情形的规制和正当性基础的补强,促进行为结构的平衡;要回应行政行为方式与互联网信息技术融合的不同规制需求,防止技术性手段的滥用。三是在重新厘定行政

---

① 关保英:《新时代背景下行政法功能重构》,《社会科学研究》2018 年第 5 期。

法法源范畴的基础上,促进行政法规范体系直面公域软法治理现象,积极推进软法、硬法的功能分工与衔接适用,并着力弥补软法治理正当性之不足、完善软法规范体系,以及消除软法实施的障碍,破解软法治理自身面临的问题。四是要立足于政府与社会主体合作过程的交互性,省思行政程序法的价值导向,以增强社会主体、公民对公共事务的参与为目标追求,规范政府、社会主体公权力的行使,促进多元主体之间的商谈,提升治理方案的可接受性,发挥程序自身的独立价值。同时,以行政法律关系的平衡转向为基础,融合控权逻辑与合作逻辑,构建合作型行政程序法,使公共利益与私人利益保护在行政过程中得到兼顾。此外,要以程序规则构建来增强对"互联网＋"行政行为方式的规制,以及对网络公共风险的防控。五是应逐步破解"公权力不得处分原则""公私分立,公法私法有别"等传统理论的桎梏,在公法、私法的界限趋向模糊,以及"公法私法化"与"私法公法化"发展的语境下,重视对不同公私合作纠纷属性的梳理和救济,通过破解社会公权力侵权救济的难点、化解公私合作协议纠纷的救济争议等,依托多元化救济机制,促进行政救济法的完善。(3)行政法学分论研究的展开。行政法学理论基础与核心内容的变迁,推动了行政法学总论体系的革新,也必然为行政法学分论研究奠定了基础和积累了素材。当然,分论研究的展开也为总论持续发展注入了新的内容。近年来,我国行政法学界对行政法学分论的研究正在如火如荼地进行中,如对风险行政法学、区域行政法学、网络行政法、警察行政法学等分支的研究。这些研究彰显了学界对国家战略布局、行政任务拓展、公共政策指引等内容的回应。在公域结构转型、多元利益分化的背景下,行政法学分论的研究必须把握好必要性和特殊性的问题。一是要明确分论建构的利益基础、价值目标、功能导向,逐步建立起分论研究相对独立的理论根基,并以此为基础,归纳和分析与之相对应的实体法律规范和程序法律规范;二是大量收集实证素材,尤其是对与分论相关的公共政策、法律法规、司法解释、指导性案例、数据样本等内容进行梳理,从而准确揭示当前理论和制度体系存在的现实问题;三是注重用行政法学总论确立的理论基础、基本原则、框架体系等内容来指导行政法学分论体系建设,防止总论与分论之间的自相矛盾;四是坚持以行政法学分论中涉及的行政组织改革、行政行为方式创新、行政程序设置等内容来反哺行政法学总论体系,促进其及时革新。

参考文献

一、中文文献

（一）著作、译著

［1］［德］哈贝马斯著：《公共领域的结构转型》，曹卫东译，上海：学林出版社 1999 年版。

［2］石佑启著：《论公共行政与行政法学的范式转换》，北京：北京大学出版社 2003 年版。

［3］石佑启、杨治坤著：《论部门行政职权相对集中》，北京：人民出版社 2012 年版。

［4］黄少华著：《网络社会学的基本议题》，杭州：浙江大学出版社 2014 年版。

［5］［美］罗伯特·多曼斯基著：《谁治理互联网》，华信研究院信息化与信息安全研究所译，北京：电子工业出版社 2018 年版。

［6］［美］凯斯·桑斯坦著：《网络共和国——网络社会中的民主问题》，黄维明译，上海：上海人民出版社 2003 年版。

［7］包亚明主编：《现代性与空间的生产》，上海：上海教育出版社 2003 年版。

［8］叶必丰著：《行政行为的基本原理》，北京：商务印书馆 2014 年版。

［9］罗豪才等著：《软法与公共治理》，北京：北京大学出版社 2006 年版。

［10］方世荣著：《论行政相对人》，北京：中国政法大学出版社 2000 年版。

［11］［德］沃尔夫、［德］奥托·巴霍夫、［德］罗尔夫·施托贝尔著：《行政法》，高家伟译，北京：商务印书馆 2007 年版。

［12］［美］诺内特著：《转变中的法律与社会》，张志铭译，北京：中国政法大学出版社 2004 年版。

［12］沈宗灵主编：《法理学》，北京：高等教育出版社 2004 年版。

［13］［美］马克·波斯特著：《第二媒介时代》，范静哗译，江苏：南京大学出版社 2001 年版。

［14］［美］穆勒著：《网络与国家：互联网治理的全球政治学》，周程、鲁锐、夏雪等译，上海：上海交通大学出版社 2015 年版。

［15］万俊人主编：《现代公共管理伦理导论》，北京：人民出版社 2005 年版。

［16］张创新著：《公共管理学概论》，北京：清华大学出版社 2010 年版。

［17］张曙光著：《繁荣的必由之路》，广州：广东经济出版社 1999 年版。

［18］方世荣、邓佑文、谭冰霖著：《"参与式行政"的政府与公众关系》，北京：北京大学出版社 2013 年版。

［19］［德］哈贝马斯著：《交往行为理论》（第 2 卷），曹卫东译，上海：上海人民出版社 2005 年版。

［20］万俊人主编：《现代公共管理伦理导论》，北京：人民出版社2005年版。

［21］［美］约翰·V.奥尔特著：《正当法律程序简史》，杨明成、陈霜玲译，北京：商务印书馆2006年版。

［22］［德］黑格尔著：《法哲学原理》，范扬译，北京：商务印书馆1961年版。

［23］［德］马克思著：《黑格尔法哲学批判》，熊伟译，北京：人民出版社1962年版。

［24］［美］曼纽尔·卡斯特著：《认同的力量》，夏铸九等译，北京：社会科学文献出版社2003年版。

［25］［美］曼纽尔·卡斯特著：《网络社会的崛起》，夏铸九等译，北京：社会科学文献出版社2003年版。

［26］［美］戴维·波普诺著：《社会学》，李强等译，北京：中国人民大学出版社1999年版。

［27］［法］戈丹著：《何谓治理》，钟震宇译，北京：社会科学文献出版社2010年版。

［28］［美］劳伦斯·莱斯格著：《代码》，李旭译，北京：中信出版社2004年版。

［29］王名扬著：《法国行政法》，北京：中国政法大学出版社1988年版。

［30］俞可平著：《论国家治理现代化》，北京：社会科学文献出版社2014年版。

［31］［美］施瓦茨著：《行政法》，徐炳译，北京：群众出版社1986年版。

［32］［美］威尔逊著：《国会政体：美国政治研究》，熊希龄、德本译，北京：商务印书馆1986年版。

［33］［美］戴维·奥斯本、［美］特德·盖布勒：《改革政府——企业家精神如何改革着公营部门》，周敦仁等译，上海：上海译文出版社1996年版。

［34］［美］朱迪·弗里曼著：《合作治理与新行政法》，毕洪海、陈标冲译，北京：商务出版社2010年版。

［35］［日］盐野宏著：《行政法》，杨建顺译，北京：法律出版社1999年版。

［36］［美］马克·波斯特著：《第二媒介时代》，范静哗译，江苏：南京大学出版社2001年版。

［37］王锡锌著：《公众参与和中国新公共运动的兴起》，北京：中国法制出版社2008年版。

［38］［英］约翰·基恩著：《公共生活与晚期资本主义》，马音、刘利圭、丁耀琳译，北京：社会科学文献出版社1999年版。

［39］［美］斯图尔特著：《美国行政法的重构》，沈岿译，北京：商务印书馆2002年版。

［40］方世荣、石佑启主编：《行政法与行政诉讼法》，北京：北京大学出版社2015年版。

［41］罗豪才等著：《行政法平衡理论讲演录》，北京：北京大学出版社2011年版。

［42］梁治平著：《清代习惯法：社会与国家》，北京：中国政法大学出版社1996年版。

［43］沈岿著：《平衡论——一种行政法认知模式》，北京：北京大学出版社1999年版。

［44］罗豪才、宋功德著：《软法亦法——公共治理呼唤软法之治》，北京：法律出版社2009年版。

［45］《马克思恩格斯全集》第1卷，北京：人民出版社1965年版。

［46］姜明安著：《行政法概论》，北京：北京大学出版社1986年版。

［47］王名扬著：《法国行政法》，北京：中国政法大学出版社1989年版。

［48］罗豪才主编：《行政法学》，北京：中国政法大学出版社1996年版。

［49］应松年主编：《行政法学新论》，北京：中国方正出版社1998年版。

［50］季卫东著：《法律程序的意义》，北京：中国法制出版社2004年版。

［51］应松年主编：《行政法与行政诉讼法》，北京：中国政府大学出版社2017年版。

[52] 胡建淼著：《行政法学》，北京：法律出版社 2015 年版。

[53] 俞可平主编：《治理与善治》，北京：社会科学文献出版社 2000 年版。

[54] ［美］埃莉诺·奥斯特罗姆著：《公共事务的治理之道》，余逊达等译，上海：上海三联书店 2000 年版。

[55] ［德］贝克著：《风险社会》，何博闻译，南京：译林出版社 2004 年版。

[56] 罗豪才著：《为了权利与权力的平衡——法治中国建设与软法之治》，北京：五洲传播出版社 2016 年版。

[57] ［美］卡罗尔·佩特曼著：《参与与民主理论》，陈尧译，上海：上海人民出版社 2006 年版。

[58] 周志忍主编：《当代国外行政改革比较研究》，北京：国家行政学院出版社 1999 年版。

[59] 姜明安主编：《行政法与行政诉讼法》，北京：北京大学出版社、高等教育出版社 2016 年版。

[60] 张永桃主编：《行政管理学》，北京：高等教育出版社 2003 年版。

[61] 石佑启、杨治坤、黄新波著：《论行政体制改革与行政法治》，北京：北京大学出版社 2009 年版。

[62] 陈振明著：《公共管理学——一种不同于传统行政学的研究途径》，北京：中国人民大学出版社 2003 年版。

[63] ［美］罗伯特·T.戈伦比威斯基、［美］杰里·G.史蒂文森著：《非营利组织管理案例与应用》，邓国胜译，北京：中国人民大学出版社 2004 年版。

[64] 翁岳生著：《行政法与现代法治国家》，台北：三民书局 1979 年版。

[65] 胡建淼著：《行政法学》，北京：法律出版社 2015 年版。

[66] 叶必丰著：《行政法的人文精神》，北京：北京大学出版社 2006 年版。

[67] 武超群著：《网络公共危机治理》，北京：经济科学出版社 2017 年版。

[68] 郭建利主编：《互联网＋法治思维与法律热点问题探析》，北京：法律出版社 2016 年版。

[69] 付子堂主编：《法理学初阶》，北京：法律出版社 2015 年版。

[70] 陈新民著：《行政法学总论》，台北：三民书局 1991 年版。

[71] 陈新民著：《公法学札记》，北京：中国政法大学出版社 2001 年版。

[72] 姜明安主编：《行政法与行政诉讼法》，北京：北京大学出版社、高等教育出版社 2015 年版。

[73] 张尚主编：《走出低谷的中国行政法学——中国行政法学综述与评价》，北京：中国政法大学出版社 1991 年版。

[74] ［英］哈特著：《法律的概念》，张文显、郑成良等译，北京：中国大百科全书出版社 1996 年。

[75] ［美］詹姆士·罗西瑙主编：《没有政府的治理》，张胜军、刘小林等译，江西人民出版社 2001 年版。

[76] 舒国滢著：《法哲学沉思录》，北京：北京大学出版社 2010 年版。

[77] 磐石之心著：《互联网黑洞——跨越边界的中国式企业扩张》，北京：新世界出版社 2016 年版。

[78] 罗豪才、宋功德著：《软法亦法——公共治理呼唤软法之治》，北京：法律出版社 2009 年版。

[79] 姜明安主编：《行政程序法》，北京：北京大学出版社 2007 年版。

［80］［日］南博方著：《日本行政法》，杨建顺、周作彩译，北京：中国人民大学出版社1988年版。

［81］［英］芭芭拉·亚当、［英］乌尔里希·贝克、［英］约斯特·房·龙著：《风险社会及其超越：社会理论的关键议题》，赵延东、马缨等译，北京：北京出版社2005年版。

［82］［美］汉密尔顿、［美］杰伊、［美］麦迪逊著：《联邦党人文集》，程逢如、在汉、舒逊译，北京：商务印书馆2004年版。

［83］沈岿主编：《风险规制与行政法新发展》，北京：法律出版社2013年版。

［84］刘旺洪主编：《行政法学》，南京：南京师范大学出版社2005年版。

［85］周志忍主编：《当代国外行政改革比较研究》，北京：国家行政学院出版社1999年版。

［86］王名扬著：《法国行政法》，北京：北京大学出版社2007年版。

［87］金太军等著：《政府职能梳理与重构》，广州：广东人民出版社2002年版。

［88］章剑生著：《现代行政法基本理念》，北京：法律出版社2008年版。

［89］张创新著：《公共管理学概论》，北京：清华大学出版社2010年版。

［90］罗豪才主编：《现代行政法的平衡理论（第二辑）》，北京：北京大学出版社2003年版。

［91］［美］E.博登海默著：《法理学：法律哲学与法律方法》，邓正来译，北京：中国政法大学出版社1999年版。

［92］［德］拉伦茨著：《法学方法论》，陈爱娥译，北京：商务印书馆2015年版。

［93］闫小波著：《近代中国民主观念之生成与流变》，南京：江苏人民出版社2011年版。

［94］薛刚凌主编：《行政体制改革研究》，北京：北京大学出版社2006年版。

［95］［美］凯斯·R.桑斯坦著：《权利革命之后：重塑规制国》，钟瑞华译，北京：中国人民大学出版社2008年版。

［96］杨桦、黄喆著：《电子化行政行为及其法律规制》，广州：广东教育出版社2014版。

［97］［德］乌尔里希·贝克：《世界风险社会》，吴英姿等译，南京：南京大学出版社2004年版。

［98］［日］盐野宏：《行政法》，杨建顺译，北京：法律出版社1999年版。

［99］［美］罗斯科·庞德著：《通过法律的社会控制》，沈宗灵译，北京：商务印书出版社2016年版。

［100］王艳主编：《互联网全球治理》，北京：中央编译出版社2017年版。

［101］［英］亨利·梅因著：《古代法》，沈景一译，北京：商务印书馆1959年版。

［102］［德］汉娜·阿伦特著：《人的境况》，王寅丽译，上海：上海人民出版社2017年版。

［103］［美］R.德沃金著：《法律帝国》，李常青译，北京：中国人百科全书出版社1996年版。

［104］［日］米丸恒治：《私人行政——法的统制的比较研究》，洪英、王丹红、凌维慈译，北京：中国人民大学出版社2010年版。

［105］《马克思恩格斯全集》，北京：人民出版社1960年版，第46卷。

［106］［法］狄骥著：《公法的变迁》，郑戈译，北京：中国法制出版社2010年版。

［107］［美］麦甘恩、［美］萨巴蒂尼著：《全球智库：政策网络与治理》，韩雪、王小文译，上海：上海交通大学出版社2015年版。

［108］［美］盖尔博斯坦、［美］库巴利加著：《互联网治理》，中国互联网协会译，北京：人民邮电出版社 2005 年版。

（二）期刊、报刊文献

［1］罗豪才、宋功德：《公域之治的转型——对公共治理与公法互动关系的一种透视》，《中国法学》2005 年第 5 期。

［2］石佑启、陈可翔：《互联网公共领域的软法治理》，《行政法学研究》2018 年第 4 期。

［3］罗豪才、宋功德：《行政法的治理逻辑》，《中国法学》2011 年第 2 期。

［4］朱新力、吴欢：《"互联网＋"时代法治政府建设畅想》，《国家行政学院学报》2016 年第 2 期。

［5］李彦、曾润喜：《历史制度主义视角下的中国互联网治理制度变迁（1994—2019）》，《电子政务》2019 年第 6 期。

［6］孙宇、冯丽烁：《1994—2014 年中国互联网治理政策的变迁逻辑》，《情报杂志》2017 年第 1 期。

［7］熊光清：《十八大以来党对网络社会治理的探索》，《理论与改革》2017 年第 2 期。

［8］石佑启、陈可翔：《粤港澳大湾区治理创新的法治进路》，《中国社会科学》2019 年第 11 期。

［9］石佑启、杨治坤：《中国政府治理的法治路径》，《中国社会科学》2018 年第 1 期。

［10］石佑启：《论法治视野下行政权力的合理配置》，《学术研究》2010 年第 7 期。

［11］石佑启、陈可翔：《政府与社会资本合作模式下法律救济制度之构建》，《江海学刊》2018 年第 5 期。

［12］石佑启：《论公共行政之发展与行政主体多元化》，《法学评论》2003 年第 4 期。

［13］石佑启：《深化改革与推进法治良性互动关系论》，《学术研究》2015 年第 1 期。

［14］于洋、马婷婷：《政企发包：双重约束下的互联网治理模式——基于互联网信息内容治理的研究》，《公共管理学报》2018 年第 3 期。

［15］喻少如：《合作行政背景下行政程序的变革与走向》，《武汉大学学报》2017 年第 2 期。

［16］罗豪才：《人民政协与软法之治》，《中国人民政协理论研究会会刊》2009 年第 1 期。

［17］陈建平：《公域治理现代化、廉政内生程序与党政自制——内在逻辑关联的学理分析》，《管理学刊》2018 年第 3 期。

［18］李晓辉：《公域与私域的划分及其内涵》，《哈尔滨商业大学学报（社会科学版）》2003 年第 4 期。

［19］马长山：《公共领域兴起中的法治诉求》，《政法论坛》2005 年第 5 期。

［20］詹世友：《公共领域、公共利益、公共性》，《社会科学》2005 年第 7 期。

［21］陈勤奋：《哈贝马斯的"公共领域"理论及其特点》，《厦门大学学报（哲学社会科学版）》2009 年第 1 期。

［22］梅景辉：《"公共理性"的现代性反思与建构》，《江海学刊》2015 年第 5 期。

［23］罗贵榕：《公共领域的构成及其在中国的发生与发展》，《学术界》2007 年第 3 期。

［24］田进、杨正：《网络公域政治参与合法化的机制研究：一个合作视角》，《江汉大学学报（社会科学版）》2016 年第 3 期。

［25］宋红岩：《网络权力的生成、冲突与道义》，《江淮论坛》2013 年第 3 期。

［26］周蜀秦、宋道雷：《现实空间与网络空间的政治生活与国家治理》，《南京师大学报（社会科学版）》2015 年第 6 期。

[27] 张晓:《网络空间权力分析》,《电子政务》2018 年第 5 期。

[28] 王高阳:《基于主权的网络空间全球治理:"中国方案"及其实践》,《当代世界与社会主义》2018 年第 5 期。

[29] 杨维东:《场域视角下网络空间"双权"博弈的路径思考》,《新闻界》2017 年第 5 期。

[30] 张新宝、许可:《网络空间主权的治理模式及其制度构建》,《中国社会科学》2016 年第 8 期。

[31] 黄少华:《论网络空间的社会特性》,《兰州大学学报》2003 年第 3 期。

[32] 周军杰、左美云:《线上线下互动、群体分化与知识共享的关系研究——基于虚拟社区的实证分析》,《中国管理科学》2012 年第 6 期。

[33] 魏屹东:《语境同一论:科学表征问题的一种解答》,《中国社会科学》2017 年第 6 期。

[34] 赵晓红、安维复:《网络社会:一种共享的交往模式》,《自然辩证法研究》2003 年第 10 期。

[35] 童星、罗宇:《网络社会:一种新的、现实的社会存在方式》,《江苏社会科学》2001 年第 5 期。

[36] 张兆曙:《互联网的社会向度与网络社会的核心逻辑——兼论社会学如何理解互联网》,《学术研究》2018 年第 3 期。

[37] 陈潭、胡项连:《网络公共领域的成长》,《华南师范大学学报(社会科学版)》2014 年第 4 期。

[38] 胡宁生、魏志荣:《网络公共领域的兴起及其生态治理》,《南京社会科学》2012 年第 8 期。

[39] 来向武、赵战花:《网络空间中信息控制的动力、矛盾与方式》,《情报杂志》2018 年第 6 期。

[40] 张康之、向玉琼:《网络空间中的政策问题建构》,《中国社会科学》2015 年第 2 期。

[41] 孟天广、李锋:《网络空间的政治互动:公民诉求与政府回应性——基于全国性网络问政平台的大数据分析》,《清华大学学报(哲学社会科学版)》2015 年第 3 期。

[42] 王焕斌:《"网络社会":内涵及其特征探析》,《江西社会科学》2003 年第 2 期。

[43] 高兆明:《网络社会中的自我认同问题》,《天津社会科学》2003 年第 2 期。

[44] 刘国建:《"网络社会"的特性及其哲学思考》,《学术研究》2002 年第 2 期。

[45] 刘少杰:《网络化时代的社会结构变迁》,《学术月刊》2012 年第 10 期。

[46] 熊光清:《网络公共领域的兴起与话语民主的新发展》,《中国人民大学学报》2014 年第 5 期。

[47] 陆宇峰:《中国网络公共领域:功能、异化与规制》,《现代法学》2014 年第 4 期。

[48] 何显明:《中国网络公共领域的成长:功能与前景》,《江苏行政学院学报》2012 年第 1 期。

[49] 张卓、王瀚东:《中国网络监管到网络治理的转变——从"网络暴力"谈起》,《湘潭大学学报》2010 年第 1 期。

[50] 张志安、吴涛:《国家治理视角下的互联网治理》,《新疆师范大学学报(哲学社会科学版)》2015 年第 5 期。

[51] 周煜:《技术逻辑之殇——论互联网治理之缘起》,《新闻界》2009 年第 2 期。

[52] 顾洁:《新制度主义理论下的互联网治理模式与理论框架重塑》,《新媒体》2016 年第 1 期。

[53] 赵玉林：《构建我国互联网多元治理模式——匡正互联网服务商参与网络治理的"四大乱象"》,《中国行政管理》2015 年第 1 期。

[54] 唐秋伟：《网络治理的模式：结构、因素与有效性》,《河南社会科学》2012 年第 5 期。

[55] 高红冰：《平台经济崛起改变互联网治理模式》,《前线》2016 年第 2 期。

[56] 翟云：《"互联网＋"政府治理：现实挑战及模式创新》,《光明日报》2016 年 8 月 1 日第 11 版。

[57] 苗国厚、谢霄男：《大数据技术：提高互联网治理主动性的利器》,《新闻界》2014 年第 23 期。

[58] 于施洋、杨道玲：《大数据背景下创新政府互联网治理》,《光明日报》2013 年 3 月 23 日第 6 版。

[59] 蒋力啸：《试析互联网治理的概念、机制与困境》,《江南社会学院学报》2011 年第 3 期。

[60] 张化冰：《中国互联网治理的困局与逻辑重构》,《学术研究》2017 年第 12 期。

[61] 王晓君：《论我国互联网法治的战略构建》,《管理观察》2016 年第 28 期。

[62] 于雯雯：《法学视域下的中国互联网治理研究综述》,《法律适用》2015 年第 1 期。

[63] 陈红梅：《全球互联网治理法治化思考》,《湘潭大学学报(哲学社会科学版)》2019 年第 1 期。

[64] 徐家力：《论网络治理法治化的正当性、路径及建议》,《东北师大学报(哲学社会科学版)》2017 年第 4 期。

[65] 张志安、卢家银、曹洵：《网络空间法治化的成效、挑战与应对》,《新疆师范大学学报(哲学社会科学版)》2016 年第 5 期。

[66] 王明国：《网络空间治理的制度困境与新兴国家的突破路径》,《国际展望》2015 年第 6 期。

[67] 李洪雷：《论互联网的规制体制——在政府规制与自我规制之间》,《环球法律评论》2014 年第 1 期。

[68] 秦前红、李少文：《网络公共空间治理的法治原理》,《现代法学》2014 年第 6 期。

[69] 郑智航：《网络社会法律治理与技术治理的二元共治》,《中国法学》2018 年第 2 期。

[70] 刘思瑞：《法律、技术、伦理：三管齐下治理互联网》,《管理观察》2019 年第 6 期。

[71] 李帅：《互联网数据治理的时代挑战及行政法应对》,《华南理工大学学报(社会科学版)》2019 年第 3 期。

[72] 张效羽：《互联网分享经济对行政法规制的挑战与应对》,《环球法律评论》2016 年第 5 期。

[73] 杨海坤：《共享单车的行政法调控——兼评互联网新经济的行政法调控模型》,《法治研究》2018 年第 4 期。

[74] 陈惊天、耿振善：《互联网时代呼唤软法硬法的协同治理——专访罗豪才教授》,《人民法治》2015 年第 12 期。

[75] 王怀勇、钟颖：《论互联网金融的软法之治》,《现代法学》2017 年第 6 期。

[76] 马长山：《互联网＋时代"软法之治"的问题与应对》,《现代法学》2016 年第 5 期。

[77] 邓建鹏、黄震：《互联网金融的软法治理：问题和路径》,《金融监管研究》2016 年第 1 期。

[78] 张祺好：《互联网新业态的"软法"兴起及其规制》,《法学》2018 年第 2 期。

[79] 俞可平：《全球治理引论》,《政治学研究》2002 年第 3 期。

［80］俞可平：《推进国家治理体系和治理能力现代化》，《前线》2014 年第 1 期。

［81］汤梅、卜凡：《论现代国家治理体系中的政府权力配置与运作》，《探索》2014 年第 1 期。

［82］周雪光：《权威体制与有效治理：当代中国国家治理的制度逻辑》，《开放时代》2011 年第 10 期。

［83］许耀桐、刘祺：《当代中国国家治理体系分析》，《理论探索》2014 年第 1 期。

［84］夏建中：《治理理论的特点与社区治理研究》，《黑龙江社会科学》2010 年第 2 期。

［85］竺乾威：《从新公共管理到整体性治理》，《中国行政管理》2008 年第 10 期。

［86］张康之：《论参与治理、社会自治与合作治理》，《行政论坛》2008 年第 6 期。

［87］颜佳华、吕炜：《协商治理、协作治理、协同治理与合作治理概念及其关系辨析》，《湘潭大学学报（哲学社会科学版）》2015 年第 2 期。

［88］俞可平：《治理和善治：一种新的政治分析框》，《南京社会科学》2001 年第 9 期。

［89］俞可平：《治理和善治分析的比较优势》，《中国行政管理》2001 年第 9 期。

［90］严存生：《社会治理与法治》，《法学论坛》2004 年第 6 期。

［91］张文显：《法治与国家治理现代化》，《中国法学》2014 年第 4 期。

［92］姜明安：《改革、法治与国家治理现代化》，《中共中央党校学报》2014 年第 4 期。

［93］吴汉东：《国家治理能力现代化与法治化问题研究》，《法学评论》2015 年第 5 期。

［94］黄灵荣、申佳陶：《法治：政府治理的理性》，《理论与改革》2001 年第 2 期。

［95］邓海娟、黄利红：《非政府组织参与公共治理对传统行政法的影响》，《法学杂志》2006 年第 2 期。

［96］陈晓春、任腾：《互联网企业社会责任的多中心协同治理——以奇虎 360 与腾讯公司为例》，《湘潭大学学报（哲学社会科学版）》2011 年第 4 期。

［97］赵德勇：《政府权力法治化的三个维度》，《马克思主义研究》2014 年第 6 期。

［98］冯含睿：《论政府治理"理性"与法治》，《深圳大学学报（人文社会科学版）》2014 年第 6 期。

［99］江必新、李沫：《论社会治理创新》，《新疆师范大学学报（哲学社会科学版）》2014 年第 2 期。

［100］江必新：《社会治理的法治依赖及法治的回应》，《法制与社会发展》2014 年第 4 期。

［101］方世荣：《论我国法治社会建设的整体布局及战略举措》，《法商研究》2017 年第 2 期。

［102］季金华：《社会治理创新与法治政府建设互动的法律机理》，《江苏大学学报》2017 年第 5 期。

［103］周佑勇：《公私合作语境下政府购买公共服务现存问题与制度完善》，《政治与法律》2015 年第 12 期。

［104］罗豪才、宋功德：《公域之治的转型——对公共治理与公法互动关系的一种透视》，《中国法学》2005 年第 5 期。

［105］姜明安：《软法的兴起与软法之治》，《中国法学》2006 年第 2 期。

［106］翟小波：《"软法"及其概念之证成：以公共治理为背景》，《法律科学》2007 年第 2 期。

［107］石佑启：《论区域合作与软法治理》，《学术研究》2011 年第 6 期。

［108］姜明安：《完善软法机制，推进社会公共治理创新》，《中国法学》2010 年第 5 期。

［109］方世荣：《论公法领域中"软法"实施的资源保障》，《法商研究》2013 年第 3 期。

[110] 黄建钢：《论"域界变化"与"社会建设"——一个关于"公域"和"私域"的界定及其互动的思考》，《东吴学术》2012年第5期。

[111] 何增科：《市民社会概念的历史演变》，《中国社会科学》1994年第5期。

[112] 刘京希：《国家与社会关系的政治生态理论诉求》，《文史哲》2005年第2期。

[113] 周光辉：《政治文明的主题：人类对合理的公共秩序的追求》，《社会科学战线》2003年第4期。

[114] 赵静蓉：《现代人归属感的缺失——以"公域"与"私域"的区隔为视角》，《江西社会科学》2014年第6期。

[115] 刘悦苗：《"公域交往"与"私域交往"论》，《内蒙古社会科学（汉文版）》2002年第2期。

[116] 胡泳：《重思公与私》，《北大新闻与传播评论》2013年第10期。

[117] 赵晓峰：《公域、私域与公私秩序：中国农村基层半正式治理实践的阐释性研究》，《中国研究》第18期。

[118] 李晓辉：《公域与私域的划分及其内涵》，《哈尔滨商业大学学报（社会科学版）》2003年第4期。

[119] 马长山：《公共领域兴起中的法治诉求》，《政法论坛》2005年第5期。

[120] 金碚：《世界工业革命的缘起、历程与趋势》，《南京政治学院学报》2015年第1期。

[121] 周建新、俞志鹏：《网络族群的缘起与发展——族群研究的一种新视角》，《西南民族大学学报》2018年第2期。

[122] 陈舒劢：《虚拟空间的现实逻辑》，《福建论坛（人文社会科学版）》2009年第6期。

[123] 何明升：《网络生活中的情景定义与主体特征》，《自然辩证法研究》2004年第12期。

[124] 叶秀敏：《平台经济的特点分析》，《河北师范大学学报（哲学社会科学版）》2016年第2期。

[125] 乔尔·赫尔曼等著：《解决转轨国家中的政府俘获问题》，《比较》2003年第5期。

[126] 李凌：《平台经济发展与政府管制模式变革》，《经济学家》2015年第7期。

[127] 周蜀秦、宋道雷：《现实空间与网络空间的政治生活与国家治理》，《南京师大学报（社会科学版）》2015年第6期。

[128] 黄少华：《论网络空间的社会特性》，《兰州大学学报》2003年第3期。

[129] 郭光华：《论网络舆论主体的"群体极化"倾向》，《湖南师范大学社会科学学报》2004年第6期。

[130] 陈氚：《网络社会中的空间融合——虚拟空间的现实化与再生产》，《天津社会科学》2016年第3期。

[131] 周军杰、左美云：《线上线下互动、群体分化与知识共享的关系研究——基于虚拟社区的实证分析》，《中国管理科学》2012年第6期。

[132] 米治平：《网络时代社会交往的变化以及问题初探》，《大连理工大学学报（社会科学版）》2002年第1期。

[133] 郭娇：《自由与规范：网络文化的基本价值冲突?》，《西南大学学报（社会科学版）》2009年第2期。

[134] 杨逐原：《网络用户劳动中的生产力和生产关系研究》，《新闻爱好者》2018年第1期。

[135] 陈晓强、胡新华：《从社会学视角解析虚拟社会交往》，《山西高等学校社会科学

学报》2003 年第 9 期。

[136] 陈成文、孙嘉悦：《社会融入：一个概念的社会学意义》，《湖南师范大学社会科学学报》2012 年第 6 期。

[137] 张爱军、李文娟《"无根之根"：网络政治社会的变异与矫治》，《河南师范大学学报(哲学社会科学版)》2018 年第 2 期。

[138] 刘少杰：《网络化时代社会认同的深刻变迁》，《中国人民大学学报》2014 年第 5 期。

[139] 何显明：《中国网络公共领域的成长：功能与前景》，《江苏行政学院学报》2012 年第 1 期。

[140] 田飞龙：《网络时代的新秩序观与治理思维》，《国家治理》2015 年第 28 期。

[141] 周雪光：《权威体制与有效治理：当代中国国家治理的制度逻辑》，《开放时代》2011 年第 10 期。

[142] 孙柏瑛：《当代政府治理变革中的制度设计与选择》，《中国行政管理》2002 年第 2 期。

[143] 曾正滋：《公共行政中的治理——公共治理的概念厘析》，《重庆社会科学》2006 年第 8 期。

[144] 何增科：《国家治理及其现代化探微》，《国家行政学院学报》2014 年第 4 期。

[145] 许耀桐、刘祺：《当代中国国家治理体系分析》，《理论探索》2014 年第 1 期。

[146] 夏建中：《治理理论的特点与社区治理研究》，《黑龙江社会科学》2010 年第 2 期。

[147] 俞可平：《治理和善治：一种新的政治分析框》，《南京社会科学》2001 年第 9 期。

[148] 韩兆柱、翟文康：《西方公共治理理论体系的构建及对我国的启示》，《河北大学学报(哲学社会科学版)》2016 年第 6 期。

[149] 张卓、王瀚东：《中国网络监管到网络治理的转变——从"网络暴力"谈起》，《湘潭大学学报》2010 年第 1 期。

[150] 杜小勇、冯启娜：《"数据治国"的三个关键理念——从互联网思维到未来治理图景》，《人民论坛·学术前沿》2015 年第 1 期。

[151] 段忠贤：《网络社会的兴起：善政的机会与挑战》，《电子政务》2012 年第 10 期。

[152] 薛婷、陈浩、乐国安、姚琦：《社会认同对集体行动的作用：群体情绪与效能路径》，《心理学报》2013 年第 8 期。

[153] 田丽：《推动建立新型互联网治理体系》，《人民日报》2016 年 1 月 6 日第 7 版。

[154] 顾丽梅：《网络参与与政府治理创新之思考》，《中国行政管理》2010 年第 7 期。

[155] 杨道玲：《大数据背景下创新政府互联网治理》，2013 年 3 月 23 日第 6 版。

[156] 谭天、曾丽芸：《伦理应该成为互联网治理的基石》，《新闻与传播研究》2016 年增刊。

[157] 滕世华：《公共治理视野中公共物品供给》，《中国行政管理》2004 年第 7 期。

[158] 王仕勇、张成琳：《利用互联网推进社会治理精准化》，《重庆社会科学》2018 年第 8 期。

[159] 张化冰：《中国互联网治理的困局与逻辑重构》，《学术研究》2017 年第 12 期。

[160] 熊光清：《互联网的发展与治理变革》，《哈尔滨工业大学学报(社会科学版)》2018 年第 5 期。

[161] 张晓：《网络空间权力分析》，《电子政务》2018 年第 5 期。

[162] 顾洁：《新制度主义理论下的互联网治理模式与理论框架重塑》，《新媒体》2016 年第 1 期。

[163] 张志安、吴涛：《国家治理视角下的互联网治理》，《新疆师范大学学报（哲学社会科学版）》2015 年第 5 期。

[164] 梁莹：《网络世界的合作治理：服务型政府的选择——以南京市的调查为例》，《公共管理学报》2013 年第 10 期。

[165] 谢金林：《网络空间草根政治运动及其公共治理》，《公共管理学报》2011 年第 8 期。

[166] 张文显：《法治与国家治理现代化》，《中国法学》2014 年第 4 期。

[167] 王晓君：《我国互联网立法的基本精神和主要实践》，《毛泽东邓小平理论研究》2017 年第 3 期。

[168] 汪祥盛：《公法的变迁与治理的转型》，《广西大学学报（哲学社会科学版）》2013 年第 5 期。

[169] 章志远：《迈向公私合作型行政法》，《法学研究》2019 年第 2 期。

[170] 王四新：《互联网负面内容治理需各方合力共举》，《人民论坛》2016 年第 19 期。

[171] 罗豪才、周强：《法治政府建设之中的软法治理》，《江海学刊》2016 年第 1 期。

[172] 姜明安：《软法的兴起与软法之治》，《中国法学》2006 年第 2 期。

[173] 秦前红、李少文：《网络公共空间治理的法治原理》，《现代法学》2014 年第 6 期。

[174] 杨怀中：《"网络社会"的伦理分析及对策》，《武汉理工大学学报（社会科学版）》2001 年第 1 期。

[175] 李洁、杨木生：《"互联网＋"下的网络空间治理研究》，《出版广角》2016 年第 23 期。

[176] 魏小雨：《政府主体在互联网平台经济治理中的功能转型》，《电子政务》2019 年第 3 期。

[177] 金春枝、李伦：《网络话语权：数字鸿沟的重要指标》，《湖南社会科学》2016 年第 6 期。

[178] 俞可平：《法治与善治》，《西南政法大学学报》2016 年第 1 期。

[179] 何翔舟：《公共治理理论的发展及其中国定位》，《学术月刊》2014 年第 8 期。

[180] 石佑启：《论有限有为政府的法治维度及其实现路径》，《南京社会科学》2013 年第 11 期。

[181] 许玉镇、肖成俊：《网络言论失范及其多中心治理》，《当代法学》2016 年第 3 期。

[182] 王利明：《法治：良法与善治》，《中国人民大学学报》2015 年第 2 期。

[183] 喻国明：《互联网治理应遵循的重要规则与操作关键》，《新闻与传播研究》2016 年 S1 期。

[184] 黄璜：《互联网＋、国家治理与公共政策》，《电子政务》2015 年第 7 期。

[185] 孙宇、冯丽烁：《1994—2014 年中国互联网治理政策的变迁逻辑》，《情报杂志》2017 年第 1 期。

[186] 黄萃、任弢、李江、赵培强、苏竣：《责任与利益：基于政策文献量化分析的中国科技创新政策府际合作关系演进研究》，《管理世界》2015 年第 12 期。

[187] 魏娜、范梓腾、孟庆国：《中国互联网信息服务治理机构网络关系演化与变迁——基于政策文献的量化考察》，《公共管理学报》2019 年第 2 期。

[188] 贺东航、孔繁斌：《公共政策执行的中国经验》，《中国社会科学》2011 年第 5 期。

[189] 肖金明：《为全面法治重构政策与法律关系》，《中国行政管理》2013 年第 5 期。

[190] 王融：《中国互联网监管的历史发展、特征和重点趋势》，《信息安全与通信保密》2017 年第 1 期。

[191] 郭道久:《协作治理是适合中国现实需求的治理模式》,《政治学研究》2016 年第 1 期。

[192] 金定海、顾海伦:《论互联网企业的定义与再定义问题》,《现代传播(中国传媒大学学报)》2016 年第 5 期。

[193] 张锐昕、杨国栋:《政务与政府职能转变的逻辑关联》,《甘肃社会科学》2012 年第 2 期。

[194] 高红冰:《平台经济崛起改变互联网治理模式》,《前线》2016 年第 2 期。

[195] 罗豪才、宋功德:《认真对待软法——公域软法的一般理论及其中国实践》,《中国法学》2006 年第 2 期。

[196] 孙宇、苏兰芳:《"互联网＋"政策主体合作治理探析——基于政策文本的阐释》,《未来与发展》2017 年第 12 期。

[197] 于雯雯:《法学视域下的中国互联网治理研究综述》,《法律适用》2015 年第 1 期。

[198] 张志安、卢家银、曹洵:《网络空间法治化的成效、挑战与应对》,《新疆师范大学学报(哲学社会科学版)》2016 年第 5 期。

[199] 滕世华:《公共治理理论及其引发的变革》,《国家行政学院学报》2003 年第 1 期。

[200] 吴家庆、王毅:《中国与西方治理理论之比较》,《湖南师范大学学报》2007 年第 2 期。

[201] 聂平平:《公共治理:背景、理念及其理论边界》,《江西行政学院学报》2005 年第 4 期。

[202] 张成福、李丹婷:《公共利益与公共治理》,《中国人民大学学报》2012 年第 2 期。

[203] 李春根、李志强:《以"互联网＋政务服务"引领政府治理现代化》,《中国行政管理》2016 年第 7 期。

[204] 崔学敬、赵志学:《论互联网思维对当前我国社会治理的启示》,《行政管理改革》2017 年第 3 期。

[205] 王国华、骆毅:《论互联网时代社会治理的转型》,《江汉论坛》2015 年第 7 期。

[206] 王世华、冷春燕:《互联网再认识:关于互联网开放性的探讨》,《新闻界》2013 年第 12 期。

[207] 刘叶婷:《互联网思维语境下的政府治理创新》,《领导科学》2014 年第 8 期。

[208] 黄显中、何音:《公共治理的基本机构:模型的架构与应用》,《上海行政学院学报》2010 年第 2 期。

[209] 黄永林、喻发胜、王晓红:《中国社会转型期网络舆论的生成原因》,《华中师范大学学报(人文社会科学版)》2010 年第 3 期。

[210] 任维德:《公共治理:内涵、基础、途径》,《内蒙古大学学报(人文社会科学版)》2004 年第 1 期。

[211] 孙健:《网络化治理:公共事务管理的新模式》,《学术界》2011 年第 2 期。

[212] 熊光清:《网络社会的兴起与治理变革:中国的问题与出路》,《学习与探索》2017 年第 9 期。

[213] 黄璜:《互联网＋、国家治理与公共政策》,《电子政务》2015 年第 7 期。

[214] 张成福:《信息时代政府治理:理解电子化政府的实质意涵》,《中国行政管理》2003 年第 1 期。

[215] 唐惠敏、范和生:《网络规则的建构与软法治理》,《学习与实践》2017 年第 3 期。

[216] 孙会岩:《习近平网络安全思想论析》,《党的文献》2018 年第 1 期。

[217] 李振谊:《大数据与中国网民自觉维护网络安全的动力机制建构》,《郑州大学学

报(哲学社会科学版)》2018 年第 1 期。

[218] 黄少华、魏淑娟：《论网络交往伦理》，《科学技术与辩证法》2003 年第 2 期。

[219] 刘刚、颜玫琳、王春玺：《网络意识形态安全的隐患及其防御》，《思想教育研究》2016 年第 6 期。

[220] 鲁鹏宇：《论行政法学的阿基米德支点——以德国行政法律关系论为核心的考察》，《当代法学》2009 年第 5 期。

[221] 关保英：《新时代背景下行政法功能重构》，《社会科学研究》2018 年第 5 期。

[222] 胡敏洁：《合作行政与现代行政法发展的新方向——读〈合作治理与新行政法〉》，《行政法学研究》2012 年第 2 期。

[223] 王瑞雪：《治理语境下的多元行政法》，《行政法学研究》2014 年第 4 期。

[224] 赵宏：《合作行政与行政法的体系变革》，《行政法论丛》2014 年第 17 卷。

[225] 谭天、曾丽芸：《伦理应该成为互联网治理的基石》，《新闻与传播研究》2016 年第 S1 期。

[226] 刘思瑞：《法律、技术、伦理：三管齐下治理互联网》，《管理观察》2019 年第 6 期。

[227] 史云峰：《网络伦理学初探》，《郑州大学学报(哲学社会科学版)》2002 年第 2 期。

[228] 陈万求：《网络伦理难题和网络道德建设》，《自然辩证法研究》2002 年第 4 期。

[229] 沈岿：《论行政法上的效能原则》，《清华法学》2019 年第 4 期。

[230] 沈岿：《重构行政主体范式的尝试》，《法律科学》2000 年第 6 期。

[231] 高映红、刘国新：《网络权力与创新网络的治理》，《科技管理研究》2011 年第 11 期。

[232] 余凌云：《行政主体理论之变革》，《法学杂志》2010 年第 8 期。

[233] 张力：《法人制度中的公、私法调整方法辨析——兼对公、私法人区分标准另解》，《东南学术》2016 年第 6 期。

[234] 胡斌：《私人规制的行政法治逻辑：理念和路径》，《法制与社会发展》2017 年第 11 期。

[235] 石佑启：《论公共行政变革与行政行为理论的完善》，《中国法学》2005 年第 2 期。

[236] 吴志攀：《"互联网＋"的兴起与法律的滞后性》，《国家行政学院学报》2015 年第 3 期。

[237] 黄学贤：《行政法中的比例原则研究》，《法律科学(西北政法大学学报)》2001 年第 1 期。

[238] 余凌云：《论行政法上的比例原则》，《法学家》2002 年第 2 期。

[239] 何翔舟、金潇：《公共治理理论的发展及其中国定位》，《学术月刊》2014 年第 8 期。

[240] 杨凤春：《中国网络治理中的政府权力扩张与公民电子信息活动权益的保护》，《国家治理现代化研究》2018 年第 2 辑。

[241] 章志远：《当代中国行政行为法理论发展的新任务》，《学习与探索》2018 年第 2 期。

[242] 汪向东：《我国电子政务的进展、现状及发展趋势》，《电子政务》2009 年第 7 期。

[243] 杨桦：《电子化行政行为的合法性探析》，《武汉大学学报》2011 年第 3 期。

[244] 敖双红、雷金晶：《论自动化行政及其法律规制》，《湖南警察学院学报》2017 年第 1 期。

[245] 翟云：《改革开放 40 年来中国电子政务发展的理论演化与实践探索：从业务上网到服务上网》，《电子政务》2018 年第 12 期。

［246］汪玉凯：《"互联网＋政务"：政府治理的历史性变革》，《国家治理》2015 年第 27 期。

［247］徐军玲：《政府管理的电子化治理：技术与制度共同演化的思路》，《科学决策》2009 年第 9 期。

［248］李洪雷：《论互联网的规制体制——在政府规制与自我规制之间》，《环球法律评论》2014 年第 1 期。

［249］马长山：《互联网＋时代"软法之治"的问题与对策》，《现代法学》2016 年第 5 期。

［250］罗豪才：《软法研究的多维思考》，《中国法学》2013 年第 5 期。

［251］陆宇峰：《中国网络公共领域：功能、异化与规制》，《现代法学》2014 年第 4 期。

［252］欧阳静：《论基层运动型治理——兼与周雪光等商榷》，《开放时代》2014 年第 6 期。

［253］张康之、向玉琼：《网络空间中政策问题建构权的"去中心化"》，《党政视野》2015 年第 3 期。

［254］张卓、王瀚东：《中国网络监管到网络治理的转变——从"网络暴力"谈起》，《湘潭大学学报(哲学社会科学版)》2010 年第 1 期。

［255］顾丽梅：《网络参与与政府治理创新之思考》，《中国行政管理》2010 年第 7 期。

［256］朱浩：《互联网时代的政府治理》，《领导科学》2016 年第 5 期。

［257］王芳：《论政府主导下的网络社会治理》，《人民论坛·学术前沿》2017 年第 7 期。

［258］孙宇：《电子政务建设与行政管理创新互动关系探析》，《中国行政管理》2008 年第 9 期。

［259］陈拂晓：《电子政务与行政管理体制改革》，《电子政务》2008 年第 2 期。

［260］罗亮、黄毅峰：《网络群体性事件：转型时期社会危机的新形态》，《求实》2011 年第 1 期。

［261］林明昕：《行政契约法上实务问题之回顾——兼论公、私法契约之区别》，《国立中正大学法学集刊》2005 年第 18 期。

［262］江必新：《中国行政合同法律制度：体系、内容及其构建》，《中外法学》2012 年第 6 期。

［263］张康之、程倩：《网络治理理论及其实践》，《公共管理科学》2010 年第 6 期。

［264］许玉镇：《网络治理中的行业自律机制嵌入价值与推进路径》，《吉林大学社会科学学报》2018 年第 3 期。

［265］马全中：《非政府组织概念再认识》，《河南社会科学》2012 年第 10 期。

［266］张康之：《合作治理是社会治理变革的归宿》，《社会科学研究》2012 年第 3 期。

［267］刘建伟：《国象"归来"：自治失灵、安全化与互联网治理》，《世界经济与政治》2015 年第 7 期。

［268］汪锦军：《合作治理的构建：政府与社会良性互动的生成机制》，《政治学研究》2015 年第 4 期。

［269］米恩广、权迎：《政府治理能力现代化：政府"共谋行为"的运行机理及其治理》，《领导与管理》2014 年第 3 期。

［270］骆梅英：《行政审批制度改革：从碎片政府到整体政府》，《中国行政管理》2013 年第 5 期。

［271］李风华：《纵向分权与中国成就：一个多级所有的解释》，《政治学研究》2019 年第 4 期。

［272］霍春龙：《论政府治理机制的构成要素、涵义与体系》，《探索》2013 年第 1 期。

[273] 何显明:《政府转型与现代国家治理体系的建构——60年来政府体制演变的内在逻辑》,《浙江社会科学》2013年第6期。

[274] 张文显:《法治与国家治理现代化》,《中国法学》2014年第4期。

[275] 肖明:《"先行先试"应符合法治原则——从某些行政区域的"促进改革条例"说起》,《法学》2009年第10期。

[276] 邝少明、张威:《论行政改革权》,《中山大学学报(社会科学版)》2002年第6期。

[277] 王天华:《行政委托与公权力行使——我国行政委托理论与实践的反思》,《行政法学研究》2008年第4期。

[278] 徐婧:《论法律视域下社会公权力的内涵、构成及价值》,《中国法学》2014年第1期。

[279] 高映红、刘国新:《网络权力与创新网络的治理》,《科技管理研究》2011年第1期。

[280] 李耘耕:《从规训到流动:数字媒介网络的权力实践模式转变》,《学术研究》2018年第3期。

[281] 田勇军:《行政法理论革新呼唤"最佳行政"》,《北方法学》2018年第1期。

[282] 沈岿:《互联网经济的政府监管原则和方式创新》,《国家行政学院学报》2016年第2期。

[283] 高红冰:《平台经济崛起改变互联网治理模式》,《前线》2016年第2期。

[284] 郭道晖:《法治行政与行政权的发展》,《现代法学》1999年第1期。

[285] 张凤杰、潘文娣:《电子政务及其对行政法的影响》,《华东政法学院学报》2004年第2期。

[286] 杨桦:《论电子政务与行政法观念的更新》,《广东社会科学》2011年第2期。

[287] 高家伟:《论电子政务法》,《中国法学》2003年第4期。

[288] 钟伟军、王巧微:《地方政府深化"互联网＋政务服务"的实践逻辑》,《湖南行政学院学报》2019年第6期。

[289] 杨桦:《电子化行政行为的合法性探析》,《武汉大学学报(哲学社会科学版)》2011年第3期。

[290] 秦前红、李少文:《网络公共空间治理的法治原理》,《现代法学》2014年第6期。

[291] 梅景辉:《"公共理性"的反思与建构》,《江海学刊》2015年第5期。

[292] 王锡锌:《行政程序法理念与制度:发展、现状及评估——兼评〈湖南省行政程序规定〉正式颁行》,《湖南社会科学》2008年第5期。

[293] 应松年:《制定统一的行政程序法:我国行政法治的必由之路》,《中国司法》2006年第7期。

[294] 戚建刚、余海洋:《统一风险行政程序法的学理思考》,《理论探讨》2019年第5期。

(三)互联网资源文献

[1] 习近平:《在网络安全和信息化工作座谈会上的讲话》,中华人民共和国财政部:http://www.mof.gov.cn/mofhome/liaoning/lanmudaohang/lianzhengjianshe/201804/t20180420_2873888.html,最后访问时间:2021年12月9日。

[2] 《2019年中国互联网企业100强榜单揭晓》,中华人民共和国工业和信息部网站:http://www.miit.gov.cn/n1146290/n1146402/n1146445/c7260802/content.html,最后访问时间2021年12月12日。

［3］ 中国政府采购网数据高级检索渠道：http://search. ccgp. gov. cn/bxsearch，最后
访问时间：2021 年 12 月 18 日。

［4］《2018 年微信封禁低俗类账号 18 万个》，腾讯网：https://cq. qq. com/a/
20181112/004813. htm，最后访问时间：2021 年 12 月 18 日。

［5］ 马化展：《抖音 3 个月封号近 10 万个》，金羊网：http://money. ycwb. com/2018-
08/10/content_30063432. htm，最后访问时间：2021 年 12 月 20 日。

［6］《国家网信办统计：全国现有 546 家网络社会组织》，中华人民共和国国家互联网
信息办公室网站：http://www. cac. gov. cn/2015-08/27/c_1116395525. htm，最
后访问时间：2021 年 12 月 23 日。

［7］ 中华人民共和国民政部门户网站的在线服务查询渠道：http://sgs. mca. gov. cn/
article/fw/cxfw/shzzcx/，最后访问时间：2021 年 12 月 26 日。

［8］《2018 年我国互联网企业完成业务收入 9562 亿元》，中国产业经济信息网：
http://www. cinic. org. cn/xw/tjsj/470900. html，最后访问时间：2021 年 12 月
27 日。

［9］ 2019 年 2 月中国互联网络信息中心(CNNIC)发布的第 43 次《中国互联网络发展
状况统计报告》。

［10］《微信发布 2017 数据报告：平均日登录用户 9.02 亿，同比增长 17％》，新浪财经
网：http://finance. sina. com. cn/7x24/2017-11-09/doc-ifynsait6686662. shtml，最
后访问时间：2021 年 12 月 28 日。

［11］《腾讯 2017 年总收入 2377.6 亿元，微信 QQ 多项数据增速下滑》，中国财经观察
网：http://www. xsgou. com/biz/industry/105333. html，最后访问时间：2021 年
12 月 28 日。

［12］《腾讯发布 2018 年业绩报告：全年收入 3126.94 亿元》，新浪财经网：http://
finance. sina. com. cn/stock/relnews/us/2019-03-24/doc-ihtxyzsm0011346. shtml，
最后访问时间：2021 年 12 月 29 日。

二、外文文献

［1］ Justice William O. Douglas Comment in Joint Anti-Fascist Refugee Comm. v.
Mcgrath, see United States Supreme Court Reports(95Law. Ed. Oct. 1950 Term)
［R］. The Lawyers Cooperative Publishing Company, 1951. p. 858.

［2］ Peter Cane. An Introduction to Administrative Law ［M］. Oxford：Clarendon
Press, 1992, pp. 263 - 264.

［3］ Hafner & Markoff. Cyberpunk：Outlaws and Hackers on the Computer Frontier
［M］. New York：Touchstone, 1992.

［4］ Lester salamon. the rise of the third sector ［M］. Foreign Affairs, 1994, pp. 7 - 8.

［5］ World Bank. Governance and Development ［R］. Washington, D. C. ：WB, 1992,
p. 1.

［6］ Commission on Global Governance, Our Global Neighbourhood ［R］. Oxford：
Oxford University Press, 1995, p. 2.

［7］ R·A·W·Rhodes. Governance and Public Administration, see Debating
Governance, Edited by Jon Pierre ［M］. Oxford：Oxford University Press, 1992,
pp. 56 - 60.

［8］ F Merrien. Governance and modern welfare states ［J］. International Social

Science Journal, 1998,50(155): 57 - 67.

[9] Francis Snyder. Soft Law and Institutional Practice in the European Community, see Steve Martin. The Construction of Europe: Essays in Honor of Emile Noel [M]. Kluwer Academic Publishers, 1994, p. 198.

[10] Kooiman J, Van M. Governance and public management [J]. Managing Public Organizations (2nd), London: Sage. 1993: 64.

[11] Aaron Wachhaus. Governance beyond government [J]. Administration and Society, 46(5): 573 - 593.

[12] Ashford, Chris. Internet Rights, Internet Wrongs [J]. Information & Communications Technology Law, 2006,15(3),207 - 210.

[13] Jody Sundt, Kathryn Schwaeble, Cullen C Merritt. Good governance, political experiences, and public support for mandatory sentencing: Evidence from a progressive US state [J]. Punishment & Society, 2017,21(2): 141 - 161.

[14] LOBEL O. The Renew Deal: the fall of regulation and the rule of governance in contemporary legal thought [J]. Minnesota Law Review, 2004,89(2): 262 - 390.

[15] Kang, Jerry. Pervasive Computing: Embedding the Public Sphere [J]. Washington and Lee Law Review, 2005,62(1): 93 - 146.

[16] Kooiman J, Van M. Governance and Public Management [J]. Managing Public Organizations(2nd), London: Sage. 1993: 64.

[17] KAUFMANND, KRAAYA. Governance indicators: where are we, where should we be going? [J]. The World Bank Research Observer, 2008,23(1): 1 - 30.

[18] A. L. B. Colombi Ciacchi, M. A. Heldeweg, B. M. J. van der Meulen and A. R. Neerhof. Law and Governance-Beyond the Public-Private Law Divide? [M]. Evelen International Publishing, 2014, p. 312.

[19] EBBESSON J. The rule of law in governance of complex socio-ecological changes [J]. Global Environmental Change, 2010,20(3): 414 - 422.

[20] Kenneth A. Armstrong. The Character of EU Law and Governance: From "Community Method" to New Modes of Governance [J]. Current Legal Problems, 2011,64: 179 - 214.

[21] Stewar, Fenner L. The Corporation, New Governance, and the Power of the Publicization Narrative [J]. Indiana Journal of Global Legal Studies, 2014,21(2): 513 - 551.

[22] Scharpf W. Games Real Actors could Play: Positive and Negative Coordination in Embedded Negotiations [J]. Journal of Theoretical Palitic, 1994. 6(1): 27 - 53.

[23] Kooiman J. Self-Governance As a Mode of Societal Governance [J]. Public Management Review, 2000,2(3): 359 - 378.

[24] Richard B. Stewart. The Reformation of American Administrative Law [J]. Harvard Law Review, 1975,88(8): 1667 - 1813.

[25] Thomas Poole. The Reformation of English Administrative Law [J]. The Cambridge Law Journal, 2009,68: 142 - 168.

[26] FREEMAN J. Cooperative governance of administrative states [J]. UCLA law review, 75: 1 - 98.

[27] FREEMAN J. Cooperative governance of administrative states. The private role in

public governance [J]. New York University Law Review, 2000, 75 (3):
543 - 675.

[28] Krisch, Nico, Kingsbury. Introduction: Global Governance and Global
Administrative Law in the International Legal Order Benedict [J]. European
Journal of International Law, 2006, 17(1): 1.

[29] DILLER M. The revolution in welfare administration: Rules, discretion, and
entrepreneurial government [J]. New York University Law Review, 2000, 75(5):
1121 - 1220.

[30] Cheung, Anne. Internet Governance and the Responsibility of Internet Service
Providers[J]. Wisconsin International Law Journal, 2008, 26(2): 403 - 478.

[31] Linda Senden. Soft, Soft Law, Self-Regulation and Co-Regulation in European
Law: Where Do They Meet ? [J]. Electronic Journal of Compararive Law, 2005,
9(1).

[32] B. Eberlein, D. Kerwer. New Governance in the European Union: A Theoretical
Perspective [J]. Journal of Common Market Studies, 2004, 42(11): 123.

[33] Korver Ton, Oeij Peter R A. The Soft Law of the Covenant: Making Governance
Instrumental [J]. European Journal of Industrial Relations, 2005, 11 (3):
367 - 384.

[34] T. Ahmed, A. Vakulenko. "Minority Rights 60 Years after the UDHR: Limits
on the Preservation of Identity?", in M. A. Baderin and M. Ssenyonjo,
International Human Rights Law: Six Decades after the UDHR and Beyond,
Ashgate, 2010, 155 - 171.

[35] Raymond Geuss. Public Goods, Private Goods [M]. Princeton University Press,
2001, p. 13.

[36] Rawlins, William K. Theorizing Public and Private Domains and Practices of
Communication: Introductory Concerns [J]. CommunicationTheory: CT, 1998, 8
(4): 369 - 380.

[37] LeBeau, C. Public rights: copyright's public domains [J]. Choice Middletown,
2019, 56(6): 796.

[38] Lefebvre, H. The production of space [M]. New York: Wiley and Sons, 1991.

[39] Hinojosa, Karen Hinojosa, Aparicio Moreno, Carlos Estuardo. The missing
public domain in public spaces: A gendered historical perspective on a Latin
American case [J]. Urbani Izziv, 2016, 27(2): 149 - 160.

[40] Barcomb, Kris; Krill, Dennis; Mills, Rober; Saville, Michael. Establishing
Cyberspace Sovereignty. International Conference on Information Warfare and
Security; 2012, Reading: 2 - XIII. Reading: Academic Conferences International
Limited.

[41] Strate, Lance. The varieties of cyberspace: Problems in definition and delimitation
[J]. Western Journal of Communication, 1999, 63(3): 382 - 412.

[42] Benedikt, M. Cyberspace: First steps [M]. Cambridge, MA: MIT Press, 1991,
p. 10.

[43] Hafner & Markoff. Cyberpunk: Outlaws and Hackers on the Computer Frontier
[M]. New York: Touchstone, 1992.

［44］Rasmussen, Terje. Internet-based media, Europe and the political public sphere ［J］. Media, Culture & Society, 2013,35(1): 97 - 104.

［45］Peter, Dahlgren. The Internet, Public Spheresand Political Communication: Dispersion and Deliberation ［J］. Political Communication, 2005, 22（2）: 147 - 162.

［46］West, Mark D. Is the Internet an Emergent Public Sphere? ［J］Journal of Mass Media Ethics, 2013,28(3): 155.

［47］Strate, Lance. The varieties of cyberspace: Problems in definition and delimitation ［J］. Western Journal of Communication, 1999,63(3): 382 - 412.

［48］Benedikt, M. Cyberspace: First steps ［M］. Cambridge, MA: MIT Press, 1991. p. 10.

［49］Minda, Gary. Antitrust regulability and the new digital economy: A proposal for integrating "hard" and "soft" regulation ［J］. Antitrust Bulletin, 2001,46(3): 439 - 511.

［50］Rasmussen, Terje. Internet-based media, Europe and the political public sphere ［J］. Media, Culture & Society, 2013,35(1): 97 - 104.

［51］Peter, Dahlgren. The Internet, Public Spheres, and Political Communication: Dispersion and Deliberation ［J］. Political Communication, 2005, 22（2）: 147 - 162.

［52］West, Mark D. Is the Internet an Emergent Public Sphere? ［J］Journal of Mass Media Ethics, 2013,28(3): 155.

［53］Mathiason J. Interest Governance: the new Frontier of Global institutions ［J］. London: Routledge, 2009,14: 6 - 13.

［54］Zoe. Governing the Internet Baird ［J］. Foreign Affairs, 2002,81(6): 15 - 20.

［55］Wilson, Ernest J, III. What is Internet Governance and Where Does it Come From? ［J］. Journal of Public Policy, 2005,25(1): 29 - 50.

［56］Don, MacLean. Internet governance, a grand collaboration ［J］. Scitech Book News, 2005,29(3): n/a.

［57］Schultz, Friederike; Castelló, Itziar; Morsing, Mette. The Construction of Corporate Social Responsibility in Network Societies: A Communication View ［J］. Journal of Business Ethics: JBE, 2013,115(4): 681 - 692.

［58］Münkler, Laura. Space as Paradigm of Internet Regulation ［J］. Frontiers of Law in China, 2018,13(3): 412 - 427.

后　记

　　本书是在我的博士论文的基础上修改而成的。^① 在中南大攻读博士学位的 1000 多个日日夜夜，真可谓苦与乐并存，让我在经历全方位的磨砺、考验和洗礼之后，慢慢褪去了年少轻狂的外衣，多了几分淡定、从容与坚定；让我明白了"逆水行舟用力撑，一篙松劲退千寻"的道理，体味到科研人探索与创新的不易，更明白了学术研究所应当坚守的思想与情怀。当指尖敲下博士论文的最后一个标点符号时，我才得以从焦虑与压抑中缓过神来，感受到一丝久违的惬意，不禁生出一种"衣带渐宽终不悔"的感觉。随着论文修改工作的稳步推进，有些事情、有些情感也逐渐在一个相对平缓的心境下回放整理，反复品味，娓娓道来。

　　都说笔墨当随年代，行政法学研究自然也要紧跟时代脉搏，回应国家治理法治化的现实需求。这便是我以《互联网公域治理变革与行政法发展》作为博士论文选题的初心。互联网发展对公域的改造无疑是深刻而彻底的，其为公域贴上了一个特定的时代标签。公域利益基础、价值理念、结构形态、权力体系等内容的重塑，促使公共治理处于持续变革之中，这对既有的行政法理论和制度体系产生了冲击，成为行政法学亟待研究的重要课题。因此，我的博士论文主要围绕"互联网时代公域变迁—治理变革—行政法发展"这一逻辑主线展开，是对互联网公域治理变革语境下行政法发展整体趋势和主要路径一种较为宏观的探讨。其实，我起初对互联网时代行政法发展问题的关注，源于在读硕士研究生期间，就对互联网软法治理研究产生的浓厚兴趣。进入博士研究阶段，在导师石佑启教授的指导下，我们尝试专门对互联网公共领域的软法治理问题进行探讨，并一起在《行政法学研究》上发表了相关研究成果。学术论文的成功发表，给了我极大的鼓舞，也坚定了我在此基础上继续深入，拓宽研究广度的信心和脚步。

---

　　① 原文中对"互联网公域软法治理问题"的相关研究，拟另开专题作一步讨论，故在本书中暂予以删减。

在后续的研究中,导师的博士论文《论公共行政与行政法学的范式转换》,以及21世纪初期行政法学界出版和发表的与公域治理转型和公法发展主题相关的一系列著作和文章给了我很大的启示。时过境迁,互联网的发展已然今非昔比,其与现代社会高度融合而引发的公域治理问题,更加需要行政法学予以积极回应,由此使我萌发了就此进行选题的意向。创新有好坏、优劣之分。为了尽早明确研究的切入角度,刚开始我患得患失、举棋不定,关键时刻是石老师支持了我的想法,并指导我将题目定了下来。开题答辩时,导师们给了我许许多多十分中肯的建议,让我进一步开扩了视野、拓宽了思路,同时也备感压力,生怕受限于知识之浅薄,难以达到论文撰写的预期。论文初稿完成后,也深知自身粗浅,还有许多问题仍然浮在表面,缺乏深入探讨。但可以肯定的是,这将成为我持续对这一选题进行研究的根基,支撑着我不断去反思、修正那些不成熟的观点和结论。

首先要特别感谢我的导师石佑启教授,尽管我曾无数次感慨,面对恩师,再多的感谢辞藻都显得那样的苍白无力。原先我对行政法学的认识是懵懵懂懂、一知半解的,石老师可以说是我不折不扣的引路人。硕士阶段,从上课时的不吝鼓励到遭遇开题不顺时的力挺和指导;博士阶段,从手把手授予写作技巧和规范到一起发表高层次论文,从对学习困惑的释疑到人生规划的指点迷津,时时、事事、处处,都给予了我无微不至的关怀、照顾和呵护。往事历历,恩同再造,我每每想及,必眼眶湿润,心怀感恩!有道是:榜样是看得见的哲理。石老师无论是在人格魅力上,还是在学术造诣上,都是我终身学习的榜样。日常生活中,老师总是谦逊待人、和蔼亲切、包容乐观、低调处世,这令我在待人接物上受益良多;为师治学上,老师始终严谨细腻、事必躬亲、鼓励创新、持之以恒,常常修改文章到半夜,常常就某一段文字反复斟酌,常常对引注的规范问题慎之又慎,每次和老师一起修改论文,我总会因为一些语病和不规范的地方被委婉指出而羞愧难当,也会在老师修改的文档中得到提升。无论是在我平时的研究中,还是在博士论文的选题、撰写和定稿过程中,老师都循循善诱、精心指点,倾注了大量心血。师恩如海,相信只有在日后的工作生活中踏实肯干、学有所成,才能聊以为报。

感谢老师杨桦教授。攻读博士期间,杨老师总是在生活上处处关心,嘘寒问暖,经常劝说我要学会放松,合理安排时间,不要熬夜。有时带着我参与国家课题、省级课题的申报和结项工作,充分锻炼了我做课题的能力。点点滴滴,我都铭记于心。

衷心感谢中南大宪法学与行政法学导师组的方世荣教授、刘茂林教授、王广辉教授、胡弘弘教授、戚建刚教授等各位老师在面试、上课、开题、预答辩、答辩以及学习生活中各个环节给予我的指导和帮助。方世荣教授在为博一新生开设的法学论文写作课上，将他多年来的写作经验、方法、材料等无私地授予我们，用诸多生动形象的例子告诫我们"写论文一定要有问题意识"。同时，方老师自我读博以来对我的关怀、照顾和支持，让我不胜感激。刘茂林教授总能在紧张的答辩氛围中，用一两句幽默的话语化解现场尴尬的气氛，又以其深邃的学术思想引导我们发散思考、勇于创新。王广辉教授常常在答辩中追问我们一些深层次的问题，让我们猝不及防，但这也促使我们立刻对研究的不足之处进行反思、完善。胡弘弘教授每次指导我们论文时，往往是一针见血指出问题，特别强调论文在逻辑和写作上的规范，让我不禁对老师严谨的治学精神肃然起敬。感谢导师组各位老师，以及参加论文答辩、评阅的校外老师对我的博士论文提出的宝贵意见，这些意见将有助于我继续对论文进行修改，对相关问题作进一步探讨。

感谢大师兄杨治坤教授。硕士论文开题时，治坤老师支持我论文选题的那一幕至今仍记忆犹新。读博三年，白天黑夜、工作日周末、寒假暑假，我们都一同在办公室里奋战。探讨学术、谈天说地，以及疲劳时到球场驰骋片刻，都为我紧张的学术生活增添了不少乐趣。同时，他在我困顿时提出的诸多建议，也让我少走了许多弯路。感谢师兄黄喆副教授在我考博期间给我的建议，以及读博期间对我的关心和帮助。此外，还要感谢广东外语外贸大学的各位老师、前辈对我的包容、帮助和关怀。

值得庆幸的是，在中南大我结交了一帮同窗好友，我们一起把酒言欢、畅谈未来，相互扶持、携手共进，这份感情弥足珍贵，必将永记于心。感谢唐冬平博士、肖季业博士、阿力木博士、王丹博士、景勤博士、乌兰博士、刘良志博士、蒋亢博士、科久博士、李坤鹏博士、朱峥博士、宋江涛博士等诸多青年才俊，诸多合照已在记忆中定格，愿我们情谊不减、友谊长存。

行文至此，我要着重感谢我的父母，养育了我、培养了我，让我奔赴远方、追逐梦想，在一次次的犯错改错中回归初心，找到自己的人生路。父亲是读书人，深知"书山有路勤为径，学海无涯苦作舟"的道理，每每叮嘱"犯其至难方能图其致远""不吃苦便吃亏"，教导我谦虚谨慎、刻苦治学；母亲勤劳善良，常常打电话叮嘱我劳逸结合、注意身体，还不时寄来营养品、食品让我改善生活。真是可怜天下父母心啊！还要感谢我的兄长，一直承担照顾家庭的重任，全力支持我的学业，让我没有后顾之忧，放心拼搏。感谢我的妻子彭雪婷女士一直以来的鼓励和支持，无数个深夜的陪读，无数次苦恼时的鼓励，无数次骄傲时的鞭策，陪着我翻山越岭、过关斩将，为我喜为我忧,庆幸是你,也庆幸有你。感谢岳父、岳母一直以来对我的理解、支持和爱护。

纸短情长,还有很多老师、亲朋对我关爱有加,因篇幅所限,不能尽述,在此一并谢忱! 愿大家都能够顺心顺利,平安健康!

每一个终点都将是新的起点。导师总说:"功夫不负有心人!"读博三年,是学业的一次全面"补钙",是一段难忘的人生经历,更是一笔宝贵的精神财富。通宵达旦、分秒必争,充实而丰满。有多少不易便有多少感触,有多少收获便有多少感恩。我将始终怀揣这颗感恩之心,孜孜以求,奋发前行,做一个有灵魂、有本领、有情怀的人,不负恩师、亲朋的厚望。

2020 年 6 月 22 日写于武汉

2021 年 5 月 30 日修改于广州

图书在版编目(CIP)数据

互联网公域治理变革与行政法发展/陈可翔著. —上海:上海
三联书店,2022.12
ISBN 978 - 7 - 5426 - 7872 - 0

Ⅰ.①互…　Ⅱ.①陈…　Ⅲ.①互联网络-科学技术管理法
规-研究-中国②互联网络-应用-行政法-研究-中国
Ⅳ.①D922.174②D922.104 - 39

中国版本图书馆 CIP 数据核字(2022)第 179884 号

互联网公域治理变革与行政法发展

著　　者 / 陈可翔

责任编辑 / 宋寅悦
装帧设计 / 一本好书
监　　制 / 姚　军
责任校对 / 王凌霄

出版发行 / 上海三联书店
　　　　　(200030)中国上海市漕溪北路 331 号 A 座 6 楼
邮　　箱 / sdxsanlian@sina.com
邮购电话 / 021 - 22895540
印　　刷 / 上海惠敦印务科技有限公司

版　　次 / 2022 年 12 月第 1 版
印　　次 / 2022 年 12 月第 1 次印刷
开　　本 / 710 mm × 1000 mm　1/16
字　　数 / 280 千字
印　　张 / 16.5
书　　号 / ISBN 978 - 7 - 5426 - 7872 - 0/D·550
定　　价 / 78.00 元

敬启读者,如发现本书有印装质量问题,请与印刷厂联系 021 - 63779028